HISTÓRIAS
DE
DUAS
CIDADES
**PARIS,
LONDRES**
E O
NASCIMENTO
DA CIDADE
MODERNA

JONATHAN CONLIN

HISTÓRIAS
DE
DUAS
CIDADES
**PARIS,
LONDRES**
E O
NASCIMENTO
DA CIDADE
MODERNA

autêntica   TRADUÇÃO Márcia Soares Guimarães

Copyright © 2013 Jonathan Conlin - publicado via acordo especial com a ATLANTIC BOOKS, em conjunto com a VBM Agência Literária, sua representante devidamente autorizada.
Copyright © 2015 Autêntica Editora

Título original: *Tales of Two Cities: Paris, London and the Birth of the Modern City*

Todos os direitos reservados pela Autêntica Editora. Nenhuma parte desta publicação poderá ser reproduzida, seja por meios mecânicos, eletrônicos, seja via cópia xerográfica, sem a autorização prévia da Editora.

EDITORA RESPONSÁVEL
Rejane Dias

EDITORA ASSISTENTE
Cecília Martins

REVISÃO
Aline Sobreira
Lívia Martins

CAPA
Diogo Droschi
(Sobre *Torre Eiffel: Exposição Universal de 1889* – Paris / Autor anônimo; e *Big Ben*: BWikiWitch/Wikimedia Commons.)

DIAGRAMAÇÃO
Christiane Morais de Oliveira

Dados Internacionais de Catalogação na Publicação (CIP)
(Câmara Brasileira do Livro, SP, Brasil)

Conlin, Jonathan
   História de duas cidades : Paris, Londres e o nascimento da cidade moderna / Jonathan Conlin ; tradução Márcia Soares Guimarães. -- 1. ed. -- Belo Horizonte : Autêntica Editora, 2015.

   Título original: Tales of Two Cities : Paris, London and the Birth of the Modern City.

   ISBN 978-85-8217-493-7

   1. Arquitetura e sociedade - França - Paris - História - Século 19 2. Arquitetura e sociedade - Inglaterra - Londres - História - Século 19 3. Cidades e vilas - História - Século 19 4. Espaço (Arquitetura) - França - Paris - História - Século 19 5. Espaço (Arquitetura) - Inglaterra - Londres - História - Século 19 I. Título.

15-00883   CDD-720.103

Índices para catálogo sistemático:
1. Arquitetura e sociedade   720.103

GRUPO AUTÊNTICA

Belo Horizonte
Rua Aimorés, 981, 8º andar . Funcionários
30140-071 . Belo Horizonte . MG
Tel.: (55 31) 3214 5700

São Paulo
Av. Paulista, 2.073, Conjunto Nacional,
Horsa I . 23º andar, Conj. 2301 . Cerqueira César .
01311-940 . São Paulo . SP
Tel.: (55 11) 3034 4468

www.grupoautentica.com.br

Introdução: Travessias difíceis 9
   A boneca na diligência 9
   O demônio no canal 15
   Um bulevar em Marylebone 30

1: A casa agitada 35
   A invenção do edifício 37
   Favelas no céu 42
   Muito quente! 50
   Mansões no céu 58

2: A rua 67
   Ruas sujas 70
   Observando vitrines 76
   Placas e arte 82
   O homem-sanduíche 87

3: O restaurante 93
   O Palais Royal 98
   Os rivais do restaurante 104
   Comendo a sós 116
   O chef, uma celebridade 121

4: A dança 135
O *chahut* 137
Um Champanhe Janota 144
Finette 150
Skirt dance 156
Gay Paree 162

5: O submundo 169
O Espectador-Coruja 171
Tornando a noite visível 175
Vidocq, o espião policial francês 183
Anatomia do crime, segundo Cuvier 188
"Monsieur Lecoq!" 193

6: Mortos e enterrados 205
Elegias e Elysiums 210
Père Lachaise 216
Uma ferrovia para o outro mundo 220
Os ressurreicionistas 226
Os primeiros "subúrbios-jardim" 232

Notas 239
Bibliografia selecionada 272
Agradecimentos 280
Ilustrações 282
Anexo: Nomes de decretos e instituições em tradução livre 285

*A cidade, entretanto, não revela o seu passado, mas ele está ali,
como as linhas da mão; escrito nas esquinas das ruas,
nas grades das janelas, nos balaústres das escadas,
nos mastros das bandeiras, cada segmento, por sua vez,
marcado com arranhões, entalhes, ornamentos.*

Italo Calvino, *Cidades invisíveis*

Figura 1 – Thomas Rowlandson, *A diligência de Paris* [s.d.]

Introdução

Travessias difíceis

A boneca na diligência
Em algum lugar ao norte de Abbeville, primavera de 1773

— Segure-a no seu colo, por favor. Não a deixe cair.
— Não se preocupe. Estou segurando firme.
Era isso. As duas mulheres estavam sentadas à sua direita. Pelos roncos, ele podia afirmar que havia um cavalheiro à sua esquerda. Eram roncos que nem os mais fortes solavancos puderam interromper. Mas até aquele momento ele não havia conseguido saber quem estava sentado à sua frente. Do jeito que todos estavam apertados uns contra os outros, imaginou que havia uns três passageiros do outro lado. E mais um perto da porta, à direita. Permaneciam em silêncio, de forma que ele só podia contar com os contornos das roupas e dos joelhos para tirar suas conclusões. E, por causa dos vestidos longos das mulheres e dos casacos, era praticamente impossível saber onde acabava uma pessoa e começava outra. Ele se sentiu como um rato preso e violentamente chacoalhado dentro da caixa de costura de uma senhora.

Ainda estava escuro em Abbeville, quando ele iniciou essa jornada com destino a Londres. Tinha sido, dos oito passageiros, o último a embarcar, e as cortinas das janelas estavam fechadas. Como de costume, o veículo havia partido do Bureau de La Diligence* de Londres, na Rue Notre Dame des Victoires, na véspera, em uma das três viagens semanais regulares que fazia sempre ao meio-dia. Saindo de Paris pela Porte Saint

---

* A fim de manter a leitura fluente, sem prejudicar as especificidades do livro, foram utilizados diferentes critérios para a tradução de alguns nomes e títulos: nomes de decretos e instituições foram mantidos em língua estrangeira, mas têm sua tradução livre no anexo da p. 285; títulos de periódicos não foram traduzidos, pois mantê-los em língua estrangeira preserva a forma como eram conhecidos e não constitui empecilho para o leitor; títulos de obras que têm edição brasileira aparecem em português; já títulos de obras que não contam com edição brasileira são seguidos de sua tradução livre entre colchetes. (N.E.)

Denis, havia passado por Clermont-en-Beauvoisis e parado em Amiens para o jantar. Depois prosseguira para Abbeville, onde havia dormido algumas horas antes de partir de manhã cedo. Trazia no bolso uma cópia de *The Spectator*, mas, assim como dormir, ler durante a viagem era completamente impossível. Porém, àquela altura, ele já havia lido a revista tantas vezes que chegou até a memorizar quase tudo.

E, de qualquer forma, estava determinado a ser um viajante atento. Afinal, não havia prometido mandar relatórios para um amigo em Paris, que editava um jornal semanal? Enquanto estivesse na Inglaterra, observaria os costumes do país com os olhos da razão, dedicando tempo suficiente para estudá-los cuidadosamente e refletir sobre as suas vantagens e desvantagens, em vez de tirar conclusões apressadas ou simplesmente repetir as opiniões preconceituosas dos seus conterrâneos franceses. Sabia que tinha muito para aprender. Não agiria como aqueles aristocratas que visitavam a capital só porque estava na moda e cujas constatações não iam muito além do fato de que em Londres, assim como em Paris, havia cortesãs, jardins e teatros, e de que lá também se pode ficar bêbado com champanhe, do mesmo jeito que é possível em seu país.

Mas quanto tempo essa viagem iria durar? Hoje jantariam em Montreuil-sur-Mer (que, a propósito, não era sobre o mar), passando a segunda noite em Bolougne, onde ele teria de decidir se embarcaria no navio para Dover ou se iria por terra para Calais; dali, a travessia do Canal era mais curta. Amaldiçoou a pessoa que havia inventado este veículo, a diligência (Fig. 1). Em comparação com as carruagens nas quais havia viajado nos arredores de Paris, esse meio de transporte infernal era arcaico. Nada daquelas molas que permitiam que um percurso dentro de um sedã fosse tão mais suave. Nada de carruagens finas por aqui. Em vez disso, uma cabine enorme de madeira e vime balançando, presa às correntes do chassi, sacudindo violentamente toda vez que as grandes rodas de madeira passavam sobre uma pedra ou um buraco no solo irregular. E agora, para piorar as coisas, as duas mulheres estavam inquietas e nervosas por causa de – bem, de quê?

Um pequeno e dócil cãozinho? Ou uma criancinha, um fedelho igualmente mimado? De qualquer jeito, elas estavam às voltas com algum ser, isso ele sabia. Então se perguntou, inutilmente, se aquilo despertaria o homem à sua esquerda, que estava surdo para o mundo. Não poderia culpar a criança. Era terrível a forma como as senhoras elegantes embrulhavam suas crianças em roupas da moda que limitavam seus movimentos e até impediam o seu crescimento. Não eram tão tolas em Londres, sabia disso também; lá, mesmo as crianças das classes sociais mais altas usavam roupas simples de algodão, que permitiam que se movimentassem e brincassem livremente. "Sim, os ingleses certamente têm muito a nos ensinar", pensou, feliz com a constatação de que já estava fazendo observações úteis a respeito dos costumes nacionais, embora ainda estivesse só no começo da viagem.

O rangido, os solavancos e os roncos continuaram por várias horas. Gradualmente, o céu foi clareando. Em algum momento durante o crepúsculo, um dos passageiros acordou. Esquecendo-se de que estava na diligência para Londres, e não no conforto de sua cama, quis esfregar os olhos para espantar o sono. Quando levantou os braços, deu cotoveladas no rosto de dois vizinhos, o que provocou uma onda de xingamentos e pedidos de desculpas, ambos murmurados em francês e inglês:

– Ai!
– Senhor...
– Ah!
– *Monsieur, je vous demande excuse!*
– Cuidado com o que faz!
– Senhora, por favor, perdão.

Vários dos outros passageiros estavam segurando, ou mesmo agarrando, itens pessoais sobre o colo, coisas preciosas demais para serem levadas nos baús – empilhados no compartimento para bagagens sobre o eixo dianteiro –, que eram vistoriados pelos olhares curiosos de todos os irritantes oficiais da alfândega. Na agitação, essas coisas escorregavam para o chão, e era quase impossível recuperá-las.

E então a luz se tornou suficiente para que ele percebesse, pelo traje, que o cavalheiro à sua frente, do lado direito, era um protestante francês – um huguenote – que ficara segurando firmemente um pesado breviário, provavelmente porque o livro teria feito com que o peso do seu baú ultrapassasse o limite (cada passageiro podia levar um só volume na diligência e tinha de pagar por cada libra além do permitido). Em seu percurso até o chão, o breviário colidiu com a criatura cuidadosamente embrulhada das duas senhoras, atingindo-a violentamente no local onde supostamente seria a cabeça. Uma das mulheres deu um grito estridente. Assim, tudo levava a crer que se tratava de uma criança.

Mantendo-se calmo, ele estendeu as mãos sobre o seu vizinho, puxou as cortinas para cima, abaixou a janela e gritou para o cocheiro parar. Quando o movimento da diligência foi bruscamente interrompido, todos os olhares estavam voltados para o "embrulho". Até a atenção do homem que roncava havia sido atraída. As duas mulheres começaram a remover cuidadosamente as roupas do "embrulho". Não se ouviu nem um pio da criança. Será que a batida tinha feito com que ela ficasse inconsciente?

Ele se inclinou para dar uma espiada. Não era uma criança; não, de jeito nenhum! Era uma daquelas bonecas grandes, vestidas com roupas que refletiam as últimas tendências da moda, e que eram mandadas mensalmente de Paris para Londres para serem estudadas por alfaiates e costureiras da cidade. Esse precioso manequim havia sido destinado a se tornar ídolo de tolos seguidores da moda que se reuniam em Londres. Portanto, havia muito em jogo, e as mulheres inspecionaram cada detalhe do traje para determinar o estrago que havia sido feito. Ele deu uma risadinha divertida, ao imaginar todas as finas damas de Londres tendo ataques de loucura ao saberem que esse acidente na diligência as havia condenado a usar os mesmos vestidos por dois meses seguidos. Afinal, talvez os ingleses não fossem tão eruditos, ele imaginou, enquanto a boneca era embrulhada de novo, aparentemente sem danos, e a diligência trepidava rumo a Calais.[1]

Esse relato tem como base uma descrição encontrada em um exemplar de 1778 de *Le Babillard*, um periódico francês editado por James Rutlidge. Neto de um católico irlandês que havia imigrado para Dunkirk, em 1715, Rutlidge estava determinado a promover a melhoria da comunicação entre Londres e Paris, Inglaterra e França. Como o próprio Rutlidge observou, *Le Babillard* era a mais recente de uma grande quantidade de publicações, todas tendo os periódicos ingleses como modelo, principalmente *The Spectator* e *The Tatler* (*Le Babillard* em francês significa "*the tatler*" em inglês; isto é, "o tagarela").[2] Esses periódicos refletiam uma nova curiosidade dos franceses sobre os seus vizinhos, talvez pelo desejo de melhorar as suas relações, de questionar estereótipos nacionais comuns. "Sentimos que pode haver algo a se ganhar agindo assim", Rutlidge escreveu, "e, aos poucos, estamos aprendendo a ver o mundo todo como uma ampla escola, onde os verdadeiros mestres, reconhecidos pela razão como tal, são a experiência e a conduta corretas".[3]

Nosso viajante estava participando de um experimento que Rutlidge havia anunciado no vigésimo quinto exemplar de *Le Babillard*. Ele havia enviado um jovem parisiense para relatar o que observasse em Londres, e outro jovem, um londrino, para fazer o mesmo em Paris. Cada um deveria lhe escrever contando as suas impressões e aventuras. Esse estudo garantiria, conforme Rutlidge prometeu, que preconceitos velados, de um lado ou do outro, se anulariam, permitindo que a voz da razão, alta e clara, fosse vencedora. O experimento envolvia viagens, mas as cartas não seriam diários de viagem. "Minha intenção não é que eles admirem um céu diferente, lugares pitorescos ou construções impressionantes", Rutlidge havia deixado claro.⁴

Não se sabe ao certo se esses viajantes realmente existiram fora da imaginação de Rutlidge ou não, mas seus relatos são nitidamente baseados em fatos. A boneca vestida com roupas da moda viajava entre Paris e Londres regularmente, mesmo em tempos de guerra (quando tinha de fazer um desvio de rota, passando por Ostend, em vez de ir direto, por Calais). A *modiste*, ou costureira, cujo grito estridente interrompeu temporariamente a viagem da diligência, Madame Alari, era, na vida real, uma *modiste* que possuía uma loja perto do Hyde Park. A mulher que a acompanhava foi descrita como uma inglesa que retornava de uma estadia de três meses em Paris, para onde havia sido mandada por seu patrão para aprender a arte de se vestir *à la Polonaise*.⁵ Sabemos, através de antigos contratos de aprendizagem, que chapeleiros e costureiros realmente mandavam funcionários a Paris para receber treinamento sobre as tendências da moda.⁶

O viajante de Rutlidge certamente possuía razões para temer que preconceitos anglo-franceses influenciassem a forma como as duas capitais eram vistas como cidades. Até mesmo londrinos que haviam passado algum tempo em Paris, como o jornalista e político radical John Wilkes, achavam que os parisienses eram "escravos dançarinos".⁷ Afinal, apesar de famintos e oprimidos pelo seu rei, permaneciam alegres e elegantes. E, bem no fundo, os londrinos sabiam que não se vestiam apropriadamente e faziam o que podiam para copiar a moda parisiense. Impressos e peças teatrais do final do século XVIII, que representavam "o francês em Londres" e "o inglês em Paris" (Fig. 2) contrastavam o londrino franco, mas rude, com o parisiense elegante, mas afetado. A comédia *O inglês em Paris* (1753), de Samuel Foote, e sua continuação, *O inglês regressou de Paris* (1756), satirizavam seus conterrâneos pelo pouco domínio da língua francesa, pelo amor ao dinheiro e pelas tentativas desajeitadas de copiar o gosto francês.

Na verdade, as representações do londrino-em-Paris e do parisiense-em-Londres haviam se tornado tão comuns que personagens de peças como *O inglês regressou de Paris*, de Foote, comentavam, eles próprios, sobre haverem visto personagens do tipo londrino-em-Paris nos palcos parisienses, assim como comédias do tipo parisiense-em-Londres, escritas por De Boissy.⁸ Não que Foote não estivesse acima da retórica eloquente (dramática), lamentando o caso de amor dos ingleses com Paris e, em particular, seus luxos, que estavam supostamente transformando *hearts of oak*⁹ patrióticos e impassíveis em *petits maîtres* sem naturalidade. Em um discurso, um personagem chamado Classic observa que, enquanto nos velhos tempos os ingleses iam a Paris como contingente de exércitos de conquistas,

Interesses bem diferentes atraem nossa viagem moderna,
Prostitutas, chinós, berloques, bolsas, brocados e rendas;
Uma forma ostensiva e uma aparência fictícia.
Despertem! Voltem a si! Recusem um Reino Gaulês,
Não permitam que as artes deles consigam aquilo que os seus exércitos jamais obteriam.[10]

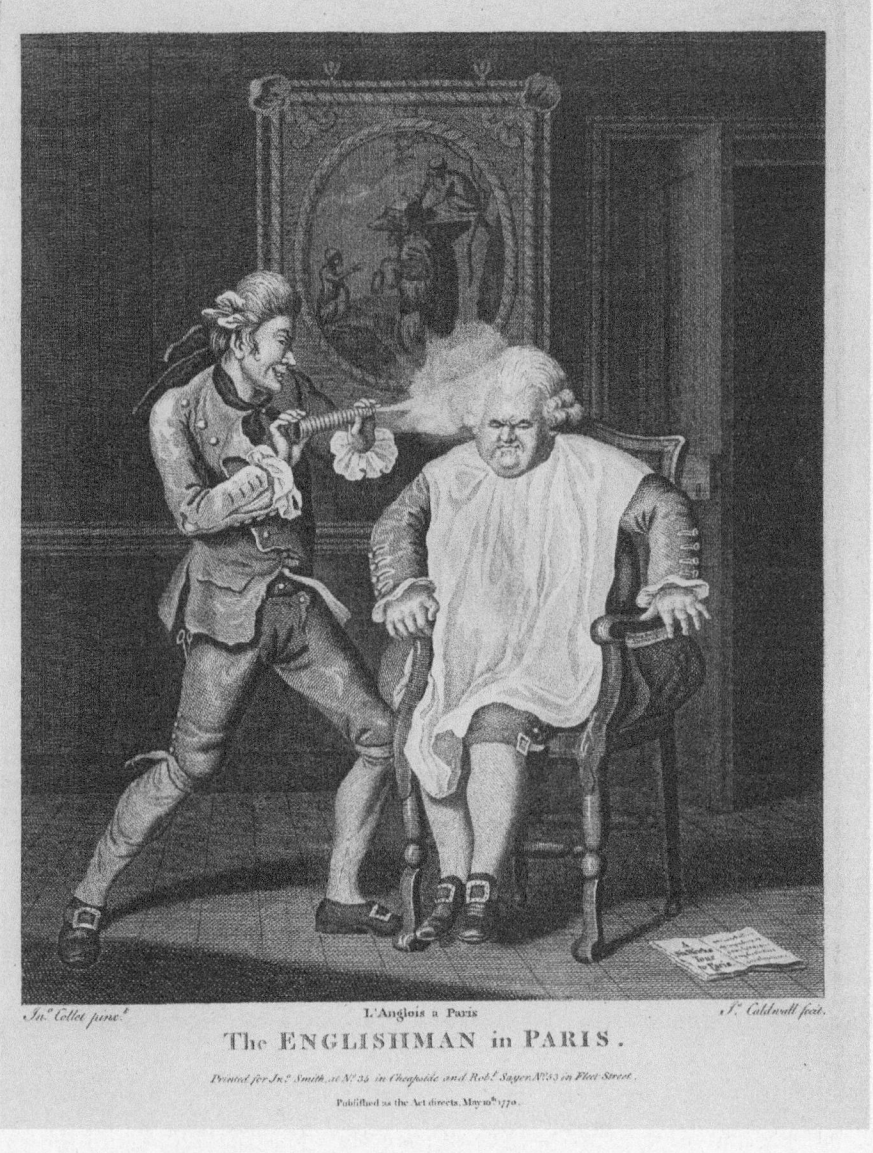

Figura 2 – James Caldwell a partir de John Collet, *O inglês em Paris*, 1770

Mas mesmo com a empolgação dos espectadores, Foote sabia que não eram assim tão sinceros. Embora parecessem preocupados e demonstrassem desaprovação em relação à vaidade, ao luxo e ao orgulho alimentados por essas bugigangas inúteis, os londrinos adoravam seus brinquedos parisienses. De fato, foi exatamente esse desejo, difundido entre a classe média, que impulsionou o processo que hoje chamamos de Revolução Industrial, quando a famosa fábrica Soho Works, de Matthew Boulton, em Birmingham, começou a produzir fivelas de sapatos franceses e caixas de rapé em grandes quantidades.[11] Na sequência, Foote incluiu um prólogo (destinado à audiência), onde observava que a francofilia estava tão internalizada que, antes do início da peça, o dramaturgo ousava pedir "Proteção, cavalheiros, contra vocês mesmos".[12]

Moda e bom gosto formavam um eixo sobre o qual o relacionamento Paris-Londres girava. Há registros de bonecas-manequins viajando de Paris para Londres desde 1396.[13] Os londrinos reconheciam Paris como a capital da moda e procuravam manter-se atualizados. Embora algumas vezes julgassem essas bonecas objetos desmoralizantes, desnecessários e inúteis, ou mesmo parte de uma conspiração deliberada contra as tão apreciadas liberdades inglesas, essa troca permanecia ininterrupta. Era uma prática rotineira, que só chamava a atenção quando, como vimos aqui, acontecia algum incidente (um protestante francês desajeitado deixando cair seu livro, uma guerra – coisas insignificantes, na verdade, em relação à grande importância da moda). Assim, a cena dentro da diligência lotada rumo a Londres mostra duas cidades atreladas por uma rotina de trocas.

O demônio no canal
O Canal, Quinta-Feira Santa, 1780

O dramaturgo Louis-Sébastien Mercier estava parado perto da balaustrada do paquete que havia deixado o porto de Calais em direção a Dover às seis horas da manhã; percebeu que havia algo estranho em relação aos dois homens que estavam no convés. Um alto e um baixo. Usavam roupas de ingleses da classe média: decentes, embora um pouco simples demais, e não tinham um bom caimento. Ambos pareciam nervosos, mantendo-se bem próximos um do outro e não se socializando com os outros passageiros, apesar do fato de que a travessia duraria por volta de quatro horas. Preferiram permanecer no convés a se aventurar até lá embaixo, na cabine, onde estavam as 12 pequenas camas, cada uma em um nicho protegido por cortinas.

Curioso, Mercier decidiu observá-los mais atentamente. Assim como o nosso primeiro viajante, esse parisiense estava a caminho de Londres para aprender mais sobre os ingleses e seus costumes. Visitar Londres havia se tornado uma espécie de moda iluminista depois da publicação das *Cartas Filosóficas* do grande filósofo Voltaire. Nascido em 1740, no Quai de l'École, entre a Pont Neuf e o Louvre, Louis-Sébastien Mercier, filho de um cuteleiro de espadas, cresceu no coração de Paris. A riqueza e a renda da sua família a posicionavam entre a classe média e uma classe mais baixa. Era uma situação ideal para se observar os costumes de uma cidade que Mercier imortalizaria em sua ampla pesquisa, o *Tableau de Paris* [Retrato de Paris] (1781-1979).[14]

O *Tableau* consistia em uma série de breves perfis sociais de parisienses, observações da vida nas ruas e discussões sobre moradia, instituições religiosas e administração civil, tudo entremeado com propostas de reforma, com o objetivo de fazer de Paris uma cidade mais organizada e agradável de morar. Quando buscavam proteger pedestres contra atropelamentos por carruagens e carroças, desobstruir cemitérios superlotados, ou quando se referiam à predileção dos parisienses por cães pequenos, os comentários urbanos de Mercier eram sempre uma mescla iluminista de anticlericalismo, serventia e humor inteligente. O *Tableau de Paris* é merecidamente considerado uma das melhores descrições não só de Paris, como também da cidade moderna em geral.[15]

Entretanto, Mercier admitiu que, antes de publicar a sua descrição de Paris, precisava visitar Londres, a maior cidade da Europa. Ele acreditava que era impossível conhecer Paris sem saber também um pouco sobre Londres: "Sendo vizinhas e rivais, é inevitável que, ao falar de Paris, leve-se Londres em consideração. O paralelo é intrínseco. Essas cidades são tão parecidas e tão diferentes e, ainda, possuem uma semelhança mútua tão grande que, para retratar uma, não é, acredito, despropositado lançar o olhar sobre as características da outra".[16]

*

A Inglaterra era a única nação que podia fazer frente ao poder e à influência da França. "Paris tem poder sobre a Suíça, a Itália, a Alemanha e a Holanda", Mercier comentou, mas Paris não tinha poder sobre Londres. Na verdade, Paris e Londres eram rivais, e não dominador e dominado; tratava-se de uma relação caracterizada por fascinação mútua, não por obediência unilateral.

E foi assim que Mercier se viu em um paquete naquela Quinta-Feira Santa, em 1780. Ávido por começar a reunir informações sobre os ingleses, decidiu se aproximar da dupla misteriosa, abordando-os na língua nativa deles: em inglês. Mercier conhecia bem a língua inglesa; havia aprendido, como tantos franceses do seu tempo, com o objetivo de ler Shakespeare e Pope nas versões originais. Porém, ao falar com eles, descobriu que seus colegas de viagem não eram ingleses, mas sim franceses. E, além disso, que eram estrelas dos palcos de Paris, um mundo que Mercier conhecia muito bem. Não eram ninguém mais que os equilibristas de corda bamba Alexandre-Placide Bussart e Paolo Rédigé, conhecidos, nos teatros de Paris, simplesmente como "Placide" e "Demoninho".

Os dois haviam recorrido a um disfarce defensivo – explicaram –, na tentativa de parecer, no modo de vestir, mais ingleses que os próprios ingleses, por medo de ser reconhecidos como franceses e, por isso, ser atacados ou insultados. E eles não eram, nem de longe, os únicos a ter aquele receio. Muitas pessoas em Paris acreditavam que os londrinos dariam uma surra em qualquer francês que fosse ingênuo o suficiente para aparecer em suas ruas. Achava-se que, adeptos de esportes cruéis, os londrinos andavam furtivamente por um labirinto de ruas, sem nenhum guarda suíço ou policial nos arredores para controlar as suas tendências violentas. A vida dos visitantes ficava nas mãos dos ingleses.[17]

Outro viajante francês com destino a Londres havia sido advertido por um amigo de que em Londres crianças ficavam nas janelas mais altas prontas para cuspir sobre qualquer francês que passasse na rua.[18] Acreditava-se que, embora a moda de Paris fosse admirada, parisienses que aparecessem elegantemente vestidos nas ruas de Londres, na década de 1780, eram passíveis de ser friamente recebidos, e não era apenas porque a França havia lutado ao lado dos colonos rebeldes, naquele lugar que era chamado de Estados Unidos. Isso fazia com que muitos parisienses temessem viajar para Londres. Em Paris, Mercier observou, "pensam que um francês não pode atravessar uma rua londrina sem ser insultado; acham que todo londrino é feroz e come carne crua".[19]

Os próprios londrinos reforçavam esse estereótipo, publicando gravuras como *O francês em Londres* (1770) (Fig. 3). Nela, um parisiense bem-vestido está tentando andar em uma rua de Londres sem ser importunado, mas se vê cercado: à sua frente, um açougueiro (próximo a muita carne crua) ergue seus punhos, desafiadoramente; ao mesmo tempo, atrás do parisiense, duas mulheres agarram a cauda da sua moderna peruca, provavelmente fazendo uma indelicada alusão a macacos, ou a certa parte da anatomia do francês. O fato de essa gravura ser londrina demonstra a apreciação que os nativos de Londres têm por esse tipo de comportamento. Embora seja sebento e grosseiro, o açougueiro é mais viril que o francês covarde, de pernas finas e longas, com sua espada, seus babados e sua jaqueta elegante de seda e acabamento de renda dourada.

Figura 3 – Charles White a partir de John Collet, *O francês em Londres*, 1770

Mercier estava bastante ciente do potencial cômico desses clichês e riu muito da credulidade de "Placide" e "Demoninho". Não tinham com que se preocupar, ele lhes garantiu. Ainda que a estratégia do ministro francês das Relações Exteriores, Vergenne, de ajuda aos colonos rebeldes na América tivesse levado os londrinos a criticar severamente a política externa francesa, a francofobia popular já havia diminuído. Os dois ficaram visivelmente aliviados com essa informação e, tendo constatado que não havia o que temer, e cheios de contentamento por ver o barco a caminho do seu destino, começaram a cantar músicas de ópera cômica. Canções cômicas, na Quinta-Feira Santa, um dia dedicado pelos ingleses à reverência! De excessivamente sóbrios e reservados, mudaram para o outro extremo, de demasiada leviandade. Então, Mercier interveio, dizendo que deveriam parar com aquilo, antes que chamassem muita atenção.

A viagem de Paris a Londres era um pacote com tudo incluído, ao custo de 120 *livres tournois* (ou francos). Esse preço incluía o percurso na diligência de Paris a Boulogne ou Calais, a travessia para Dover, e a ida de Dover a Londres, que, felizmente, era feita em carruagem, e não em diligência. Também estavam pagas as refeições e a hospedagem em hotéis em Abbeville, Boulogne ou Calais e Dover. Porém, não estavam inclusas as gorjetas ao cocheiro ou aos empregados dos hotéis, as taxas de alfândega e o preço do visto, em Boulogne – tudo isso somava mais 18 livres. Os viajantes sempre passavam a noite em Dover – independentemente de quanto durasse a travessia – em outro hotel, de propriedade da empresa da diligência. No dia seguinte, a carruagem saía cedo e levava de quatro a cinco horas para chegar a Canterbury, onde era feita a refeição principal, por volta do meio-dia. Nessa ocasião, os cavalos e a carruagem eram trocados. Os passageiros seguiam, então, por Chatham e comiam a refeição da noite em Rochester. Ali, tinham a opção de passar a noite ou ir direto para Londres.

Os viajantes chegavam a Londres pelo sul, através dos St George's Fields, passando pelo obelisco em St George's Circus e atravessando a Ponte de Westminster. Em seguida, a carruagem subia a rua Whitehall, passava pela Charing Cross, pegava a Haymarket e deixava os passageiros na parte leste de Piccadilly. Ali, um gerente que falava francês podia ajudá-los a se virar; a melhor opção era passar a noite em um pequeno hotel próximo por um xelim (24 sóis, mais meio xelim extra para a camareira) e procurar hospedagem mais duradoura no dia seguinte. E Mercier necessitaria dessa hospedagem. Parece que passou meses em Londres, observando, diretamente, os Gordon Riots [Motins de Gordon, protestos anticatólicos]. É possível que tenha alugado um quarto na Jermyn Street, por oito ou nove xelins (10 ou 12 livres) por semana. Havia, também uma pensão francesa em Leicester Square, dirigida por uma certa Madame Artaud. Um intérprete, se Mercier precisasse, custava um guinéu (21 xelins) por semana.[20]

Ao retornar a Paris, Mercier escreveu o *Parallèle de Paris et de Londres* [Comparativo de Paris e Londres], um manuscrito de 152 páginas, preservado na biblioteca do Arsenal de Paris. Nesse texto, ele comparou diversos aspectos da vida nas duas capitais: pontes, prisões, comidas e bebidas, animais de estimação – até mesmo os diferentes tipos de gripe que as pessoas podiam contrair. O *Parallèle* de Mercier é o ponto de partida ideal para a nossa trajetória, uma vez que nele o relacionamento entre Paris e Londres é imaginado como uma conversa sobre como criar uma cidade ideal, ou utópica, ou o que filósofos franceses do século XVIII chamaram de *la ville policée* ("a cidade policiada", embora a palavra "polícia", como veremos, significava algo diferente do que quer dizer hoje).[21]

A cidade policiada era organizada e funcionava devidamente, mesmo sem ser regulamentada. Era uma cidade de abundância, até mesmo luxo, mas livre dos efeitos negativos daquele excesso. Assim como este livro vai além de Paris e Londres, Mercier se dirigiu aos seus leitores não como parisienses e londrinos orgulhosos, mas como colegas da raça humana. "Oh, pobres humanos", escreveu, "franceses ou ingleses! Os governos de vocês os incitam a se lançarem uns contra os outros, como cães". Em vez disso, ele insistia, deveriam competir de forma mutuamente ética, para saber quem seria mais atento aos "deveres da humanidade".[22]

Na França, onde se originou o termo "polícia", o conceito foi derivado da ideia de *policer ses mœurs*, ou "policiar o comportamento". Em 1667, o rei Luís XIV estabeleceu a Lieutenance Générale de Police, que reformou a magistratura e assumiu uma série de funções e responsabilidades relativas a religião, saúde pública, estradas, pavimentação, auxílio aos pobres e segurança.[23] Escritores britânicos acharam esse conceito útil, mesmo tendo de lutar para traduzir a palavra para o inglês. "Estamos sendo acusados pelos franceses, e talvez com muita razão, de não termos em nossa língua uma palavra que corresponda a *police*", escreveu o sagaz colecionador de obras de arte Horace Walpole, "a qual, portanto, fomos obrigados a adotar, por não possuirmos, como dizem, a palavra."[24] Nos trabalhos do filósofo moral Adam Smith e seu colega Scot Patrick Colquhoun, a atividade da "polícia" englobava saneamento, pavimentação e iluminação, assim como regulamentação dos mercados para provisão e policiamento (no sentido mais moderno e familiar) relativo a pequenas infrações à ordem pública.[25]

A polícia de Paris estava sempre presente na capital do século XVIII, mesmo considerando que a figura popular do espião policial, ou *mouchard*, aumentava massivamente os números. Em Londres, o termo "polícia" denotava uma força, na cidade toda, de oficiais da paz uniformizados, com uma estrutura de comando central. O *Tratado sobre a polícia da metrópole* (1796, inicialmente esboçado em 1792), de Colquhoun, inspirou, reconhecidamente, a criação da Polícia do Rio Tâmisa, a primeira força policial a receber esse nome. Mas o ato do Parlamento, de 1829, que criou a Polícia Metropolitana de Londres e, com ela, o *bobby* (termo informal usado para designar o policial inglês) ainda viria décadas depois. E Londres teria que esperar ainda mais, até o estabelecimento, em 1855, do Metropolitan Board of Works (MBW) para contar com uma autoridade municipal única, capaz de coordenar a erradicação de favelas, a construção de esgotos e outras questões consideradas responsabilidades da "polícia".

Na época de Mercier, portanto, o governo municipal de Londres não era nada além de uma prática de administração constituída de uma miscelânea de comitês e conselhos paroquiais anglicanos que tratavam da pavimentação das paróquias, da iluminação e das rondas noturnas, e que cobravam impostos locais e eram integrados por indivíduos com pouca especialização ou pouco treino. No entanto, essas limitações não impediram Mercier e outros observadores parisienses de considerar Londres um modelo de policiamento municipal.

Na cidade policiada, limpeza é fundamental. Corpos limpos e ruas limpas são saudáveis, e limpeza requer circulação.[26] Mercier era obcecado pela circulação do ar, da água, dos cheiros, dos corpos (vivos e mortos) e dos veículos. Ele gastou capítulos inteiros do *Parallèle* listando os imóveis de Paris que, insistia, deveriam ser demolidos para melhorar a circulação. Pontes deveriam ser alargadas: na superfície, com a remoção de casas dos dois lados, assim como embaixo, com a retirada das rodas de moinho que se utilizavam do fluxo do rio, e que obstruíam o tráfego fluvial. A Ponte de Westminster de Londres, de 1750, com seu calçamento e sua iluminação, era um modelo de circulação favorável a pedestres – pelo menos aos olhos de Mercier.

Era comum descrever a cidade como um corpo e, assim, comparar qualquer bloqueio na circulação com um ataque repentino de doença ou um infarto. Essa analogia era fundamentada na descoberta de William Harvey, no início do século anterior, sobre a circulação do sangue. Essa descoberta foi divulgada, pela primeira vez, em 1661, pelo escritor de diários e memórias John Evelyn, em seu *Fumifugium: or the Inconveniencie of the Aer and Smoke of London Dissipated* (1661) [*Fumifugium:* ou a inconveniência do ar com fumaça disperso por Londres].[27] O ensaio mencionava as avenidas em linha reta e os amplos mercados que caracterizavam os planos de reconstrução de Londres após o Grande Incêndio de 1666; esses planos haviam sido criados por Christopher Wren e Robert Hooke, assim como pelo próprio Evelyn. Embora apenas uma pequena parte desses projetos utópicos tenha se concretizado, a regulamentação, após o incêndio, sobre a altura das construções e a largura das ruas refletia, nitidamente, o cuidado com a circulação. Essa preocupação também se revela na decisão de deslocar o mercado de Cheapside para Honey Lane e estabelecer novos mercados no oeste.[28]

Mas quem está por trás dessa "polícia"? Nas palavras de Mercier: "A partir do momento em que um problema é detectado e divulgado, de quem é o dever de solucioná-lo?".[29] A cidade precisa de um déspota iluminista, partindo-se do princípio de que existe uma pessoa a quem se pode confiar todo esse poder? Pode-se acreditar que cada um faça a sua pequena parte, na expectativa de que – como a famosa "mão invisível" de Adam Smith – um sistema inteligente surja da soma das ações individuais? O contraste entre a administração altamente centralizada de Paris (que os governantes franceses nunca perderam de vista) e a miscelânea de Londres, mencionada anteriormente, proporcionou a Mercier – e a escritores que vieram depois – a oportunidade de se ocupar com essas questões.

Mercier não conseguiu encontrar uma resposta para elas. Algumas vezes, no *Parallèle*, ele atacou a postura de sujeito obediente do bom rei Luís XVI. Se o rei pelo menos ficasse sabendo de um ou outro descomedimento, Mercier insistia, tudo seria corrigido. Essa ficção conveniente – de que o rei não errava e que só poderia ser "surpreendido" em um deslize de conduta por um ou outro ministro perverso – ajudava muitos pretensos reformadores a se protegerem de acusações de sedição, em Londres e Paris, no final do século XVIII.[30] Ainda assim, Luís XVI também é apresentado como uma autoridade remota, um monarca que passa rápida e suavemente em sua cavalgada – sem parar para nada nem para ninguém –, desconhecedor do sofrimento das pessoas de sua cidade.[31] Mercier estava escrevendo em um tempo em que a autoridade real estava sendo contestada, e não só pelos parlamentos (tribunais encarregados de registrar os éditos reais).

Por fim, a sua posição se parece com a de um absolutista iluminista. Mercier queria, mais do que substituir a autoridade real, corrigir abusos dessa autoridade. Não faz sentido pensar que ele estava recorrendo a uma "opinião pública" autoconsciente. Mercier apoiava as atividades de associações de voluntários, em ambos os lados do Canal, tais como a Société de Médicine e a Society for the Encouragement of Arts, Manufactures and Commerce. Mas não via essas atividades como atos de reprovação à Coroa ou ao Estado nem como um caso de intrusos (uma classe média ascendente, ou a burguesia) usando essas ações "zelosas pelo bem-estar público" para arriscar uma reivindicação por uma participação no governo.[32]

Isso torna muito estranha a visão de Mercier de Londres como uma "cidade policiada". Trata-se de um lugar onde cidadãos patriotas e desinteressados decidem agir independentemente do monarca. Se comparado a Luís XVI, o soberano inglês é um personagem bem menos importante. Como Mercier observou, George III era regularmente insultado em impressos públicos encontrados nas vitrines de gráficas londrinas. Em contraste com a comitiva de Luís XVI, o rei inglês percorria a cidade em uma liteira simples, acompanhado por não mais que três homens armados com lanças velhas.[33] Além disso, mesmo que tenha sobrado pouco mais do que uma fachada, nos tempos de Mercier, o palácio real do Louvre era uma maravilha arquitetônica, se comparado ao Palácio St James, caindo aos pedaços e despreparado para enfrentar um incêndio. O fato de George III haver se mudado para uma residência aristocrática (Buckingham House) em 1761, em vez de construir seu próprio palácio, demonstra claramente a relativa pobreza da corte britânica, comparada à francesa. Porém, mais do que procurar imitar esse modelo descentralizado e consensual, o plano de

Mercier para tornar Paris mais parecida com essa Londres ideal era um plano diretor autoritário e absolutista. Suas instruções deveriam ser seguidas "a qualquer custo" e "à força", se necessário.[34]

Há momentos em que Mercier parece reconhecer a natureza paradoxal do seu modo de pensar. Visto que as massas parisienses haviam sido oprimidas por séculos, era – ele admitiu – despropositado esperar que não cometessem abusos, qualquer que fosse a liberdade que obtivessem do governo francês. Este, como "único árbitro", possuía, totalmente em suas mãos, a felicidade, assim como a infelicidade, dessas massas, e era ele quem decidia, aparentemente sem fundamentos lógicos, qual dessas o *peuple* (isto é, o povo) teria.[35]

Por outro lado, Mercier tinha de reconhecer que a força da sociedade civil em Londres dependia, parcialmente, da tolerância à desordem. Se as massas tumultuosas (*la populace*) fossem controladas por uma "polícia firme", perderiam – ele afirmou – a sua coragem e acabariam sujeitas a um déspota ou a um poder externo.[36] Logo, é possível haver "polícia" demais e "polícia" de menos. Em sua luta para conciliar as reivindicações conflitantes de autoridade, liberdade e polícia, Mercier é bastante contemporâneo do seu tempo e do nosso.

Seu projeto era repensar a metrópole como um lugar agradável, organizado, mas, ao mesmo tempo, diferente e interessante para morar. Paris e Londres eram as melhores cidades do mundo, ele acreditava, e, por isso, tinham muito que aprender uma com a outra. Mas muito se perderia na tradução, devido aos preconceitos nacionais ou nos conflitos armados fomentados pelos governantes em ambos os lados do Canal para manter seus povos em desacordo. "O que o governo mais teme é que o espírito da nação inglesa venha a se manifestar na França", Mercier constatou, "enquanto a nação inglesa teme, acima de tudo, o gosto, a moda, os modos e os hábitos franceses; e que o espírito do governo francês venha a se manifestar na Inglaterra. É isso que mantém as duas nações separadas."[37] Ele insistia que londrinos e parisienses deveriam parar de entrar no jogo do governo e descobrir a verdade por si mesmos. Esse era um processo iluminista, na linha do ensaio do filósofo prussiano Immanuel Kant, de 1784, *O que é o Iluminismo?*. Londrinos e parisienses precisavam se libertar do chauvinismo e aprender o que fosse possível uns com os outros. E, como este livro demonstra, aprenderam muito, mesmo havendo se mantido fiéis a alguns preconceitos e, até mesmo, criado outros, ao longo do caminho.

Este livro está dividido em seis capítulos, sendo cada um deles dedicado a um elemento da vida urbana que surgiu, ou foi consideravelmente influenciado, com o intercâmbio entre Paris e Londres. Defende-se, aqui, que esse movimento fez parte de um processo mais amplo, pelo qual a cidade-como-problema foi domada, no curso dos séculos XVIII e XIX, e a vida na metrópole deixou de ser uma exceção questionável à regra vigente. No final da Idade Média e no início do Período Moderno, era lugar-comum descrever cidades como frutos de crescimentos monstruosos, parasitas que, sem controle, iriam minar a força física e moral do corpo da nação. Em um tempo em que o saneamento e o atendimento médico eram precários, o crescimento urbano realmente dependia de constante reabastecimento por parte do país, isto é, as cidades não eram autossuficientes.[38]

Graças a essa mudança, tanto na realidade vivenciada quanto na percepção do que seja a vida urbana, o monstro foi amansado, dando origem à cidade europeia moderna, na qual a mistura de classes sociais diferentes é reconhecida como emocionante e divertida, no lugar de ser reprovada como assustadora e politicamente perigosa. Aqui, os mortos são deslocados para longe do centro urbano, em vez de terem permissão para envenenar os vivos. Andar pela cidade é um prazer, e não uma tarefa perigosa. É um lugar onde as pessoas vivem empilhadas, em camadas, mas chamam seu apartamento de "lar". Essa cidade possui suas próprias mitologias, que fazem das suas mais sinistras esquinas e mais vergonhosas atividades uma fonte inesgotável não de pânico moral ou medo, mas de emoção e suspense prazerosos.

Iniciamos pela moradia, focalizando o desenvolvimento dos prédios de apartamentos em Paris e as tentativas de introduzir em Londres esse modo de viver. Essa pode parecer uma maneira estranha de começar, dado o contraste entre a afeição dos londrinos pelos blocos de casas muito similares, compartilhando as paredes externas – as típicas casas geminadas – e a predileção dos parisienses por viver empilhados uns sobre os outros. Enquanto Londres se espraiava, ofuscando qualquer vestígio de uma cidade com muralhas, Paris crescia para o alto, cercada por suas fortalezas e outras barreiras. Os portões de Londres passaram a permanecer abertos, a partir de 1666; no decorrer do século seguinte, as guaritas foram removidas para que as ruas fossem alargadas. Embora Paris tenha construído passeios públicos ao longo dos seus muros no final do século XVII, o muro dos impostos (também chamado de Wall of the Farmers General, 1785) e, mais tarde, o Thiers Wall (1841-1844) continuaram a restringir a expansão horizontal da cidade, com entrada possível somente pelos portões.

Entretanto, Londres experimentou o que alguns arquitetos chamaram de "apartamentos franceses", tanto como substitutos das favelas, para a classe trabalhadora, quanto como "condomínios" com o objetivo de proporcionar à elite um *pied-à-terre*, ou seja, um lugar mantido para uso ocasional. Os londrinos sabiam de tudo que acontecia em prédios de apartamentos franceses (ou, pelo menos, pensavam que sabiam), através da leitura de romances franceses "imorais" escritos por Zola. Ao mesmo tempo, reconheciam as vantagens das moradias verticais, tanto em termos de conveniência pessoal quanto como um modelo mais sustentável de desenvolvimento urbano. Embora os londrinos continuassem a sofrer com a obsessão inglesa pela casa própria, essas experiências, de fato, introduziram um modelo rival, que atraiu muitos londrinos dos séculos XX e XXI.

Em seguida, refletimos sobre o modo como londrinos e parisienses aprenderam a andar nas ruas. Na cidade medieval e na do início da Modernidade, ninguém fazia isso – pelo menos, ninguém que fosse alguém. Aqueles que realmente percorriam a cidade a pé moviam-se apressadamente, como determinavam o seu trabalho e a sua pobreza. Eles não andavam, esquivavam-se – de carroças, carruagens, seus patrões. Em nossa época, a cidade se tornou um lugar para andar, passear, exibir-se, desfilar, comprar. Para que andar nas ruas se tornasse uma atividade em si e um ato elegante, eram necessárias mudanças na arquitetura das vias públicas. As ruas principais precisavam de iluminação, bancos, postes de amarração, sarjetas e, sobretudo, calçamento.

O modo como a cidade era percebida também precisava mudar. A conurbação tinha de se tornar um espetáculo a ser desfrutado tanto durante o dia como à noite. O caminhante solitário urbano, ou *flâneur*, é considerado representante, por natureza, da modernidade urbana, e nenhum livro sobre a cidade moderna estaria completo sem ele. Ele é tradicionalmente visto como um personagem do século XIX; aqui, examinamos as suas origens no século XVIII.

O Capítulo 3 versa sobre outro elemento parisiense importado para Londres: o restaurante. Tendo nascido na época de Mercier como local de uma prática iluminista e surpreendentemente ascética de purificação, o restaurante rapidamente ampliou a variedade de suas ofertas. Entretanto, como veremos, londrinos e parisienses possuíam visões diferentes sobre essa instituição: onde os primeiros viam um cenário público, os últimos enxergavam um retiro para o anonimato.

Posteriormente, chegamos à cidade, no Capítulo 4, observando locais de diversão para dançar e cantar no final do século XVIII e no século XIX; particularmente, o *music hall*. Da elegância especial de Champagne Charlie – um homem conhecido por levar uma vida de luxo e excesso – ao *chahut* – dança caracterizada por chutes altos no ar –, à efervescente vida noturna e até à noção de *Gay Paree*,[39] tudo foi moldado pelo diálogo entre os dois lados do Canal. A metrópole moderna é, ao mesmo tempo, um espaço construído e um texto. É formada de tijolos e argamassa, sobrepostos por aquela identidade imaginária que todos nós levamos conosco em nossas mentes. Essa cidade da imaginação tece sua rede de metáforas, associações e fantasias em torno das construções, das ruas e dos espaços reais. Enquanto isso, o estilo das suas construções é alterado, para refletir tais fantasias, gerando, por sua vez, muitas outras diferentes.[40]

O Capítulo 5 leva em consideração uma dessas cidades imaginárias do *fim de século*, o submundo noturno do crime, que fornece os elos que faltavam para conectar os detalhes mais mundanos da nossa rotina de vida com as extraordinárias e indefiníveis exceções. Aqui, o *flâneur* se torna o detetive.

Finalmente, chegamos à necrópole, a "cidade dos mortos", ou cemitério, que surgiu, primeiramente, na Paris de Napoleão, com a criação do cemitério Père Lachaise. O deslocamento dos mortos – dos superlotados terrenos de sepultamento paroquiais do centro da cidade – para os novos "cemitérios-jardim" foi fruto de uma preocupação com a saúde pública que persistiu por um longo período de tempo. O estilo e a aparência dos cemitérios parisienses foram copiados cuidadosamente no cemitério Kensal Green, de Londres (1832), e em outros, de propriedade privada, que foram sendo criados ao longo da década seguinte. Esse estilo, por si, refletia influências inglesas anteriores, como, por exemplo, quando uma anglomania anterior a 1789 levou aristocratas franceses a assimilar a arquitetura paisagista e a poesia inglesas. Como resultado dessa hibridização, surgiu uma nova maneira de acomodar os mortos. Livre da contaminação pela classe trabalhadora, aqui a classe média criou a sua cidade ideal, um modelo para a periferia ajardinada, onde os vivos poderiam, finalmente, encontrar o seu lugar de descanso.

As análises apresentadas aqui são baseadas em projetos arquitetônicos, pinturas, desenhos, impressos e fotografias, assim como em jornais e revistas. Com poucas exceções, relatos de viagens não foram utilizados, pois representam um gênero à parte, com o seu próprio conjunto de convenções e interesses, bem diversos dos apresentados por aqueles que residem, permanentemente, na cidade.[41] Obras de ficção foram incluídas, não só porque são, também, fundadas em atenta observação de construções e comportamentos reais (tal como os romances realistas de Zola certamente eram), mas, também, por causa do papel que desempenharam ao mostrar como os contemporâneos viam a capital em que viviam. Por exemplo, embora tenha sido dita por um personagem literário em um romance policial, a ordem categórica de Holmes "Sempre tenha uma arma de fogo quando estiver a leste de Aldgate" demonstra como o East End era visto pelos leitores de Arthur Conan Doyle. Ainda que os escritores específicos referidos aqui não sejam considerados exatamente autores de "alta literatura", como aqueles normalmente citados em estudos sobre Paris e Londres, o certo é que seus livros eram bastante lidos na época. E vão além do conhecido e bem trabalhado cânone de relatos sobre a cidade, da autoria de Balzac, Baudelaire e Dickens.

Pode parecer estranho o fato de eu haver escolhido essas duas cidades como assunto, pois, por muito tempo, as temos visto como antagônicas: de um lado, a "Great Wen" ["grande cisto sebáceo", apelido depreciativo para Londres], mal planejada, mas trabalhadora, que associamos com William Hogarth e Charles Dickens; de outro, a "Capital do Prazer", a *Gay Paree*, com suas avenidas largas, repletas de *flâneurs* baudelaireanos e outras pessoas em busca de diversão.

Dizem que os bretões, no século XVIII, referiam-se aos franceses como "os outros". Britânicos e franceses eram "inimigos naturais, e isso era inevitável"; ambos se mantinham fiéis a seu caráter, determinado, mas genuíno.[42] Em um contexto urbano, isso possibilitava aos londrinos ver um lado positivo em sua relativa falta de belos palácios e igrejas. Essa ausência revelava a presença de liberdade, em oposição à "superstição" e ao despotismo do catolicismo romano, que os georgianos definiam como "sapatos de madeira": uma referência aos tamancos usados pelos pobres camponeses franceses, em contraste com os sapatos de couro dos trabalhadores rurais ingleses. Por sua vez, os parisienses podiam deixar o esforço constante e o comércio avarento para os mal-humorados e melancólicos londrinos, que eram naturalmente inadequados para desfrutar os verdadeiros prazeres da vida na capital francesa.

Muitos livros e muitas exposições documentaram o relacionamento entre Berlim e São Petersburgo, Paris e Roma, assim como várias outras duplas – até mesmo Paris e Edo (antigo nome de Tóquio) –, mas nenhum trabalho versou sobre a ligação entre Paris e Londres. Embora haja uma vasta literatura sobre Londres e sobre Paris, isoladamente, ninguém ainda buscou examinar as relações entre essas duas cidades através dos séculos.[43] É o que este livro procura fazer. Não se trata, no entanto, de um estudo histórico comparativo, nem mesmo de uma história de transferências entre cidades. Para que uma discussão desse tipo fosse possível, seria necessário situar o leitor em um terceiro ponto, separado, equidistante dos nossos dois polos, para, dali, avaliar as diferenças e as semelhanças.

Seria necessário congelar o tempo, entendendo que todas as comparações são feitas através de instantâneos. Teríamos de presumir um conjunto de termos que indicassem o que estaria sendo comparado, variando desde, digamos, "cemitério" até "cidade". Teríamos de identificar esses termos como pontos de partida e de chegada, trocas de influência, etc. Mesmo se encontrássemos evidências de que essa ou aquela instituição londrina era, na verdade, parisiense, a descoberta implicaria um custo: nesse caso, teríamos de aceitar que existe, na verdade, uma compreensão do que seria, ou não, "parisiense", "urbano", e assim por diante. Na perspectiva de uma *histoire croisée*, este livro se concentra no processo de cruzamentos e trocas, considerando a cidade como um lugar de interseções. Reconhecemos que muitos dos termos usados são, por si, produtos do processo que estamos nos esforçando para descrever. Nossa discussão não visa a uma competição, identificando esta ou aquela característica como própria de Paris ou de Londres, isoladamente.

Podemos, talvez, fazer uma analogia entre a história do desenvolvimento das duas capitais como cidades modernas – de 1700 a 1900

– e um jogo de tênis através do Canal, onde a influência de um lado é recebida pelo outro. Como em um saque no tênis, essa influência pode ser rechaçada, assimilada, modificada ou diluída. Todavia, a interação descrita aqui é complicada e reflexiva demais para que esse conceito seja útil. Os cruzamentos eram mais do que trocas. Paris e Londres não se tornaram simplesmente mais "parisienses" ou urbanas como resultado desses cruzamentos; eles fizeram delas os grandes centros cosmopolitas que são hoje. Novas ideias, novas atividades e novos modos de entender a cidade desenvolveram-se nos próprios cruzamentos.[44]

Um bulevar em Marylebone
Uma noite de verão em Marylebone Pleasure Gardens, 1776

Havia maneiras de ir de Londres a Paris menos penosas para os viajantes do que se deixarem ser sacudidos dentro de uma diligência ou ser lançados em várias direções durante a travessia do Canal. No verão de 1776, os administradores dos Pleasure Gardens [Jardins de Lazer] de Marylebone (Fig. 4) imprimiram e postaram anúncios informando o público de que "os *Boulevards* de Paris" poderiam ser usufruídos em seu estabelecimento por uma quantia insignificante. Em 1738, o proprietário de um *pub*, Daniel Gough, havia reaberto o seu estabelecimento, conectado a uma grande área gramada; cobrava ingresso de um xelim e oferecia comida e vinhos; uma banda apresentava "concertos, prelúdios e árias".

Esse empreendimento era localizado na Marylebone High Street, em uma área de oito acres, ocupada, atualmente, pelas ruas Devonshire e Weymouth. Embora não fossem tão extensos e, nem de longe, tão elegantes quanto o seu grande rival ao sul de Londres – o Vauxhall –, os Pleasure Gardens de Marylebone possuíam suas alamedas, com árvores em ambos os lados, uma sala de festas e reuniões, e um templo, ou "Grande Sala". Assim como o Vauxhall, esses jardins ficavam no limite da cidade, embora a construção de uma nova via pública principal em direção ao norte (Marylebone Road), em 1757, efetivamente os tenha separado dos campos que anteriormente haviam sido o seu cenário.

Figura 4 – John Donowell, *Uma vista dos Jardins de Marylebone*, 1761

"Os *Boulevards* de Paris" consistiam em uma série de quiosques distribuídos de uma forma que imitava uma rua comercial parisiense e provavelmente foram criados em sociedade com a comunidade de protestantes franceses em Londres, cuja igreja (St Marylebone) ficava próxima. De acordo com o relato de um jornal, esse local de diversão, semelhante a um parque temático, foi bastante bem-sucedido. "Como uma tentativa de apenas representar um lugar movimentado e agradável, ele é, sem dúvida, merecedor do aplauso que recebeu."

Perto das paredes externas da sala de festas e reuniões, havia, originalmente, uma fila de caixas de madeira, onde era possível sentar-se, ao redor de pequenas mesas, e pedir comida e bebida, observando a vida passar. Essas mesas eram convertidas em lojas, supostamente do tipo das encontradas nos bulevares de Paris, nas quais atores representavam os papéis dos comerciantes, cada um com o seu nome escrito em uma transparência contraluz. Havia Crotchet, uma loja de música; La Blonde, uma modista; Trinket, uma loja de pequenos objetos; Tête, uma cabeleireira; e assim por diante. No início, os atores não estavam muito entusiasmados, "mas as compras aumentaram o ânimo do grupo".

Da mesma forma que seus nomes faziam jogos de palavras (por exemplo, a cabeleireira se chamava "*Tête*", ou seja, "cabeça"), os tipos de loja se referiam, claramente, à fama de Paris como "cidade de brinquedo" da Europa, no sentido georgiano da palavra "brinquedo": uma quinquilharia ou cacareco, cujo único valor estava em sua exibição. A presença de duas pipas em um quiosque vazio era, provavelmente, uma piada visual, associando-as a ideias extremamente fantasiosas e tolas. A capital francesa parecia inventar esses brinquedos mais depressa do que pudessem ser encontrados nomes para eles, como indicou o termo inglês que inclui todas as possibilidades: *kickshaw* (isto é, bugiganga elegante, porém inútil), sendo uma espécie de versão em "franglês" para *quelque chose* [alguma coisa]. A palavra francesa do século XIX *nouveauté* desempenhou melhor o papel de capturar essa ideia de bibelô desejado por ser novidade, e não por ser útil.

O interior da sala de festas e reuniões era iluminado por luzes coloridas e mobiliado em uma extremidade, de modo a parecer um café inglês em Paris. A "recepcionista" desse estabelecimento foi uma decepção, não tendo sido considerada suficientemente animada. Como se pôde ler no jornal, "Até um *Quaker* poderia ter jurado que ela nunca tinha estado nem perto de Calais".[45] Nas semanas seguintes, a exibição foi repetida, e novos elementos foram incluídos, criando um efeito ainda mais elaborado. Essa era a nova Paris do Boulevard Du Temple, da cada vez mais elegante Rue Saint Honoré, da Champs Elysées: com linhas retas, faixa para veículos, lojas novas, refúgios de lazer novos. Durante uma visita, um cavalheiro francês reconheceu que, de certa forma, o empreendimento realmente dera certo. "*Ma foi!*", dizem que gritou, ao entrar no jardim. "Existe uma vaga semelhança – mas não é a mesma coisa."[46]

Para Mercier, Rutlidge e outros homens iluministas das letras, por volta de 1780, a cidade ideal estava em algum lugar entre Paris e Londres, ou talvez em alguma metrópole hipotética, que era as duas ao mesmo tempo. Na medida em que os viajantes faziam a travessia de uma para a outra, indo e voltando – pessoalmente, pela imprensa e em suas imaginações –, duas cidades que a princípio pareciam rivais invejosas começaram a se fundir em uma só. Em vários pontos, no seu *Parallèle*, Mercier escreveu sobre Paris e Londres, mencionando seus nomes sem muito cuidado, sem pensar bem e de forma irresponsável, levando-nos a questionar o que são "uma Londres" e "uma Paris". Uma cidade é uma posição no mapa? Um conjunto de imóveis? Um agrupamento de pessoas que compartilham a mesma história?

Mercier escreveu que "a 90 léguas de Paris está outro tipo de Paris".[47] Em outro trecho, ele afirma que muitos londrinos são, na verdade, parisienses: os protestantes franceses que abandonaram a capital francesa depois da revogação do Édito de Nantes, em 1685. Como londrinos, esses ex-parisienses compuseram as tropas de William de Orange na Irlanda. Por sua coragem no uso de armas e por sua habilidade na fabricação de artefatos, haviam, Mercier registrou, "feito muito bem a Londres". Sendo assim, podemos perguntar: Londres é que é, na verdade, Paris?[48] A busca pela "cidade policiada" não termina em Londres nem em Paris, mas em alguma entidade invisível, que é ambas.

Como é possível descrever essa cidade, essa "outra Paris", esse lugar que é, ao mesmo tempo, Londres e Paris, fantasia e realidade? Era uma cidade policiada. Era caótica. Seu povo era o mais civilizado em toda a Europa. Seus habitantes eram descontrolados. Era um empório de elegância, uma metrópole de lama. É essa cidade que constitui o assunto deste livro.

Figura 5 – Katherine Buildings, Cartwright Street

Capítulo 1

A casa agitada

Em 1789, na véspera da Revolução Francesa, Henri Decremps publicou um trabalho em dois volumes, *Un parisien à Londres*, com o intuito de dar conselhos a parisienses em viagem à Inglaterra e fazer um paralelo entre as duas maiores cidades da Europa. Na época, assim como atualmente, o contraste mais importante era entre a expansão horizontal de Londres e as habitações de muitos andares e alta densidade encontradas em Paris. Como Decremps observou, enquanto as residências de Paris possuíam pelo menos quatro ou cinco andares, chegando a ter seis ou sete, a maioria das casas de Londres apresentavam apenas três ou quatro andares. "As pessoas são mais empilhadas, umas sobre as outras, em nossa cidade", ele escreveu, "onde pode haver 15 ou 18 lares em um único imóvel, enquanto em Londres há apenas um ou dois."[1]

Esse contraste entre as moradias teve ampla repercussão. O desejo do londrino de ter uma casa própria supostamente refletia uma afeição pelo lar. As pessoas tentavam se esquecer da existência de vizinhos dos dois lados. O lar de um cavalheiro era seu castelo, seu espaço particular, mesmo quando tinha de ser compartilhado com inquilinos e com empregados residentes, que trabalhavam arduamente nos porões e dormiam nos sótãos. Um cavalheiro jantava em casa, não importava quanto tempo fosse preciso para chegar lá; geralmente muito tempo, devido à construção contínua de blocos de casas muito similares, compartilhando suas paredes externas (casas geminadas [*terraced houses*]), ao longo das principais rodovias que levavam a áreas mais afastadas do centro da cidade. O aumento da distância entre os bairros onde as pessoas trabalhavam e faziam compras isolava a respeitável dona de casa dentro de suas quatro paredes.

Limitados pelos muros da cidade, os parisienses não tinham outra opção a não ser construir para cima, em vez de para os lados. Paris incorporou a vida em apartamentos sem muita dificuldade – embora seus habitantes reconhecessem que ela apresentava desafios –, e isso se refletiu em outras instituições da cidade; por exemplo, a invenção do restaurante, abordada no Capítulo 3, está intimamente ligada às cozinhas pequenas, que eram comuns em apartamentos. Embora os londrinos pudessem ficar escandalizados com a ideia de uma família jantando em "público", essa exposição não incomodava os parisienses. Estes achavam as casas geminadas londrinas morbidamente entediantes, enquanto os próprios londrinos estavam começando a reconhecer, por volta da metade do século XIX, que aquelas casas estavam se tornando insustentáveis. Este capítulo começa enfocando a forma como a casa de Londres e o edifício, prédio de apartamentos (ou *immeuble*), surgiram nos séculos XVII e XVIII. Depois, fala sobre o modo como este último modelo de construção foi adaptado – no início, provisoriamente – em Londres.

Surgidos como resultado das primeiras experiências de habitação social nas décadas de 1840 e 1850, os prédios de apartamentos foram adotados por alguns dos londrinos mais abastados na década de 1860. O desenvolvimento do "apartamento-mansão", nas décadas de 1880 e 1890, implicou uma alteração nas associações à depravação que os "apartamentos franceses" haviam gerado, particularmente através dos romances de Émile Zola. Seu estudo sobre a vida em apartamento, *Pot-Bouille* [Caldeirão em ebulição], mostrou-se muito picante para ser tratado por possíveis tradutores, como veremos. Mas o caminho que levaria ao nosso bloco de apartamentos moderno já estava traçado. De inconcebíveis, ultrajantes e parisienses, esses blocos se tornaram triviais, rotineiros e internacionais. Um estilo de vida que aparentemente servia apenas como cenário de romances escandalosos franceses havia se tornado natural.

O processo de naturalização do apartamento trouxe questões inquietantes. Em residências em que as pessoas viviam tão próximas, onde e como ficaria o limite entre o espaço público e o privado? Como se daria o equilíbrio entre um desejo muito moderno de privacidade e as necessidades da comunidade? Estereótipos comuns pregavam que os ingleses valorizavam a privacidade do seu "castelo" mais do que os franceses e jamais seriam convencidos a abrir mão do sonho da casa própria, com jardim e longe do centro urbano. Entretanto, como a distância entre o local de trabalho e esse "castelo" se tornava cada vez maior, os londrinos começaram a reavaliar suas noções a respeito do que constituía um lar.

De que servia uma separação física entre vizinhos, se cheiros e sons passavam de uma casa para outra? Empregados eram realmente necessários em uma residência? No debate sobre os méritos da vida em apartamento, londrinos e parisienses enfrentaram desafios comuns entre os habitantes de todas as cidades modernas.

A invenção do edifício

Os blocos de apartamentos com seis ou sete andares, fachadas de pedra, sacadas decorativas, entradas em forma de arco, escadas comunitárias, sótãos e pátios internos têm um papel tão importante na imagem da Paris do século XIX de Haussmann que é surpreendente descobrir que eles surgiram no final do século XVII e atingiram sua maturidade na década de 1770. Como em todas as cidades europeias, as casas urbanas davam frente para a rua e eram construídas em terrenos estreitos, com o topo do telhado extremamente inclinado, ficando a 90 graus do solo. O frontão era ricamente decorado, às vezes vertiginosamente alto, com empenas que faziam a estrutura parecer mais alta e mais suntuosa do que realmente era. Ainda que as famílias costumassem ter inquilinos, a norma geral era uma família por casa.

Não havia o objetivo de criar uma comunidade, tampouco uma paisagem urbana. Cada casa revelava o grau de presunção da família que nela habitava. Assim como os frequentadores de corridas, que lutavam na plateia para exibir orgulhosamente o seu chapéu, os proprietários das casas em cidades médias ou grandes do norte da Europa, por volta de 1600, criavam um efeito que era tudo menos monótono. No caso de Paris e Londres, a nova regulamentação para construções – adotada após o Grande Incêndio de Londres – representou um divisor de águas na sua arquitetura.

Em 1667, o governo francês impôs restrições com relação à altura das construções e baniu os frontões, que foram substituídos por telhados em mansarda com janela. De acordo com a regulamentação, a altura da construção era medida apenas até o parapeito do telhado, e não até o cume. Criar um ou dois andares apertados no espaço abaixo do telhado era uma maneira que os proprietários encontraram para aproveitar ao máximo a estrutura, principalmente trocando os telhados íngremes pelos em mansarda. Nasceu, então, a linha de telhado "parisiense". E ainda mais importante: o cume do telhado agora era paralelo à rua, apresentando ao transeunte uma fachada ampla e simples, em vez de estreita e "maquiada".

Até a chegada das grandes empresas construtoras, nas décadas de 1770 e 1780, os principais investidores em blocos de apartamentos eram comunidades monásticas. Em 1669, os dirigentes de St Germain l'Auxerrois construíram um conjunto de prédios na Rue de La Ferronnerie cuja fachada traseira defrontava Les Innocents, o cemitério mais lotado e fétido da cidade. Esses edifícios eram caracterizados por quatro andares de apartamentos, empilhados sobre um conjunto de lojas.[2]

Em 1715, o arquiteto Dailly projetou vários conjuntos para a Abadia de St-Germain-des-Près. Cada um consistia de duas lojas a cada lado de uma entrada em forma de arco com uma única escada de acesso. Nos projetos, estão indicados quatro cômodos em cada andar, sem, contudo, haver qualquer especificação a respeito do propósito de cada um (*salon*, *chambre*, etc.). Há portas em toda parte, permitindo aos inquilinos um grau considerável de flexibilidade, como convinha a lugares que eram utilizados como espaços comerciais, oficinas, residências ou alguma combinação das três coisas.

Enquanto a abundância de portas e a aparente falta de cozinhas poderiam parecer estranhas aos parisienses do século XIX, como Zola, o projeto inclui outras características que praticamente não mudaram nos 150 anos que se seguiram; um exemplo é o mezanino espremido entre o térreo e o primeiro andar, algo que também era encontrado nos primeiros edifícios da Rue de La Ferronnerie, mencionada anteriormente. Com o objetivo original de servir como local de armazenamento de estoque para as lojas abaixo, na prática esses espaços eram frequentemente usados como apartamentos independentes das lojas, adequados para os orgulhosos cujo *amour propre* preferia esses cômodos de teto baixo à indignidade de um local mais espaçoso (e socialmente menos desejável) na parte mais alta do imóvel.[3]

O projeto do arquiteto Ramée para a casa na Rue Du Mail, n. 12, mostrava como a forma e a distribuição dos elementos na construção haviam se desenvolvido até 1789. Uma escada comunitária redonda atendia patamares com um apartamento em cada andar, cada um com dois quartos para adultos: um com janelas para a rua, para a *madame* (um *boudoir* [antecâmara], para usar o termo do século XIX), e um de frente para o pátio, na parte traseira, para o *monsieur*, convenientemente provido de acesso a uma discreta escada posterior. A cozinha era localizada no lado oposto ao pátio e a esse aposento do dono da casa, como uma espécie de pequena ala de serviço.[4]

As Maisons Armand, na Rue Montorgeuil (1790), possuem três apartamentos por andar, três escadas internas e várias janelas, que são estranhamente localizadas (pelo menos para os residentes).⁵ A conveniência interna era geralmente sacrificada em nome da aparência externa de harmonia. Os arquitetos preferiam colocar uma janela falsa ou deixar uma janela coincidir com uma parede interna do que interferir na simetria da fachada.

Com essa ênfase em fileiras cerradas de janelas, não é de se estranhar que os críticos logo tenham começado a reclamar que esses edifícios eram monótonos e excessivamente semelhantes. Em seu *Ensaio sobre arquitetura* (1755), Laugier queixou-se de "uniformidade prejudicial".⁶ Decretos reais de abril de 1783 e agosto de 1784 impuseram alturas máximas de 19,5 metros em ruas com menos de 10 metros de diâmetro e de 12 metros naquelas com menos de 8 metros de largura, mas os investidores continuaram a se utilizar do sótão para acrescentar espaço rentável. Entretanto, não se esforçaram para diferenciar os andares, negligenciando, frequentemente, a tradicional ênfase no primeiro andar, ou *piano nobile*.

Esse desenvolvimento teve início durante a Revolução, atingindo o mais alto grau de atividade nos 30 anos após a Restauração da monarquia, em 1815, mas diminuindo depois disso. Tomando o distrito de Porcherons (9° *arrondissement*) como exemplo, havia 20 projetos desses entre 1769 e 1786, 45 entre 1818 e 1847 e 26 entre 1853 e 1912.⁷ Em 1778, *Le Babillard*, escrito por Rutlidge, já expressava uma exasperação relacionada às adversidades e tribulações da vida em um edifício como aqueles. Em Paris, ele observou, os ricos desfrutavam o isolamento tranquilo de sua mansão, ou *hôtel particulier*, enquanto o humilde cidadão tinha de tolerar um refúgio pequeno e apertado em um bloco de apartamentos "onde o conjunto revelava, de uma forma barulhenta e excêntrica, aquele grupo numeroso e heterogêneo de pessoas que eram vistas nas ruas e em locais públicos". Embora opte, deliberadamente, por uma vizinhança sem elegância, o *Babillard* não consegue encontrar companhia agradável. Durante o dia, seus nervos estão à flor da pele, por causa dos constantes toques na campainha do vizinho, um homem de negócios. À noite, esse apartamento fica sossegado, justo quando outros vizinhos estão começando a se movimentar: um apostador em jogos de azar, de um lado, e uma cortesã, logo acima.⁸

Em Londres, as construções eram regulamentadas pelos Building Acts, decretos sobre construções que se seguiram ao Grande Incêndio. O primeiro deles foi criado em 1667, mesmo ano em que Paris estabeleceu suas próprias regras, determinando a relação entre a largura da rua e a altura do imóvel. Os Building Acts de 1667, 1707 e 1709 regulamentavam a espessura dos tijolos das paredes divisórias e restringiam severamente o uso de madeira. Cornijas de madeira nos beirais foram proibidas, e as caixas de madeira que continham os contrapesos das janelas de guilhotina deveriam, doravante, ser revestidas com tijolos. Um decreto bastante abrangente, em 1774, consolidou toda essa legislação e definiu quatro tipos de construção, cada qual com seu próprio conjunto de regras.[9]

A Fournier Street, em Spitalfields, é o exemplo mais bem preservado das casas geminadas com tijolos aparentes do início da era georgiana, construídas entre 1725 e 1731. A maior parte dessas casas foi resultado do trabalho conjunto de diversos especuladores. Um construtor podia se tornar um especulador em tais projetos sem precisar gastar nada. Só era necessário obter do proprietário o arrendamento de um terreno, pagando uma quantia nominal por três a cinco anos. Durante esse tempo, o construtor levantaria capital para construir, rapidamente, uma casa e torceria para vendê-la antes que o prazo de carência do arrendamento se expirasse. Na Fournier Street, os construtores parecem ter erguido pares de casas, vendendo-as para diferentes tipos de cliente. Por isso, algumas ostentam painéis interiores ornamentados e lareiras que refletem a riqueza dos seus primeiros proprietários, enquanto outras são mais modestas. O corte nos custos se estendeu à incorporação de vigas de madeira em paredes de tijolo.

Embora o proprietário da terra precisasse se certificar de que um mínimo dos padrões estabelecidos estava sendo respeitado, nos outros aspectos os seus interesses estavam sendo atendidos; o sistema incentivava os construtores a erguerem casas rapidamente. Apesar dessa ênfase na rapidez, uma uniformidade surpreendente na aparência exterior da construção foi alcançada. Em parte, isso se deu por causa dos materiais. O tronco da árvore conífera proporcionava vigas de 20 a 25 pés, determinando, assim, a sua largura. Para construir imóveis com mais de três ou quatro andares em tijolo, seriam necessários alicerces mais fortes e profundos e, consequentemente, mais caros. O uso generalizado de livros de amostra, como o de Isaac Ware – *A Complete Body of Architecture* [Corpus completo de arquitetura] –, de 1756, também colaborou.

No West End, a distribuição das terras foi diferente da que ocorreu no Soho e em Spitalfields, tendo sido baseada em grandes propriedades pertencentes aos duques de Westminster, Bedford e similares. Isso possibilitou a construção de quadras mais ambiciosas, onde as casas eram planejadas para parecerem quatro palácios distintos com ornamentação de pedra esculpida mais cara, e tendo como destaque um requintado frontão central. No contrato de 1776 para Bedford Square constam dois construtores – William Scott e Robert Grews –, que concordam em seguir um projeto criado pelo administrador da propriedade Bedford e acatar as medidas de pé-direito estipuladas. Scott e Grews venderam subcontratos para outros construtores. Um deles, o arquiteto Thomas Leverton, ergueu a enorme casa com cinco janelas inglesas no centro da região leste.[10] Na região norte, as seis janelas inglesas centrais eram divididas em duas casas, cada uma com três dessas janelas – da largura de uma casa geminada. Isso requeria a colocação de um frontão com cinco – em vez de quatro – pilastras sobre as duas casas, o que teve o lamentável resultado de haver uma pilastra no centro: um erro crasso em uma construção clássica.

A casa geminada do século XVIII geralmente possuía um porão um pouco, ou completamente, abaixo do nível da rua, no qual se localizavam as cozinhas, a despensa, uma espécie de copa – onde se lavavam pratos, panelas, etc. – e outros "compartimentos". A fachada era levemente recuada em relação à rua, criando uma área aberta que permitia que a luz e o ar chegassem ao porão. Alguns degraus levavam à porta da frente, enquanto uma pequena escada externa dava acesso direto às cozinhas. Na entrega do carvão, ele podia simplesmente ser jogado em um buraco próprio para isso, na calçada, que era diretamente ligado a um depósito de carvão debaixo da rua. Enquanto no edifício uma casa possuía várias cozinhas pequenas, com acesso pelas escadas principais e localizadas em cantos inusitados, em Londres as residências tinham uma só cozinha, ampla e situada no porão, com acesso para os empregados e os entregadores, sem que fosse preciso incomodar os moradores. Os parisienses se esforçavam para explicar essa disposição, referindo-se à área como um pátio (ou mesmo um fosso), mas admiravam a sua praticidade.[11]

Embora essa configuração não fosse seguida de maneira uniforme, em geral o cômodo da frente no andar térreo era usado como sala de jantar, com uma sala de visitas atrás, também chamada de sala de café da manhã, onde a família passava a maior parte do tempo. A sala de estar mais formal ficava acima da sala de jantar, com um quarto de vestir ou, talvez, um quarto de dormir atrás. Os andares superiores eram todos compostos de quartos de dormir, dois ou três por andar; os empregados ficavam na área debaixo do telhado. Pequenas escadas secundárias e "compartimentos" podiam ser inseridos nos cantos, estes últimos variando em tamanho e função, podendo ser usados como espaços de armazenamento ou como cômodos para escrever, vestir-se ou, ainda, para os empregados dormirem. A casa geminada, comum no final do século XVII e no início do século XVIII, abrigava oito pessoas: o casal, seus três filhos e três criados. Nas casas maiores, em propriedades mais requintadas, esse número podia chegar a 14, podendo incluir: babá, cavalariço, cocheiro, mordomo, lacaios, cozinheira, criadas, governanta, intendente. Os lacaios, o cavalariço e o cocheiro podiam dormir sobre a cocheira ou em estábulos que ficavam atrás da fileira de casas.

Favelas no céu

Obviamente, os londrinos mais pobres não podiam possuir uma casa inteira só para eles. Tinham três opções: morar no local de trabalho (nesse caso, eram alojados no sótão do patrão), compartilhar a casa com várias outras famílias ou dormir ao relento. As casas de cinco andares na Bentinck Street, na região do Soho, finalizadas em 1737, abrigavam, por volta de 1801, cinco ou seis famílias cada uma.[12] Atrás das novas quadras, e entre elas e as fileiras cerradas de casas geminadas, estava o parque habitacional tipicamente pré-georgiano, lá no alto, em áreas não atingidas pelo Grande Incêndio, como Southwark. Pouquíssimas construções desse tipo, com estrutura de madeira, ainda sobrevivem; podem ser vistas, por exemplo, nas estreitas vielas que saem da Borough High Street. Essas construções, vastamente conhecidas como blocos [*courts*], estendiam-se atrás da rua principal, culminando em uma cisterna compartilhada e escurecida pelos andares construídos sobre as ruelas e sustentados por vigas em ambos os lados. Centenas de pessoas viviam nessas residências de madeira sem segurança em caso de incêndio, como nas moradias superpovoadas no Mint, um refúgio de devedores que ficava a algumas centenas de metros a oeste.

Os afortunados que conseguiam arrendar terra dentro dos limites ou do "regulamento" do Mint não precisavam seduzir possíveis inquilinos com uma fachada elegante, nem mesmo, com comodidades básicas. Indivíduos sujeitos a serem presos por dívidas se apresentavam como ávidos candidatos a locatários, extremamente gratos por encontrarem abrigo em uma jurisdição fora do alcance da lei. Graças ao uso anterior do lugar como Casa da Moeda Real, os habitantes da região supostamente desfrutavam de uma espécie de imunidade.

Ainda que o distrito de Mint, em Southwark, tenha sido extinto em 1724, as construções permaneceram, formando uma favela, até a década de 1880, quando o Metropolitan Bureau of Works (MBW) demoliu tudo, fez uma nova via pública atravessando a área (Marshalsea Road) e encorajou a construção de habitações para a classe trabalhadora naquela terra. Erguidas pela Peabody Trust e pelo próprio MBW, essas "moradias-modelo" eram cercadas por ruas que ganharam nomes de personagens da obra *A pequena Dorrit*, de Charles Dickens. Embora os nomes das ruas Mint e Sanctuary sejam um aceno para a história, ao contrário, entramos em um reino interessante, onde a pobreza é higienizada, por associações com um trabalho de ficção.

As "moradias-modelo" eram prédios de apartamentos com sete andares. Elas testemunham o fato surpreendente de que os primeiros blocos de apartamentos erguidos em Londres foram construídos não para a classe média ou a elite, mas sim para a classe trabalhadora. Essas moradias-modelo surgiram após um inquérito parlamentar, em 1842, sobre as condições sanitárias da metrópole. Esse inquérito foi conduzido pelo incansável Edwin Chadwick, que fez investigações detalhadas sobre assistência e asilo para os pobres, cemitérios superlotados e outros assuntos referentes ao que hoje chamamos de bem-estar social.

Conhecido informalmente como "o ministro prussiano", por sua falta de humor e sua predileção por estatísticas, geralmente era possível contar com Chadwick para defender o estabelecimento de uma inspetoria com financiamento centralizado ou de qualquer outra organização com o objetivo de apresentar soluções mais eficientes e "científicas" para os problemas sociais. Entretanto, tamanha foi a sua irritação com a demora do governo em tomar medidas a respeito da sua constatação de que a insalubridade das moradias estava ligada ao alcoolismo, à cólera e à desagregação familiar que ele e seus amigos decidiram recorrer ao mercado livre para obter soluções.

Chadwick e seus companheiros desenvolveram um modelo inovador de financiamento, que ficou conhecido como Five Per Cent Philanthropy. Nesse sistema, sociedades anônimas denominadas Model Dwelling Companies (MDCs) usavam o capital dos investidores para construir edifícios residenciais, com elevada capacidade de habitação, para os trabalhadores. Dessa forma, os pobres "respeitáveis" podiam ser resgatados das favelas, em troca de um aluguel semanal modesto (em torno de dois xelins e alguns trocados), enquanto os investidores recebiam dividendos de quatro a sete por cento. Esses dividendos não eram muito vantajosos para os padrões da época, mas eram maiores que os 2,79 por cento pagos por outros investimentos seguros, a longo prazo, como os títulos governamentais consolidados.[13]

Atualmente, um esquema como esse seria denominado "investimento ético". Ao longo do tempo, MDCs como a Metropolitan Association for Improving the Dwellings of the Industrious Classes (MAIDIC), criada em 1846, e a Improved Industrial Dwellings Company (IIDC) seriam "substituídas", depois de 1890, pelos empreendimentos de construção de apartamentos do London County Council (LCC). No entanto, entre 1856 e 1914, as MDCs e instituições de caridade como a Peabody (criada em 1862) e a Guinness Trusts foram responsáveis por 11 a 15 por cento das novas moradias da classe trabalhadora em Londres.[14] Isso foi um grande feito, considerando a dificuldade de encontrar terrenos suficientemente grandes no centro de Londres, agravada pelo preconceito generalizado contra a construção de um bloco de apartamentos próximo a uma casa de família.

Isso também significou que a vida em vários andares, em Londres, foi inaugurada pela classe trabalhadora, em contraste com o padrão usual, de acordo com o qual ela ficaria com o que sobrasse no mercado. No século XVIII, áreas em regiões que anteriormente eram bairros tradicionais e elegantes foram compradas por especuladores, que dividiam o que havia sido a residência de uma família em múltiplas moradias de um cômodo, cada uma designada para uma família inteira. Divisórias costumavam ser instaladas para aumentar a rentabilidade, sem que fossem melhorados, nem mesmo mantidos, os já ultrapassados equipamentos de cozinha e as instalações sanitárias. Com a introdução dos apartamentos, o homem trabalhador e sua família foram pioneiros – ou cobaias. Consequentemente, a aparência de locais como Whitechapel, Shoreditch e partes de Chelsea mudou; ainda hoje, é possível perceber isso.

A MAIDIC levantou o primeiro bloco de apartamentos de Londres, em 1847, e por volta de 1854 estava alardeando seu sucesso em *Healthy Homes* [Lares saudáveis], uma narrativa sobre maneiras como o seu projeto poderia ser mais amplamente expandido. Em um exemplo de investimento ético local, em 1853, um grupo de contribuintes da paróquia local ergueu um prédio de apartamentos com quatro andares em Grosvenor Mews, Berkeley Square, incluindo "oito conjuntos de dois cômodos, com dois banheiros (incluindo vaso sanitário), pia e lixeira [...] O acesso a esses cômodos se dá por galerias externas abertas às quais se chega através de uma escada central (de ardósia e ferro)". Embora não tenham dito nada sobre "o prédio acomodar 32 famílias", os paroquianos deixaram claro que ele era "um grande benefício para as classes trabalhadoras" *e* "com taxa justa de retorno do investimento".[15]

Porém, na década de 1850, esses blocos de apartamentos ainda eram raros. A Improved Industrial Dwellings Company, a Peabody Trust e a Artisan and Labourers' General Dwellings Company foram fundadas em 1861, 1862 e 1867, respectivamente. Decretos do Parlamento datados de 1866 e 1867 facilitaram empréstimos para essas instituições, com prazos longos e juros baixos. As primeiras moradias-modelo eram pequenos blocos, como o Cromwell Buildings – da IIDC, na região do Borough Market, que existe até hoje. Ele possui cinco andares, com uma escadaria central e quatro apartamentos de dois cômodos em cada andar. Projetos maiores demandavam um tipo de terreno que só veio a ser disponível quando o MBW demoliu favelas, usando poderes que lhe foram concedidos pelos decretos de 1875 e 1879, nomeados *Cross Acts*, por causa do secretário de Estado do primeiro-ministro Benjamin Disraeli, que se chamava Richard Cross. De certa forma, portanto, as MDCs e a Peabody Trust foram favorecidas com a assistência governamental, que lhes permitiu comprar os terrenos a preços muito favoráveis.[16]

Quando foi encontrado espaço suficiente, esses investimentos em larga escala chamaram a atenção. Os prédios da MAIDIC na Farringdon Road possuíam uma fachada de aproximadamente 90 metros, com cinco blocos de sete andares, a 90 graus da rua. O local foi aberto em novembro de 1875, por Richard Cross. O andar térreo foi destinado a lojas, e os espaços entre os prédios foram planejados para proporcionar um lugar seguro para as crianças dos locatários brincarem. Como a maior parte das moradias-modelo, Farringdon Road era feita de tijolos aparentes (amarelos, mas com o esquisito lado vermelho) e pedra artificial (nesse caso, uma mistura de cimento Portland e resíduo de coque) decorando as janelas, as entradas e o parapeito. O telhado era plano, coberto com asfalto e facilmente acessível aos moradores, que usavam a área para secar roupas ou para recreação. Assim como ocorria com a lavanderia comunitária, o uso desse espaço era controlado por uma escala.

Em cada andar, os quatro apartamentos eram distribuídos em pares, com uma sacada para cada par, separada da escada principal de pedra por uma grade de metal com tranca. Escadarias abertas e sacadas semiprivadas eram características de muitas moradias-modelo (inclusive dos Cromwell Buildings), e acreditava-se que diminuíam os riscos associados a escadarias "públicas" compartilhadas. Essas escadarias abertas eram uma área com muitas correntes de ar e sem aquecimento, lugares definitivamente impróprios para um bate-papo ocasional. Grades e sacadas asseguravam que quem estivesse usando as escadas não podia ver as portas de nenhuma residência além da sua própria. O fato de que "nenhuma porta de entrada se abre para um corredor público" era considerado muito importante, pois, supostamente, limitava a interação, potencialmente prejudicial, entre residentes.[17]

O projeto original de uma galeria externa provavelmente se justificava pelas mesmas razões. Como está claro nos escritos de Charles Booth – um observador da classe média – sobre suas incursões com o objetivo de compilar dados para seu mapa da pobreza de Londres, qualquer rua onde os moradores inclinavam-se para fora da janela, deixavam portas abertas ou sentavam-se nos degraus da porta de entrada era certamente habitada pelas classes semicriminosas. Havia até mesmo aqueles que faziam objeções a sacadas compartilhadas por dois apartamentos. Em uma carta ao periódico *The Builder*, Francis Butler insistia em que as habitações deveriam ser planejadas como uma série de unidades completamente independentes, de forma que o homem trabalhador "ainda pudesse sentir [o apartamento] como seu castelo e que morava lá sem nenhum prejuízo no conceito de lar, tão estimado pelo povo inglês".[18]

Em Farringdon Road, cada bloco possuía 52 "habitações", o que significa que no conjunto habitavam mais de mil pessoas, por um custo de menos de 40 mil libras. Instituições como o MBW são algumas vezes acusadas de "acabarem" com as favelas com o único objetivo de deixar seus antigos moradores sem lar, sem qualquer outra opção a não ser se mudar para as novas favelas, muito mais distantes, do mesmo modo que os novos bulevares da Paris de Haussmann impeliram milhares de pessoas para fora da cidade ou para cantos já superlotados de suas próprias regiões.[19] Nos locais onde as MDCs e o MBW trabalharam, entretanto, a possibilidade de haver uma verdadeira erradicação – em vez de um deslocamento – das favelas se tornou realidade. No entanto, a demanda foi maior que a oferta, causando certo ressentimento. Quando o reverendo Wyatt Edgell perguntou a moradores das antigas favelas por que não haviam se mudado para "as habitações-modelo, em vez de pagarem um aluguel tão alto (4s. 6d.) por um único quarto [...] na pior região de Londres", eles reclamaram de que, quando tentaram, encontraram os prédios já totalmente ocupados por "funcionários", trabalhadores de colarinho branco, supostamente favorecidos como inquilinos pelas MDCs, em detrimento dos artesãos e operários.

De fato, a composição ocupacional desses blocos correspondeu exatamente à da classe trabalhadora de Londres como um todo, embora blocos das MDCs fossem estatisticamente abarrotados de crianças, proporcionalmente à população londrina em geral.[20] Parece que, frente à escolha entre alugar um apartamento de dois cômodos para um casal sem filhos ou para um com dois filhos, companhias como a MAIDIC frequentemente mostravam preferência por essa última.[21]

Tanto os moradores de favelas londrinos quanto os de apartamentos parisienses eram, supostamente, acostumados a mudar de residência regularmente. Entretanto, resultados do censo sobre as moradias-modelo indicam que seus habitantes tendiam a permanecer nelas. Esses blocos de apartamentos podiam ser barulhentos às vezes, mas apenas porque muitas crianças residiam lá, e não porque seus inquilinos adultos estivessem de mudança. Longe de abrigarem as "classes criminosas", essas moradias eram entusiasticamente aclamadas pelas "condições favoráveis que apresentavam para a detecção e a supressão do crime"; isso era um bom sinal, considerando que não havia *concierges* ali, apenas um superintendente residente e um empregado faz-tudo.[22]

Um relato anônimo sobre a vida em uma moradia-modelo no leste de Londres constou no primeiro volume de *Labour and Life of the People in London* [Trabalho e vida das pessoas em Londres], publicado em 1889 por Charles Booth. O "Sketch of Life in Buildings" [Esboço da vida em prédios] pode ter sido escrito por Margaret Harkness, filha de um sacerdote que foi para Londres em 1877, após haver se recusado a se casar. Tendo sido anteriormente treinada como enfermeira, no começo da década de 1880, Harkness deu início a uma carreira como jornalista e romancista, da mesma forma que Annie Besant, Eleanor Marx e outras escritoras socialistas que integravam trabalho social e defesa das mulheres. As moradias-modelo possibilitaram a elas uma oportunidade de acesso a favelas – que até então pareciam áreas de ingresso não permitido –, a fim de exercer caridade cristã e colher provas do fracasso do capitalismo em oferecer aos londrinos mais pobres condições de se sustentarem.

Outras mulheres eram levadas e esse trabalho simplesmente pelo desejo de fugir da monotonia entediante da vida familiar e experimentar uma atividade que poderia se tornar uma carreira – uma das poucas abertas para as poucas "Novas Mulheres" instruídas das décadas de 1880 e 1890. Relatos impressionantes que comparavam as favelas de Londres à "África mais escura" tornavam o trabalho atraente: a chance para mulheres exploradoras de serem Henry Morton Stanley em outro "continente escuro".[23]

Afastada da família e vivendo da escrita, Margaret Harkness compôs um relato (se for mesmo dela) que provavelmente remete à sua experiência de viver nos Katharine Buildings, na East Smithfield, um complexo de apartamentos de um cômodo – erguido pela East End Dwellings Company – gerenciado, por algum tempo, por Beatrice Webb, uma socialista que se empenhou em fundar a London School of Economics e o New Statesman. Embora outras mulheres aristocratas possam até ter feito visitas a esses lugares, deve ter sido um passo bastante ousado para alguém com a formação de Harkness morar em um.

O "Esboço" descreve as 24 horas típicas de uma moradia-modelo à qual ela não dá nome, começando às cinco da manhã, quando a escritora ouve o homem do andar de cima se aprontando para ir ao trabalho, em um armazém da rede ferroviária, sendo que sua esposa havia trabalhado na máquina de costura na noite anterior até uma hora da madrugada. Às oito horas, ouve-se a viúva da porta ao lado limpando seu fogão e tagarelando. Uma calmaria toma conta do prédio depois que as crianças partem para a escola, só retornando ao meio-dia. A tarde também é calma; as crianças jogam críquete no pátio interno, e as mulheres visitam umas às outras. Depois das seis da tarde, as escadas são tomadas pelos sons e cheiros da principal refeição do dia sendo preparada. À noite, alguns homens vão aos *pubs* cantar e falar de política, mas a maioria permanece em casa com as esposas e os filhos. Tratando-se de um conjunto de moradias com uma boa reputação, tudo está sossegado por volta das 10 da noite.

A conclusão final da autora do "Esboço" é de que as vantagens desses lugares ultrapassam, e muito, as desvantagens:

> Baixo custo, alto padrão de limpeza, instalações sanitárias salubres, boas relações de vizinhança, tanto entre as crianças quanto entre os adultos, e, talvez sobretudo, a impossibilidade de serem completamente esquecidos, ou negligenciados por parentes, na doença ou na velhice parecem ser os grandes ganhos; e as principais desvantagens, a ausência de privacidade e a maior facilidade de haver mexericos e desavenças, embora possam ser desagradáveis, introduzem uma constante variedade de interesses triviais e sentimentos pessoais na monotonia da vida diária.[24]

Talvez inevitavelmente, a maior parte dos relatos que temos sobre as moradias-modelo naquele período foi feita pelos homens que as projetaram ou que escreveram sobre elas para artigos arquitetônicos após a inspeção apressada das plantas fundamentais ou, possivelmente, depois de um passeio pelo prédio recém-concluído (e ainda vazio). Embora não sirvam de base para uma reflexão sobre como as classes médias percebiam esses edifícios e seus habitantes, essas informações proporcionam uma vaga ideia de como seria a vida ali. Enquanto a autora do "Esboço" era, certamente, bem mais instruída que seus vizinhos, seu relato sugere que os arquitetos falharam em seu grande esforço para evitar "ligações" entre os residentes; mas isso, em si, não representa um fracasso.

Porém, seria esse o caminho do futuro? Um crítico de arquitetura, James Hole, que se apresentou na Mostra Internacional de Saúde de 1884, foi claro quanto a esse aspecto: "Não acredito que uma cidade de prédios altos ocupados por moradias de um ou dois cômodos seja um ideal satisfatório para a próxima geração", afirmou, "ou que o tipo de vida que ela representa deva ser o horizonte das nossas esperanças e aspirações".[25] Houve reformadores habitacionais, mais notavelmente Octavia Hill, que rejeitaram o modelo de blocos em favor de outro, no qual pequenas casas geminadas de dois andares, no estilo de casas de campo simples, foram sendo gradualmente construídas e tornando-se disponíveis. Três desses projetos da década de 1880 sobrevivem em Southwark, escondidos em ruas secundárias. Gable Cottages, por exemplo, na Sudrey Street, é um oásis charmoso, porém simplesmente inviável como modelo.

Contudo, as moradias-modelo provaram, sem deixar dúvidas, que a alta densidade habitacional não estava necessariamente ligada à alta mortalidade habitacional. Depois de uma explosão de entusiasmo que se seguiu à criação do LCC, em 1889, o próprio conselho começou a desenvolver, na década de 1890, em caráter experimental, projetos habitacionais; inaugurou seu primeiro bloco de apartamentos em 1893, na Boundary Street. O seu modelo tinha muitas características do modelo das MDCs, inclusive a insistência em um retorno líquido de três por cento.[26]

Uma instituição similar estabelecida em Paris, em 1849, a Société de cités ouvriers de Paris, obteve bem menos sucesso. Havia planos de construção de cópias do seu primeiro projeto, um conjunto de quatro blocos de três ou quatro andares, na Rue Rochechouart, com o nome de Cité Napoléon. Tais planos foram deixados de lado, no entanto, pois os trabalhadores se ressentiam da centena de regulamentações da vida nos "quartéis" (como eles apelidaram as moradias), enquanto, por outro lado, as autoridades temiam as repercussões políticas da aglomeração de grandes números de trabalhadores parisienses muito próximos uns dos outros. A vida nessas comunidades poderia encorajar "atos socialistas de insensatez", assim como promiscuidade sexual e intemperança.[27]

Muito quente!

Percy Pinkerton deve ter ficado satisfeito, e um tanto aliviado, ao ver a tradução para o inglês do romance *Pot-Bouille* [Caldeirão em ebulição], de Émile Zola, aparecer, em 1895, com o título de *Restless House* [Casa agitada]. Poliglota e homem das letras, Pinkerton tinha anos de experiência traduzindo, para o inglês, libretos de ópera (inclusive *La Bohème*), livros de memórias e outras obras originalmente escritas em alemão, italiano e russo, assim como em francês. Zola estava fazendo um grande sucesso na Inglaterra. Em 1891, uma versão de *Thérèse Raquin* foi encenada no Royalty Theatre.

Entre outras traduções da obra de Zola que foram lançadas em 1895 estavam as publicadas pelo editor e tradutor Henry Vizetelly, que incluíam *Les Mystères de Marseilles* [Os mistérios de Marselha], *Une Page d'Amour* [Uma página de amor], *Au Bonheur dês Dames* [À felicidade das mulheres] e *Contes à Ninon* [Contos para Ninon]. Assim como *Pot-Bouille*, *Au Bonheur dês Dames* e *Une Page d'Amour* faziam parte da célebre série *Rougon-Macquart* de Zola: um conjunto de 20 romances – compondo um levantamento panorâmico da França do Segundo Império – que expunha cada detalhe da vida política, religiosa, artística, econômica e social com um realismo sem precedentes. *Pot-Bouille* foi dedicado às atividades ou eventos (geralmente incomuns e suspeitos) que aconteciam dentro de um prédio de apartamentos fictício na Rue Choiseul.

Entretanto, Pinkerton não procuraria críticas de *Restless House* nos jornais literários de Londres. Ninguém escreveu sobre a tradução. Ela nem foi posta à venda. A distribuição foi limitada e potencialmente perigosa. Quando, anteriormente, em 1886, Henry Vizetelly publicou sua tradução de *Pot-Bouille*, foi levado aos tribunais sob a acusação de obscenidade. Ele havia expurgado e depurado *Pot-Bouille* de tal maneira que *Piping Hot!* [Muito quente!, uma das traduções da obra para a língua inglesa] não se tornou apenas "morno", mas também reduzido: na verdade, possuía apenas dois terços do número de páginas do original.[28] Ainda assim, estava muito "quente" para a National Vigilance Association (NVA). Após dois anos de batalha nos tribunais, *Piping Hot!* e outras traduções da obra de Zola foram banidas, e Vizetelly foi multado em 100 libras.

O membro do Parlamento Liberal e ativista da NVA Samuel Smith alegou que Vizetelly e outros livreiros estavam em conluio com bordéis, arranjando, para eles, garotas cujas mentes haviam sido inicialmente "poluídas e depravadas" pela leitura de tais obras.[29] Zola não era para os inexperientes. Quando Arthur Conan Doyle foi ver *Thérèse Raquin* no palco, deixou sua esposa (a salvo) em casa.[30]

A tradução *Restless House* tinha sido impressa por e para um grupo criado havia pouco tempo, denominado Lutetian Society, em homenagem ao nome dado pelos romanos a Paris – Lutetia. Os membros o adquiriam como parte de um conjunto de seis traduções de romances de Zola publicadas em 1894-1895, pelas quais pagaram a "exorbitante" soma de 12 guinéus. O conjunto também incluía a tradução de *Germinal*, por Havelock Ellis, e a de L'Assommoir [A taverna], por Arthur Symons. De acordo com as folhas de guarda, tratava-se de uma edição com 300 volumes numerados, "impressos pela Lutetian Society para Distribuição Limitada aos seus membros", em papel artesanal. Os livros foram feitos "com permissão especial e diretamente sob os auspícios do Sr. Zola", que se encontrou com o fundador da Lutetian Society, em Londres, em outubro de 1893. Porém, se isso foi uma afronta à respeitabilidade vitoriana, pode-se dizer que foi bastante simbólica. Afinal, quase todos os membros da Society dominavam a língua francesa e poderiam ter lido os originais. Mesmo com uma tiragem pequena, a série não gerou lucro, e os planos para traduzir outros romances foram deixados de lado.[31]

Embora Émile Zola tenha nascido em Paris, em 1840, sua família havia se mudado para Aix quando ele tinha 3 anos de idade. Assim, ao voltar a Paris, em 1858, Zola era – como o herói de *Pot-Bouille*, Octave Mouret – um jovem novato na cidade. O repertório de personagens comuns e os episódios triviais do prédio de apartamentos já estavam bem estabelecidos, desde a *concierge* – encarquilhada, com aparência de bruxa e onisciente –, que, do seu *loge*, logo na entrada principal, observava todas as entradas e saídas, até o pintor sem nenhum dinheiro e o patético fabricante de flores artificiais que congelava ou assava (dependendo da estação do ano) sob os telhados. A obra *Locataires e proprietaires* [Inquilinos e proprietários] (1847) versou com humor sobre as dificuldades da vida em apartamento, tais como a irritação da *concierge* por não ter se contentado com o que recebeu de presente de fim de ano de um inquilino sem dinheiro.

Paul de Kock foi o primeiro novelista a explorar o potencial encontrado no bloco de apartamentos para inspirar contos voyeurísticos de travessuras sexuais – sobre as escadas, abaixo das escadas e nos arredores delas. *La Demoiselle au cinquième* [A jovem no quinto], de 1856, e *Mon voisin Raymond* [Meu vizinho Raymond], de 1842, são histórias leves, com toda a profundidade de caráter que se pode encontrar em um seriado norte-americano medíocre. *Mon voisin Raymond* descreve as dificuldades quase insignificantes de Eugène Dorsan, um jovem rico que assombra os bulevares e os *bals publics* (salões de dança), como o Tivoli, e que passa dias inteiros fora do seu apartamento em Montmartre, tentando evitar a *concierge* que não inspira nenhuma confiança (madame Bertin), o vizinho desagradável (o pintor de vanguarda Raymond) e a amante ciumenta (Agatha, uma modista). Traduções para o inglês de trabalhos desse tipo fizeram com que os "apartamentos franceses" ganhassem uma reputação duvidosa, mesmo antes de Zola escrever sua obra-prima.

Publicado em 1882, o enredo do *Pot-Bouille* de Zola se passa 20 anos antes, em um prédio de apartamentos fictício na Rue Choiseul, que o primo de Mouret, o arquiteto Campardon, alega ter 12 anos de idade. Portanto, foi construído por volta de 1850, perto do fim do auge dos prédios de apartamentos. Como já vimos, na época, a concepção e o projeto básico do edifício já estavam estabelecidos havia muito tempo. Estudos arquitetônicos – como o *Paris moderne* (1837), de Louis Le Normand – apresentaram pequenas variações sobre esse modelo testado e experimentado. O prédio de quatro andares de Zola só é diferente na qualidade do trabalho em ferro da sacada e nas características da escadaria principal aquecida, com seu corrimão de mogno, carpete vermelho espesso e revestimento de pedra artificial, imitando mármore.

Ao encontrar seu primo – o arquiteto Achille Campardon –, Octave é apresentado ao *concierge*, monsieur Gourd, que vive com a esposa, quase totalmente incapaz de se mover, no andar térreo, à esquerda do pórtico de passagem de veículos que leva da Rue Choiseul ao pátio pavimentado, com estábulos na parte de trás. Do lado direito da passagem, fica a loja de sedas administrada pelo filho do proprietário do imóvel, Auguste Vabre, que aluga o mezanino do pai, onde mora com a esposa Berthe. A princípio, o projeto parece simples: dois apartamentos em cada andar, estando o maior e melhor de frente para a rua; o outro é voltado para o pátio interno. As portas de mogno ficam de frente uma para a outra, em um patamar.

Enquanto sobem para o apartamento de Campardon, no terceiro andar, o arquiteto desfia os nomes dos outros inquilinos. O proprietário, monsieur Vabre, um tabelião aposentado de Versailles, ocupa o melhor apartamento do primeiro andar, juntamente com a filha Clotilde, o genro, Duveyrier – um juiz de 45 anos –, e o neto, Gustave. O outro filho de Vabre, Théophile, menos inclinado para o comércio, mora no apartamento de trás, com sua fascinante esposa, Valérie.

No segundo andar, o apartamento da frente é ocupado por um escritor cujo nome não é mencionado, a esposa e os dois filhos. Esses habitantes são descritos como uma família rica, que mantém uma carruagem no estábulo, coisa que nem todos os inquilinos podem custear. Gourd os menospreza, em parte porque esse escritor uma vez prejudicou a reputação do prédio, ao ter problemas com a polícia – surpreendentemente, por haver escrito um livro sobre acontecimentos escandalosos em um prédio de apartamentos. Zola, então, insere-se, junto com a família, no coração do edifício, ainda que discretamente.

Antes de levar Mouret até seu apartamento, no terceiro andar, Campardon o conduz ao quarto pavimento. Haviam, com isso, cruzado uma linha divisória, pois Mouret percebe, para seu desgosto, que o belo carpete vermelho não está nesse andar, tendo dado lugar a uma cobertura cinza e sem graça. Nesse lugar, a fachada é interrompida, tendo sido substituída por um terraço. Na frente, mora a família Josserand, um respeitoso lar dominado pela temível madame Josserand, uma mulher determinada a casar as filhas – Berthe e Hortense – antes que alguém descubra que a aparência de riqueza, cuidadosamente mantida, é uma mentira, já que o marido é um mero caixa de vidraçaria. O filho, Saturnin, é mentalmente instável, embora esse problema pareça lhe conferir uma percepção sobrenaturalmente apurada da corrupção que reina na casa.

Atrás, ainda no quarto andar, mora um funcionário público, Jules Pichon, com sua esposa, Marie, e sua filhinha, Lilitte. Todas as outras famílias do bloco mantêm um bom relacionamento, sempre convidando umas às outras para elegantes *soirées* musicais. Mas a família Pichon está distintamente abaixo na escala social e não é convidada para nada. O apartamento de Mouret é um cômodo no final de um longo caminho ao lado do pátio central. Ele tem de passar pela família Pichon quando entra e quando sai, e Marie Pichon precisa atravessar esse caminho para chegar à sua cozinha.

Na parte mais alta do prédio, estão dois corredores ao longo da linha do telhado, cada um de um lado da escadaria central. É onde ficam os quartos dos criados. Todos os residentes, exceto a família Pichon, têm algum tipo de auxílio doméstico. A família Josserand conta com uma cozinheira; a família Compardon tem uma criada e uma cozinheira, enquanto a família Duveyrier possui ambas, além de um cocheiro. Embora, na inocente imaginação de Mouret, os patrões pareçam estar isolados uns dos outros, protegidos atrás das tão solenes portas de mogno dos respectivos apartamentos, no sótão os criados dos diferentes lares estão amontoados, separados uns dos outros apenas por frágeis lambris.

Lá em cima, há pouca privacidade. Muitos empregados preferem deixar suas portas abertas, principalmente durante o verão, quando o calor ali é insuportável. Um dos cômodos do sótão é alugado, inicialmente, para um carpinteiro, depois para um sapateiro. Gourd trava uma batalha constante com esses artesãos dedicados ao trabalho, pois acha que são uns intrusos mal-afamados, que trazem de fora todos os tipos de má influência. Na verdade, ao expulsá-los, Gourd está mandando embora os únicos moradores honestos. Os artesãos da classe trabalhadora estavam realmente sendo afastados daqueles sótãos depois da metade do século, e a política de obras públicas no Segundo Império incentivava a sua migração para casebres nas terras não cultivadas, livres de impostos, entre os portões da cidade e as fortificações.[32]

Uma segunda escada, a dos criados, tem a base no pátio central e leva até o sótão; há três portas em cada patamar: a da cozinha do apartamento principal, na frente, a da cozinha do segundo apartamento e uma terceira que dá acesso à passagem traseira. O quarto de Mouret é diretamente oposto a uma dessas portas. E essa escada é a salvação de Berthe Vabre, quando ela e Mouret dormem demais após uma noite de paixão adúltera no quarto dele: ela pode descer dois lances usando a escada traseira e entrar em seu próprio apartamento pela porta da cozinha. Infelizmente, a criada está esperando em seu vestiário, observando a cama da patroa, ainda intacta. Ao contrário de Campardon, Berthe não percebeu a importância de desfazer a própria cama "em consideração aos criados", antes de subir para a de outra pessoa. Entretanto, um suborno cala a criada, temporariamente.

Na vez seguinte que Berthe visita Mouret, os amantes são interrompidos pelo marido dela, Auguste, que arromba a porta e confronta Mouret. De novo, Berthe foge pela escada traseira, mas encontra a porta da sua cozinha trancada. Ela sobe de novo, correndo, dois lances de escada, percorre a passagem e desce dois lances novamente, agora usando a escada principal. Mas quando chega à entrada da frente de seu apartamento, encontra outra porta trancada. Recusando-se a considerar a hipótese de recorrer a seus pais, ela toca, freneticamente, a campainha da família Compardon, contando com a sua misericórdia.

Porém, irritado por ter sido despertado de seu sono adúltero com a prima, Gasparine, Compardon insiste que Berthe saia do seu "lar respeitável". Mais uma vez, ela se vê nas escadas. "A casa nunca havia lhe parecido tão impregnada de pureza e virtude." Berthe treme, "aterrorizada com a possibilidade de se deparar com o espectro de monsieur Gourd, usando pantufas e um gorro de veludo".[33] Embora todos no prédio já estejam acordados a essa altura, apenas a pobre Marie Pichon está disposta a acolher essa perdida, que ainda está vestida de robe, e lhe oferece um sofá onde dormir.

A escada dos criados é iluminada por uma fonte de luz, um pequeno pátio aberto dentro do prédio, que também fornece ventilação às cozinhas. Há duas cozinhas em cada andar, uma para o apartamento que dá para a rua e outra para o maior dos apartamentos da parte de trás (Mouret não tem cozinha para uso próprio). As janelas das cozinhas ficam frente a frente, voltando-se para o pátio interno e permitindo que os criados que estão trabalhando ali conversem uns com os outros. "Esse era o esgoto do prédio, drenando suas desonras", observa o narrador de Zola, "enquanto os patrões passavam o tempo à toa, com suas pantufas, e a escadaria frontal exibia sua majestade solene, no meio do silêncio abafado do fogão a vapor."[34] Esse esgoto corrompe inocentes como a filha de Campardon, Angèle, de 14 anos de idade, treinada para a hipocrisia pela criada da família, Lisa, que faz a garota expressar por mímica os atos inomináveis cometidos pelos adultos.

Quando Mouret vasculha o prédio em busca de "cantos seguros" para ter relações sexuais com as residentes, acaba encontrando o *concierge* Gourd "rondando, misteriosamente inquieto". Uma noite, Mouret se depara com o *concierge* à espreita, no escuro, no final do corredor, encostado na porta que dá acesso à escada de trás. "Quero descobrir uma coisa, Senhor Mouret", ele explica, antes de se deitar.[35] Na casa agitada de Zola, o *concierge*, um personagem geralmente descrito como um tirano feroz e onisciente, torna-se um fantasma lamentavelmente impotente.

Com uma ou duas exceções, a atenção de Gourd parece estar mais voltada para o prédio, para sua fachada, as paredes internas, o carpete e os acessórios do que para seus habitantes desbocados e licenciosos. Sozinho no escuro, na passagem de trás do quarto andar, pode parecer que ele esteja bloqueando o acesso de Mouret às escadas. Talvez seja mais interessante descrevê-lo como alguém que está ouvindo o prédio em si, tentando detectar alguma nota errada em seu silêncio audível.

Em outro trecho, o narrador de Zola descreve Gourd inspecionando a estrutura do seu bloco de apartamentos de uma maneira tão austera que as "paredes coraram". Mas eram de fato as paredes – o bloco de apartamentos e sua estrutura – ou os residentes que estavam errados e deveriam corar de vergonha? Teriam as famílias Compardon, Josserand e Vabre se comportado melhor se tivessem sido transferidas para uma casa refinada em Londres, para uma casa geminada, no estilo do Renascimento Gótico, em Clapham, talvez, ou, ainda, para um condomínio ao norte de Londres, como Tufnell Park? Em resumo, era a moradia que determinava o lar ou o lar que determinava a moradia?

Comentando sobre os apartamentos franceses em 1857, o jornal *Building News* foi bastante claro em um ponto: ingleses bons e decentes jamais se dignariam a viver empilhados e apertados como seus vizinhos do outro lado do canal. "Embora os franceses tenham a palavra inglesa *'comfort'* [conforto] na sua língua, eles certamente não introduziram, em suas moradias, aquilo que ela significa", o periódico opinou. Famílias francesas talvez não estivessem preocupadas com privacidade; provavelmente também não viam nada de errado em ter um quarto que dá acesso direto para a sala de estar, uma disposição que nenhuma família inglesa respeitável toleraria. Os franceses podem ser altamente talentosos para decorar um *boudoir*, mas, em uma família íntegra, "um *boudoir*, mesmo que decorado e bem-acabado, demonstrando extremo bom gosto, não é tudo".

O periódico *Building News* reconheceu que, obviamente, era necessário haver cozinhas nas moradias, mas isso não servia de desculpa para o hábito imperdoável dos franceses de situá-las perto das salas de jantar, separadas apenas por uma única porta, permitindo a passagem de sons e cheiros. Comparadas às cozinhas das casas geminadas – com copa, despensa, armários para louças, talheres e prataria, etc. –, as francesas eram minúsculas, um pouco maiores que um armário. Isso refletia a negligência dos franceses quanto ao "conforto no lar", em benefício da "diversão fora de casa", na cidade.

Era doloroso, mas era a mais pura verdade, o jornalista anônimo prosseguiu, afirmando que o parisiense ficava feliz por jantar fora, em um restaurante, e, ainda pior, levando a esposa, ou toda a família, junto com ele. O francês não estava interessado em um lar genuíno e não reconheceria um, se o visse. "A sua ideia de moradia dificilmente vai além de um *salon* e uma *salle à manger*, e, desde que sejam ostensivamente decorados, ele se contenta com o que, para um inglês, seria intoleravelmente irritante." Entre esses incômodos estava a escada compartilhada, sendo insuportável para um inglês passar por membros de outras famílias – ou por comerciantes – quando estava a caminho da sua porta de entrada.[36]

Duas décadas depois, pouca coisa parece ter mudado, exceto pelo fato de que agora as críticas podiam também ser encontradas fora da imprensa especializada. Em um artigo denominado "Living on Flats" [Vivendo em apartamentos], o periódico *Saturday Review* acrescentou a fraternidade entre os criados à lista de preocupações apresentada anteriormente pelo *Building News*. O jornal também se referia negativamente ao *concierge*, reclamando de que os parisienses eram impotentes diante desse "espião", "tirano" e "impostor".[37] Mas o autor de "Living on Flats" tem de admitir que o número de blocos de apartamentos estava aumentando em Londres, e já havia algum tempo que isso estava ocorrendo.

Como o periódico *The Builder* registrou alguns meses mais tarde, estava certo repetir o que chamou de "a velha teoria" de que "o lar do inglês significava o seu castelo"; entretanto, era "fato que o sistema de 'apartamentos' está sendo discutido e, quando algo começa a ser discutido na Inglaterra, esse é o passo mais decisivo em direção à sua adoção como moda, ou, pelo menos, em direção ao fim do preconceito contra aquilo, como algo 'fora do comum'".[38]

Por trás das críticas habituais, de acordo com as quais um apartamento não podia ser um "lar", uma discreta mudança de atitude estava a caminho. Por volta de 1870, já era claro que continuar a prolongar, e cada vez mais, as fileiras de casas geminadas nos arredores da cidade estava ficando insustentável. Uma casa de qualidade inferior (algumas desabavam antes mesmo de serem terminadas) não era exatamente um "castelo". Mesmo que o homem da casa tivesse uma lareira reconfortante esperando por ele, quanto tempo lhe restava para desfrutá-la, depois de haver atravessado as "duas milhas do trajeto do ônibus, cinco milhas na ferrovia e uma milha a pé" que podiam separá-lo do seu local de trabalho?[39] Bayle St John contrastou os custos razoáveis da vida nos corredores e nas escadas do prédio de apartamentos com o tédio caro das ruas nos arredores de Londres: "duas fileiras sombrias de casas, cujos habitantes parecem ter acabado de receber a notícia da chegada de uma peste ou um exército invasor".[40] Aos olhos dos parisienses, as casas de Londres pareciam prisões.[41]

Como o *Building News* observou em 1868, havia algo de estranho no fato de os investidores estarem construindo casas na Foley Street (a partir de Langham Place) seguindo o projeto tradicional (isto é, planejadas de acordo com as necessidades de um único lar), mas instalando seis campainhas perto da porta de entrada (indício de que a propriedade seria compartilhada). Nesse exemplo, o andar térreo e a cozinha principal seriam alugados a uma taxa semanal de 13 xelins, o primeiro andar a 12 xelins, o segundo andar a 11 xelins e o terceiro (e último) andar a 10 xelins. A pequena cozinha secundária seria usada por três lares.

Não surpreende o fato de os jovens estarem perdendo o gosto pela vida doméstica, quando foram criados em casas onde a privacidade era impossível, o *Building News* constatou.[42] Devido a essas novas moradias para "uma família" e à tendência generalizada, nas habitações mais antigas, à admissão de inquilinos, o lar londrino estava, ao que parecia, tão abalado por contradições quanto qualquer bloco de apartamentos parisiense. Desde o inquilino – que fingia haver alugado toda a casa – à proprietária, que preferia morrer a ver seu nome no catálogo postal sob o título "Donos de Hospedaria", tanto os londrinos quanto os parisienses estavam vivendo uma mentira.

Mansões no céu

Embora essa tendência tenha sido menos percebida, as décadas de 1850 e 1860 haviam testemunhado a construção de alguns blocos de apartamentos para os ricos: os antecedentes do que poderíamos chamar hoje de "apartamento-mansão". O primeiro deles foi erguido em 1853, por um investidor particular, mister Mackenzie, na Victoria Street. Os prédios de Mackenzie tinham uma fachada frontal de 117 pés [aproximadamente 35 metros] com altura de 82 pés [aproximadamente 25 metros]. Embora possuíssem telhados planos, de resto eram bem parisienses. Cada um tinha seis lojas no andar térreo. Havia um porteiro residente e uma escadaria separada para comerciantes, além de um elevador de serviço. "A vantagem dessas residências para aqueles que passam apenas uma parte do ano em Londres é óbvia", observou-se, "já que em sua ausência o porteiro se encarrega dos apartamentos."[43] Mackenzie foi bastante sagaz ao vislumbrar essa oportunidade.

Em 1857, a Victoria Street ainda estava sendo construída, atravessando Westminster; seu percurso foi adaptado para permitir que o MBW acabasse com uma favela de má fama. Nas décadas de 1870 e 1880, a Victoria Street se tornou a resposta de Londres ao Boulevard de l'Opéra, com o Westminster Palace Hotel, de uma grandeza sem precedentes, e uma linha de belos blocos de apartamentos, como Oxford e Cambridge Mansions (1882-1883) e, ainda, Prince's Mansions (1884). Ao contrário dos apartamentos de um a três cômodos das moradias-modelo para trabalhadores pobres, as moradias-modelo para os ricos possuíam de oito a dez cômodos, que abrigavam patrões e criados.

Assim como o bloco de Mackenzie, esses apartamentos eram destinados a pessoas cuja residência principal era em outro lugar e que visitavam Londres apenas para uma temporada. E também tiveram popularidade entre profissionais ricos e bem-sucedidos, tanto do gênero masculino quanto do feminino – Membros do Parlamento (MPs), que apreciavam estar perto do local de trabalho, assim como artistas de *music halls*; por exemplo, Kate Vaughan, a dançarina que vamos encontrar no Capítulo 4.

Enquanto, de um lado, o *The Builder* havia rejeitado os apartamentos franceses em 1857, de outro, por volta de 1868, o *Building News* antecipava a sua aceitação pelas classes médias. "[Apartamentos franceses] tendo [...] sido parcialmente adotados por ambos os extremos da sociedade inglesa", espera-se "em breve vê-los adotados pelas classes médias, e, quando essas pessoas tiverem experimentado seus confortos, sua privacidade e sua conveniência, vão se admirar por terem, eles mesmos, sido tão tolos ao terem morado por tantos anos em aposentos alugados em casas particulares".[44]

Dez anos depois, o *Builder* havia mudado de opinião, passando a apresentar Paris como um modelo a ser seguido, em vez de evitado.[45] Se essas novas construções deveriam ser chamadas de "moradias", "residências", "mansões" ou, simplesmente, "apartamentos", isso era secundário. A questão principal naquele momento era como adaptar as concepções e os projetos de construção parisienses para os habitantes londrinos. Essa aparente mudança de posicionamento, entretanto, não significava que os londrinos haviam descartado os preconceitos a respeito da ocorrência de eventos imorais nos blocos de apartamentos parisienses.

Os arquitetos William H. White e Frederick Eales tiveram um papel crucial no incentivo a esse debate, no Institute of British Architects (IBA), na Architectural Association e na Royal Society of Arts. Enfrentaram muita oposição dos seus colegas de profissão, especialmente aqueles de gerações anteriores, como Charles Berry, arquiteto do Palácio de Westminster. "Mr. White é um revolucionário em todos os sentidos da palavra", Barry havia esbravejado no IBA, em 1877; "ele não só quer revolucionar a organização das nossas casas, mas, também, modificar completamente nossas vontades, nossos hábitos e nosso modo de vida."[46]

Na verdade, Eales e White estavam preocupados em defender os interesses da profissão, pois havia quem afirmasse que blocos de apartamentos podiam ser construídos sem a ajuda de um arquiteto. Matthew Allen, um empreiteiro que construiu residências para a IIDC, insistia em que arquitetos não sabiam nada sobre a construção desse tipo específico de moradia. Empreiteiros como Allen às vezes construíam seus próprios blocos de apartamentos, através de especulação particular, visando a uma clientela um pouco melhor. Se estavam construindo prédios para uma companhia de moradias-modelo ou se eram para eles mesmos, o fato é que esses profissionais viam os arquitetos como um luxo desnecessário e, talvez, até prejudicial.[47]

White e *The Builder* concordavam: os arquitetos londrinos não faziam a menor ideia de como planejar "um bloco de apartamentos". Se inspecionassem os blocos no Boulevard Haussmann ou no Boulevard Malesherbes – *The Builder* argumentava –, certamente ficariam abismados ao perceber que, ao contrário de serem como quartéis uniformes, cada um era ligeiramente diferente do seu vizinho e que haviam sido projetados por arquitetos muito prestigiados.[48] Se as moradias-modelo de Londres pareciam quartéis, isso se devia ao fato de não terem sido projetadas por arquitetos.

As escadas representam uma grande oportunidade para se acrescentar um "caráter arquitetônico" a um bloco de apartamentos.[49] Arquitetos britânicos precisavam apenas aprender com os exemplos franceses e, também, com os próprios erros, tais como nas Queen Anne's Mansions (1873), de H. A. Hankey, e nas Albert Hall Mansions (1878), de Norman Shaw. Com 14 e nove andares, respectivamente, ambos possuidores de cozinhas compartilhadas e salas de jantar, esses prédios haviam recebido críticas por serem excessivamente altos.

Os edifícios de Queen Anne's Mansions e Albert Hall Mansions eram mais percebidos como "prédios norte-americanos" – com suas grades de janelas monótonas, representativas do "sistema norte-americano de hotéis" – do que como apartamentos franceses.[50] Embora os modelos norte-americanos fossem mencionados com bem menos frequência que os franceses, havia uma opinião geral segundo a qual Nova York representava o extremo oposto de Paris nesse aspecto. Se, por um lado, os blocos de apartamentos franceses eram *Piping Hot!*, com fraternidade demais para serem considerados lares decentes, por outro lado, os prédios norte-americanos eram muito frios, algo sintomático de uma tendência mais ampla: "o caráter individual está, cada vez mais, correndo o risco de ser incorporado e se perder no complicado mecanismo social da vida moderna".[51] Para arquitetos como Eales e White, portanto, a meta era encontrar um meio-termo, algo que não fosse nem muito quente nem muito frio.

Uma grande preocupação era descobrir a melhor maneira de acomodar os criados e suas atividades dentro de um apartamento independente. Todos concordavam com o periódico *Saturday Review* que "uma horda" de servos juntos no espaço do telhado, como em Paris, era uma "barbaridade". Seria grosseiro entrar em detalhes ou mesmo reconhecer publicamente que se tinha consciência do que exatamente acontecia, mas estava óbvio que os resultados eram, bem, tais que não podiam nem ser descritos, exceto para aqueles membros decadentes da Lutetian Society, que gostavam de ler sobre esse tipo de coisa. Embora o tom adotado pelo *Saturday Review* em seu artigo de 1875, "Living on Flats", mesmo sendo satírico, ao abordar esse assunto delicado ele subitamente tornou-se sério. "A imoralidade entre os criados é, acreditamos, escandalosa. Não poderia ser diferente, se considerarmos que eles possuem uma escada separada – que, geralmente, leva à rua – e que não recebem nenhuma supervisão."[52]

Mesmo tendo recorrido ao autor de "Living on Flats" para censurar o que considerava uma crítica mal-informada aos apartamentos, o periódico *The Builder* tinha de concordar que o maior problema associado ao "plano de Paris" era o modo como os criados de diferentes lares eram alojados, promiscuamente e sem supervisão, no sótão. Mas abrigar os criados no mesmo apartamento independente em que vivem seus patrões simplesmente criava outro problema: como mantê-los convenientemente próximos, porém longe dos olhos?

Nas casas geminadas, os criados e os comerciantes nunca usavam a porta da frente; desciam por uma escada externa, para chegar à "área" que dava acesso à cozinha. Era inaceitável usarem a mesma escada que seus patrões. Embora isso complicasse o projeto, *The Builder* insistia em que uma escada secundária, para os criados, era necessária – "apenas deveria ser colocada em um local onde fosse possível ser sempre vista claramente pelos residentes, e não em um canto distante ou fora de alcance destes; caso contrário, a oportunidade para fazerem fofocas, etc., seria quase tão grande quanto no sistema parisiense".[53]

Porém, isso não era uma solução simples e fácil de ser posta em prática, fato que pode ter levado seus defensores a argumentar que era necessário apenas um, em vez dos habituais três criados, para atender um lar de classe média digno em um prédio de apartamentos. Como as respeitáveis casas londrinas tinham se distanciado cada vez mais do centro da cidade, havia se tornado, também, cada vez mais difícil encontrar criados para elas. Essas casas tinham sido construídas em locais sem ocupação prévia, onde não havia classes trabalhadoras residentes que pudessem ser empregadas.

Cinquenta anos antes, muitos integrantes dessas classes poderiam ter vibrado com a chance de servir a essas famílias, mas naquela época já haviam ficado menos interessados, pois já existiam alternativas de salário melhores, assim como um número crescente de casas com preços acessíveis à classe trabalhadora, bem mais confortáveis que uma cama ruim na cozinha do patrão ou em um canto gelado do sótão. Sendo assim, os apartamentos ofereciam uma perspectiva de solução do "problema dos empregados", por um processo de eliminação.

Com um número menor de criados, uma esposa poderia ser "mais dona do lar do que muitas são atualmente" e cuidar melhor de seus filhos.[54] A tecnologia também ajudaria. Com a instalação de bons elevadores, os criados teriam menos necessidade de subir e descer essas escadas, e os comerciantes também poderiam ficar bem longe delas.[55] O aparecimento de restaurantes, a partir da década de 1860, nos quais as senhoras podiam jantar sem comprometerem sua reputação, possibilitou comer bem e entreter amigos sem ter de, necessariamente, contratar e abrigar uma boa cozinheira.

A segunda maior objeção aos apartamentos dizia respeito ao/à *concierge*, que, em Paris, cuidava da correspondência dos habitantes (o que, em alguns casos, incluía a sua leitura) e recebia os aluguéis, assim como controlava a entrada principal. A representação de Charlet de uma megera encarquilhada denegrindo inquilinos como *canaille* (moralmente inaceitáveis) simplesmente porque são reservados (Fig. 6) é uma típica representação do/a *concierge*. Como Blanchard Jerrold definiu, o/a concierge era o estorvo dos parisienses.[56] No bloco de Jerrold, na Rue des

Quatre Vents, o *concierge* usava o seu controle da corda (ou *cordon*) que levantava o trinco da porta da frente para inspecionar tudo e todos, na entrada e na saída.

Figura 6 – Nicolas Toussaint Charlet, *Essa gentinha do segundo...*, 1826

Seu nariz estava em cada saco de castanhas torradas que entrava na casa. Eu gritava em vão, "*Cordon, s'il vous plaît*", com uma voz vitoriosa, como se estivesse atraindo um pássaro para o açúcar: tive de ser inspecionado antes de pisar na rua. Quando voltei para casa e toquei o sino, um rosto marrom enrugado, com menos forma que uma fruta seca da Normandia e coroado com um gorro de algodão, apareceu subitamente em uma pequena janela ao lado da porta, e fui submetido a mais um exame, antes que a corda fosse puxada.[57]

Sabemos que nas moradias-modelo dos apartamentos-mansões não havia *concierges*; existia apenas um gerente, que morava no local, mas que não possuía muito controle sobre quem entrava e saía, ou a que horas isso acontecia.[58]

Uma última preocupação era com a propagação de sons e ruídos. Embora houvesse, como alguns estavam prontos para admitir, uma tênue diferença, para os ingleses ainda era preferível ouvir o piano de um vizinho e as brigas domésticas que atravessavam as paredes do que escutar esses mesmos sons vindos de cima, através do teto.

No *Pot-Bouille* de Zola, o silêncio da escada principal é aprofundado – em vez de quebrado – pelo sibilo do aquecimento central, e o som abafado de pianos sendo tocados em cada andar apenas torna a sóbria atmosfera ainda mais sufocante. As paredes do pátio interno eram feitas de tijolos esmaltados brancos que pareciam amplificar os impropérios rudes e os mexericos dos criados. Na verdade, os londrinos preferiam tolerar comida fria a ter de ouvir sons vindos da cozinha, além de considerarem chocante a existência de uma passagem direta entre esta e a sala de jantar.

Quando o gerente das St Anne's Mansions perguntou a Eales o que poderia ser feito com relação à propagação do som, o arquiteto se esquivou da questão. Talvez pensando nas moradias-modelo, com suas hordas de crianças, ele observou que apartamentos eram inadequados para crianças, sendo "extremamente desagradável" encontrá-las nas escadas.[59] Outras pessoas simplesmente foram em busca de paredes divisórias e de pisos mais espessos. Uma crítica comum às Albert Hall Mansions, antes mesmo da sua construção, era que não havia paredes divisórias internas suficientes para impedir os sons de percorrerem residências distintas. Como os pianos de *Pot-Bouille* deixaram claro, os sons podiam carregar uma bagagem moral pesada, ou, como *The Builder* definiu: "Uma parede divisória tem tanto valor anti-incêndio quanto valor moral".[60]

Nem um conjunto de moradias-modelo para as "classes trabalhadoras" nem apartamentos-mansões para a elite, os Palatine Buildings (1875), perto de Elephant & Castle, são um bom exemplo dos apartamentos de classe média na era vitoriana. Os edifícios foram construídos por uma empreiteira particular – Messrs Sutton and Dudley –, possuíam uma fachada frontal de 200 pés [aproximadamente 61 metros] na New Kent Road e ocupavam cerca de dois acres. No andar térreo havia lojas grandes, uma ampla entrada central e uma escadaria que dava acesso aos apartamentos acima. Feitos de tijolo aparente, com remate de pedra artificial nas janelas e portas, os blocos principais possuíam telhados planos para a secagem de roupas, assim como sacadas decorativas de ferro no segundo e no quinto andares: uma versão melhorada das moradias-modelo construídas para os pobres. A área era suficientemente grande para os empreendedores incluírem duas novas ruas, ladeadas por blocos com janelas salientes: um toque simples, mas aconchegante, que lembrava as casas geminadas antigas. Esses apartamentos eram claramente destinados a famílias grandes e médias das "classes médias e de comerciantes". Quando prontos, os Palatine Buildings possuíam mais de 300 apartamentos.[61]

Como vimos, o desafio de adaptar os apartamentos franceses estava em encontrar um equilíbrio. Com ornamentos de menos, o arquiteto se arriscava a ser acusado de planejar um "quartel". No caso de excesso de ornamentos, o arquiteto dava margem a ser culpado de criar um bordel. Os apartamentos de Londres deveriam ser controlados, mas não de maneira rígida ou opressiva; tinham de ser confortáveis, mas não espalhafatosos.

Habitações como os Palatine Buildings demonstraram que Londres conseguiu ser bem-sucedida, criando um modelo de vida urbana que se tornou normal para a maioria dos londrinos, assim como para a maior parte dos moradores da cidade. Embora as suas diferenças tenham parecido insuperáveis, em menos de 50 anos londrinos e parisienses alcançaram o impossível. Juntos, fizeram da *Restless House* um lar.

Figura 7 – Artista desconhecido *in* Robert Dighton, *Uma maneira agradável de perder um olho*, 1820-1825

Capítulo 2

A rua

Em setembro de 1889, o poeta Arthur Symons, então com 24 anos de idade, fez a sua primeira visita a Paris. Filho de um ministro da Igreja Wesleyana, ele havia nascido em Milford Haven, e sua educação formal havia terminado aos 17 anos, quando sua família mudou-se para Somerset. Arthur tinha acabado de publicar a sua primeira coletânea de versos, *Days and Nights* [Dias e noites] (1889). Era admirador fervoroso de Paul Verlaine e outros simbolistas e levou como companhia de viagem o sexólogo Henry Havelock Ellis, na época um estudante de medicina. Para Symons, a viagem era uma oportunidade – aguardada havia muito tempo – de conhecer pessoalmente a cidade dos autores e poetas que venerava.

No seu primeiro domingo em Paris, o rapaz caminhou devagar e relaxadamente, para cima e para baixo, no Boulevard des Italiens, "de 9 às 12 horas da manhã, tomando o que Baudelaire chamou de 'banho de multidão'". Os resultados da eleição haviam acabado de ser divulgados e, portanto, ele "teve o prazer de observar os humores de um grande número de franceses".[1] Enquanto estava na capital francesa, Arthur também teve a oportunidade de se encontrar com os poetas Stéphane Mallarmé e Paul Verlaine. Ele não estava mais em Yeovil, Somerset.

A carreira de Symons como embaixador cultural, criando um vínculo entre Paris e Londres, havia se iniciado. Ele voltou a Paris no ano seguinte, tendo permanecido nessa cidade por três meses. Embora houvesse estabelecido residência em Londres (em Fountain Court, próximo à Strand), em 1891, Symons continuou a visitar Paris e chegou a pensar em se mudar para lá. Em Londres, fazia parte do círculo de George Moore, W. B. Yeats e Aubrey Beardsley. Autor de milhares de críticas literárias, Symons fez mais que qualquer outra pessoa para que os vitorianos apreciassem o simbolismo e o esteticismo, como algo mais do que uma agressão bruta à moralidade da classe média ou uma maneira de expressar a frivolidade que até hoje associamos com os "Naughty Nineties".²

Apesar de sua carreira haver se encerrado em 1908, como resultado de uma crise nervosa, já encontramos Symons como tradutor de romances imorais de Zola e vamos encontrá-lo novamente como um campeão do *music hall*. No momento, estamos mais interessados em determinar apenas o que Symons pensou que estava fazendo no Boulevard des Italiens naquela manhã de 1889.

A referência a Charles Baudelaire é a chave para isso. Em 1863, o poeta publicou um ensaio, intitulado *O pintor da vida moderna*, elogiando o artista Constantin Guys. Baudelaire chamou a atenção para uma maneira de enxergar a cidade, no trabalho de Guys, que ele identificou como caracteristicamente moderna. Em vez de procurar controlar ou restringir a – cada vez mais acelerada – produção de bens, também cada vez mais efêmeros, a circulação aparentemente aleatória de multidões e a destruição criativa constante da própria cidade, Guys abordou todas as facetas da cidade.

Essa maneira de ver foi incorporada na figura de um caminhante solitário, que passeava pelas ruas sem nenhum objetivo ou propósito em mente, com a única intenção de reunir impressões: um horizonte de prédios, a sensação de tocar em um pedaço de tecido exposto em uma loja, um fragmento de conversa, o vislumbre do rosto de uma mulher na multidão. Nem *promeneur* (alguém que passeia pelas ruas e por locais públicos) nem *batteur de pavé* (literalmente, "pisador de calçada", vagabundo), esse caminhante era outra coisa: um *flâneur*.

O *flâneur* de Baudelaire fez da multidão o seu lar, saboreando o anonimato que isso lhe trouxe, um anonimato que (ao contrário daquele do "pisador de calçada") era tão fascinante, quanto enobrecedor.³ Como qualquer leitor de "À une passante" e de outros poemas publicados em sua coleção *As flores do mal* (1857) pode atestar, a poesia de Baudelaire seguiu de perto esse modelo, destilando o eterno do transitório.⁴

O *bain de multitude* (banho de multidão) vem de um ensaio posterior, "As multidões" (1869), parte da obra em vários volumes *O spleen de Paris*, de Baudelaire. "Tomar um banho de multidão não é para todo mundo", Baudelaire escreveu, "multidão e solidão são uma e a mesma coisa para o poeta ativo e fecundo", cuja alma errante entrou em um ou outro transeunte, por impulso, em uma "orgia inefável", "uma prostituição sagrada da alma".⁵ O *flâneur* possui, portanto, uma postura ao mesmo tempo modesta e ultrajantemente arrogante. Embora possa desdenhar de riqueza ou amor, sua apropriação da cidade como seu domínio demonstra uma segurança que atraiu Symons e muitos outros. Essa pretensão é proveniente de uma convicção de que todos os outros habitantes da cidade são, de alguma forma, cegos ou surdos a ela, de que a cidade revela seus segredos somente ao *flâneur*.⁶

O *flâneur* se tornou uma espécie de estereótipo, um clichê urbano. Apesar de Guys – que morou em Londres entre 1842 e 1848 e que provavelmente trabalhou para a *Punch* [revista semanal britânica de humor e sátira publicada na época] – estar esquecido, acredita-se que os impressionistas adotaram a visão do *flâneur* em suas representações da cidade e de seus arredores.⁷ Essa atenção bajuladora dedicada ao *flâneur* se deve, em grande parte, a um sociólogo do início do século XX, Walter Benjamin, autor de *Passagens*, um trabalho sobre Paris no século XIX. O ensaio introdutório de Benjamin a essa obra incompleta – intitulado: "Paris, Haupstadt der 19. Jahrhundert" [Paris, capital do século XIX] – influenciou profundamente a maneira como a cidade passou a ser vista a partir de então. A conclusão de Benjamin – de que Paris criou o *flâneur* – é amplamente aceita.⁸

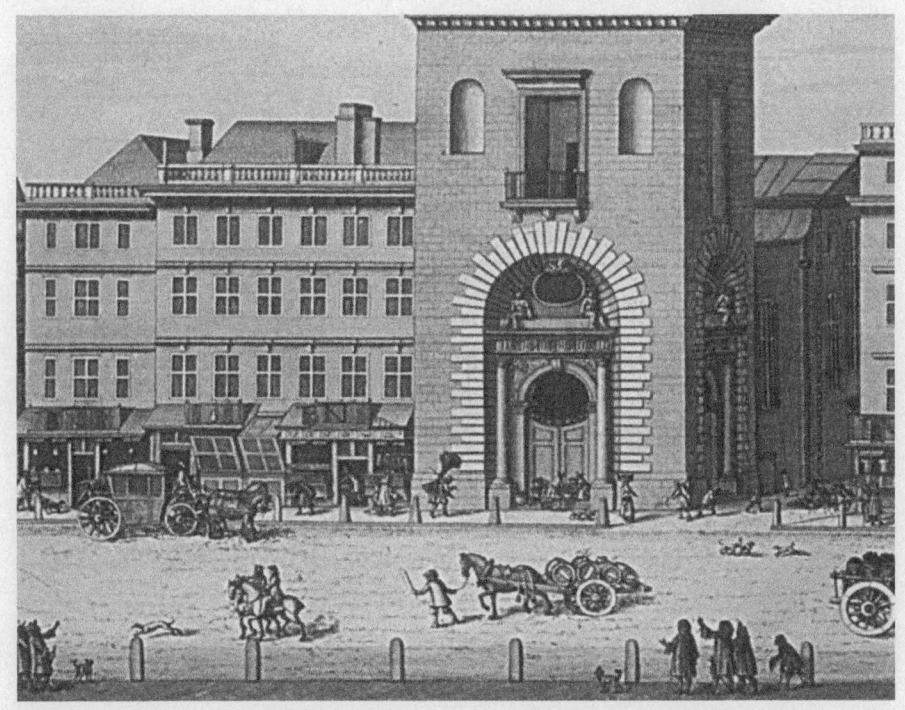

Figura 8 – Detalhe de Nicholas Yeats a partir de Robert Thacker, *Vista de St Mary le Bow*, *c.* 1680

Porém, é também equivocada. O primeiro *flâneur* não foi o "espectador apaixonado" de Baudelaire, mas sim o Mr. Spectator, de Joseph Addison e Richard Steele, editor homônimo do periódico de sua propriedade, *The Spectator*, publicado entre 1711 e 1712.[9] O fato de esse modo de caminhar urbano haver aparecido tão mais cedo em Londres foi reflexo de melhorias urbanas – calçadas, sarjetas, iluminação das ruas – realizadas depois do Grande Incêndio de 1666, particularmente nas áreas elegantes do oeste da cidade. Tais melhorias possibilitaram a esse peripatético filósofo perambular pelas ruas sem ficar encharcado de lama, sem ser assaltado ou, ainda, sem ser atropelado por uma carroça. A chegada dessas melhorias a Paris foi dolorosamente mais lenta, para a grande frustração de aspirantes a Mr. Spectator francês, como Mercier e, 70 anos depois, Théophile Gautier. Mas, finalmente, elas chegaram.

O processo pelo qual os londrinos e os parisienses aprenderam a caminhar como uma atividade de lazer é mais complexo do que pode parecer. No início da nossa época, a ideia de que era possível caminhar pelas ruas por prazer, a noção de que coisas triviais como pedras do calçamento, anúncios e propagandas poderiam ser fonte de diversão ou mesmo de fascínio soariam para um habitante da cidade como profundamente estranhas. Quem escolheria andar, quando podia pegar uma carroça ou uma carruagem? Quem desejaria transformar a execução de tarefas rotineiras na cidade em um passeio tranquilo? E, ainda, fazer das compras atividades interessantes? Afinal, o que estava lá que valia a pena observar? Como veremos, ao aprender a caminhar – simplesmente por caminhar –, londrinos e parisienses também aprenderam a ver a cidade pela primeira vez.

Ruas sujas

O contraste entre Londres, tão favorável aos pedestres, e Paris, onde a carroça reinava, está claro em trabalhos de comentaristas franceses do final do século XVIII, como Louis-Sébastien Mercier, Rétif de La Bretonne e Henri Decremps. *Un parisien à Londres*, de Decremps, incluía uma seção que aconselhava os leitores sobre como caminhar nas ruas de Londres. "Algumas ruas nessa cidade são tão largas e providas de calçadas tão boas e limpas", ele observou admirado, "que podem ser usadas como *promenades*" [locais públicos pavimentados, adequados para caminhadas].[10] Isso graças ao fato de que as ruas principais eram divididas em uma área central e uma calçada para pedestres, de cada lado, com postes de amarração para estacionar carroças e carruagens. Um desenho de Cheapside (Fig. 8), feito em 1680, deixa clara essa configuração já existente na época, enquanto um desenho da Rue Quincampoix, em Paris, em 1720 (Fig. 9), não mostra nenhuma separação entre áreas para pedestres e para veículos.

Embora as ruas de Londres fossem bastante sujas, de acordo com os parâmetros atuais, não apresentavam nada equivalente aos *décrotteurs* de Paris – garotos e homens que se juntavam nas pontes e nos principais cruzamentos, oferecendo-se para remover a imundície do calçado dos transeuntes. A lama de Paris tinha (má) fama nos séculos XVII e XVIII, e no início do século XIX; até hoje, o prazer do *flâneur* é limitado pela necessidade constante de tomar cuidado com excremento de cachorros.

Como Mercier observou, havia pouca necessidade de *décroteurs* em Londres.[11] No início do século XVIII, investidores em propriedades no grande West End tomaram medidas para incluir pavimentação e limpeza das calçadas em suas cláusulas contratuais de aluguel, práticas regularizadas e ampliadas pelo Westminster Paving Act, pelo London Lighting Act, ambos de 1761, e pelo Building Act, de 1774.[12] Em seu *Parallèle*, Mercier reivindicou que calçadas (*trottoirs*) do estilo londrino fossem adotadas em Paris. Caso contrário, ele advertiu, Londres, onde o pedestre tinha preferência, sempre deixaria Paris envergonhada.[13]

Figura 9 – Detalhe da ilustração de Antoine Hublot da Rue Quincampoix, em Paris, local de célebre comércio de ações, 1720

Acidentes com carroças e carruagens envolvendo pedestres estavam ficando tão comuns em Paris que a polícia foi forçada a adotar uma regra prática básica. Se o pedestre fosse atropelado pela roda da frente do veículo, ele era o culpado, entendendo-se que o pedestre deveria ter saído do caminho. Porém, se ele fosse atropelado pela roda traseira, a culpa era do condutor, entendendo-se que se ele estivesse prestando atenção suficiente, poderia ter parado a tempo de impedir que as rodas traseiras ferissem o pedestre.[14]

A combinação de barro e veículos movendo-se rapidamente também significava que os pedestres eram atingidos pela lama arremessada pelas rodas. E não era apenas qualquer lama, mas sim a lama de Paris, cujo poder de grudar era proverbial (*il tient comme la boue de Paris*; "gruda como a lama de Paris"). Com o auxílio da aparente indiferença dos moradores e da falta de esgotos, a lama resistia firmemente aos esforços do *service de la voirie*, o serviço de saneamento da cidade, que oscilava entre as tentativas de convencer os moradores a fazerem a sua parte e limparem a área em frente às suas propriedades e de contratar empreiteiros para fazer a limpeza das ruas.[15] A necessidade de se esquivar de poças e os garotos entregadores gritando "*Gare! Gare!*" [Abram espaço!] faziam parecer ridícula a ideia de ser um *flâneur* em Paris.

Além disso, as pessoas não podiam se vestir de forma a proporcionar um espetáculo para os outros: suas roupas finas e caras seriam cobertas de lama por uma simples sarjeta – que ficava no meio da rua, ao contrário das sarjetas de Londres, que eram localizadas entre a área central e as calçadas. A classe média de Paris no século XVII e no começo do século XVIII tentava imitar a elite, evitando as ruas o máximo possível. Andar a pé, em vez de usar um veículo, era tão ruim quanto o *encanaillement* (o fato de se tornar um dos *canaille*, um membro da ralé).[16] Certamente, isso só aumentava os riscos que os pedestres corriam. *Flâneurs* de Paris, no século XVIII, comentavam abertamente sobre como as carruagens impediam uma mistura social que talvez tornasse as pessoas mais patrióticas. "Seu cão raivoso, cachorro!", grita Restif de La Bretonne em um desabafo de 1788. "Quem lhe deu o direito de nos cobrir de lama?"[17]

Contudo, havia lugares em Paris onde se podia passear usando roupas finas e caras: os bulevares. Esses locais públicos haviam sido construídos a partir de 1670, ao longo da linha de fortificações da cidade.[18] Entre 1670 e 1676, as muralhas de Porte Saint Antoine até Porte

Saint Martin compuseram o primeiro segmento a ser transformado. Por fim, os bulevares se estendiam por mais de 4,5 quilômetros em comprimento. Esses locais eram, juntamente com os jardins de Tuileries, o Luxembourg e o Arsenal, áreas protegidas, com um número limitado de entradas e saídas. As autoridades municipais esforçaram-se por impedir que os bulevares se tornassem parte do sistema de tráfego da cidade, tendo restringido o número de vias que, partindo deles, levavam de volta à cidade, assim como o tipo de veículo que podia transitar ali.[19]

Portanto, quando Decremps disse que as ruas de Londres eram como *promenades*, ele quis dizer que elas podiam ser usufruídas da mesma forma que eram os bulevares e os jardins reais de Paris: como um lugar convidativo para as pessoas visitarem, verem e serem vistas. "Mas ninguém deve fazer isso", Decremps acrescentou, "sem antes tomar algumas precauções". Nesse aspecto, a imagem estereotipada do "parisiense em Londres" reaparece, ainda outra vez. O parisiense não deveria andar nas ruas vestido *à la française*, Decremps insistia; nada de roupas de seda ou peruca de cauda longa e espada. Enquanto pessoas da classe média apenas ririam disso, a ralé iria zombar e, talvez, até jogar lama.

Estrangeiros poderiam muito bem se recusar a aceitar isso, Decremps admitiu. A permissão para que coisas desse tipo acontecessem, sem qualquer repressão, indicava uma necessidade de "polícia", assim como representava uma demonstração do comportamento grosseiro do povo. Mas depois ele perguntou: se um londrino viesse a Paris e tentasse falar *à l'anglaise*, discutindo política em voz alta, os franceses não diriam que esse comportamento era imprudente (devido à presença de espiões da polícia, que supostamente ouviam todas as conversas)? Em outras palavras, uma cidade tinha polícia de menos, e a outra, demais. Uma das razões para se estudar o relacionamento Paris-Londres era encontrar um equilíbrio quanto a isso.

Em se tratando de costumes locais – Decremps observou –, o londrino, em geral, era seu próprio senhor, e seus costumes tinham de ser respeitados. Os pedestres das cidades do século XVIII andavam bem próximo do muro das casas, em ambos os lados da rua. Assim, quando dois pedestres, caminhando em direções opostas, aproximavam-se um do outro, havia convenções sobre quem se afastaria do muro e quem permaneceria naquela posição. Como John Gay escreveu em seu poema "Trivia; or the Art of Walking the Streets of London" [Trivialidades; ou a arte de caminhar nas ruas de Londres], em 1716, era necessário saber quando permanecer próximo ao muro e quando dar passagem.[20] A maior parte dos comentaristas achava que a classe social deveria superar qualquer outra consideração, inclusive o respeito ao sexo frágil.

Em Londres, entretanto, Decremps aconselhava o distinto visitante estrangeiro a sempre dar passagem, até mesmo a um humilde porteiro ou vendedor de frutas. "Até os maiores *seigneurs* fazem isso, e esse ato, longe de ser humilhante, serve apenas para demonstrar as boas maneiras de um cavalheiro."[21] O visitante deveria também evitar outras formas, mais tradicionais, de anunciar a sua classe social. Enquanto era meramente uma vaidade (*une fatuité*) um dândi parisiense exibir seus dois relógios de bolso nas ruas de sua cidade, fazer o mesmo nas ruas de Londres, cheias de criminosos, era loucura (*une démence*).[22]

Um dos costumes locais nos quais os direitos dos londrinos não deviam ser questionados era a briga de socos. Apesar de ridicularizar o conceito popular de que em Londres "os homens não fazem nada a não ser baterem uns nos outros o dia inteiro", Decremps recomendava a seus leitores que não ficassem surpresos se deparassem com lutas de boxe improvisadas nas ruas. Quando uma luta terminava, todos que estavam assistindo gritavam "*Huzza*!" três vezes. Os lutadores apertavam as mãos, e então dirigiam-se ao *pub* mais próximo para beberem juntos.[23]

Porém, ao contrário do parisiense, que corria o risco de uma briga a cada passo que dava, um londrino tinha de indicar que estava pronto para uma luta; tirava seu casaco ou fazia uma aposta, antes que as pessoas presentes formassem um círculo e controlassem a disputa. Se alguém socasse um homem que *não* houvesse indicado que estava pronto, seria severamente punido – e mais severamente, Decremps afirmava, que em qualquer outro país. "Nesse aspecto, os ingleses em geral são, a meu ver, os seres mais civilizados da Europa."[24] Ou seja, os londrinos eram ferozes, mas civilizados.

Até na Strand, a via pública mais movimentada e congestionada de Londres, havia um lado mais dócil, Decremps revelou. O autor descreveu uma experiência feita no ano anterior (1788) por um inglês, que levou um garoto de 5 anos de idade até a Charing Cross e, a partir dali, fez com que ele caminhasse sozinho até a casa do pai, em Temple Bar – perto de onde estão hoje os Royal Courts of Justice. Ao que parece, a experiência foi feita para testar a criança. O resultado foi surpreendente.

Não só ele não foi atacado como também mais de 200 indivíduos desviaram-se do caminho para deixá-lo passar; em todos os lugares onde tinha de andar na lama, para atravessar de uma calçada para a outra, o garoto encontrou mulheres amáveis que o carregaram, acariciando-o o tempo todo. O menino chegou à casa de seu pai são e salvo, comendo doces que havia ganhado no caminho. Uma experiência que visava a provar a inteligência do garoto acabou atestando a gentileza e as boas maneiras dos ingleses.[25]

Embora a intenção fosse tranquilizar, neutralizar as muitas histórias de violência arbitrária em Londres, difundidas e comentadas na França, o relato de Decremps provavelmente confundiu seus leitores mais do que os esclareceu.

Mesmo na época da anglomania, as imagens que os franceses tinham da Inglaterra eram cheias de paradoxos. A constituição inglesa, da forma como era (e não era um documento escrito, como a dos Estados Unidos), era muito admirada pela população, mas pouco compreendida.[26] Acreditava-se que o patriotismo inglês havia levado a nação à vitória na Guerra do Sete Anos. Contudo, isso teve um custo: um grau de instabilidade política que parecia alto demais para muitos observadores franceses.[27] Os distúrbios causados pelo Movimento Wilkite, em 1768 e 1771; a Revolução Americana, em 1776; e os Gordon Riots, em 1780, tudo isso confirmava, regularmente, os preconceitos alimentados por pessoas da elite francesa que esperavam que a Grã-Bretanha destruísse a si mesma, vítima de suas próprias contradições. "Os ingleses nunca destruirão uns aos outros tanto quanto gostaríamos", escreveu o primeiro-ministro francês, o Duc de Choiseul, em maio de 1768, logo após um motim sangrento em St George's Fields.[28] Uma terra de republicanos e regicidas, periodicamente incinerada por agitações revolucionárias, Londres era uma cidade cujas próprias muralhas cheiravam a sangue – pelo menos de acordo com um panfleto francês publicado após os Gordon Riots.[29] Era apenas uma questão de tempo para que tudo desabasse, e o serviço secreto francês estava fazendo a sua parte para facilitar as coisas – tanto fornecendo armas, às escondidas, para os rebeldes norte-americanos quanto criando planos de apoio ao Movimento Wilkite.[30]

Tais contradições se refletiam no modo como os parisienses viam Londres: uma cidade bem maior e mais populosa, porém bem menos policiada que a deles. Como era possível entender uma cidade onde calçadas inovadoras e largas, feitas para as pessoas passearem, serviam de palco para rituais violentos e ultrapassados, nos quais dois indivíduos se esforçavam para espancar um ao outro? Uma cidade cujos residentes eram tão solícitos com os cavalos que se alguém fosse visto agredindo um desses animais (como era sabido que os parisienses faziam – pelo menos de acordo com Mercier) – estaria correndo sérios riscos?[31]

Mercier havia sido testemunha ocular dos Gordon Riots de 1780, tumultos caóticos, violentos e anticatólicos que perduraram por uma semana, e que foram desencadeados por George Gordon, o líder da Protestant Association. Apesar de a turba haver atacado o Bank of England, aberto cadeias à força e causado muitos incêndios criminosos – até 11 mil soldados serem trazidos e começarem a atirar (matando várias centenas de pessoas) –, de acordo com o relato de Mercier, a violência da multidão possuía um alvo preciso.

Os manifestantes eram tão disciplinados – Mercier escreveu – que, enquanto, cuidadosamente, estilhaçavam as janelas e destruíam a propriedade dos ministros que haviam despertado a sua ira, os residentes das casas, em ambos os lados da rua, podiam assistir a esse trabalho em total segurança. Os devedores que se viram livres da cadeia foram para suas casas, mas ficaram ali apenas temporariamente. "A maioria dos prisioneiros por dívidas retornou posteriormente, por vontade própria", Mercier observou. "Outros devedores escreveram imediatamente para dizer aos seus credores onde estavam e avisar que eles não precisavam se preocupar."[32] Para Mercier, foi a consciência do londrino pertencente à classe trabalhadora de que ele e seus companheiros eram "sempre seus próprios senhores" que fez com que ele monitorasse e controlasse o seu próprio comportamento. Por outro lado, se os parisienses se encontrassem na mesma situação, isto é, se descobrissem que estavam livres da vigilância e da polícia, o resultado seria um caos.[33]

Observando vitrines

As primeiras calçadas de Paris apareceram na década de 1780, como parte de uma revitalização das cercanias do Odéon. Foram criadas novas ruas, convergindo na Place de l'Odéon, onde ficava o teatro de mesmo nome. Esse era um de uma série de grandes investimentos em edifícios financiados por especuladores, discutidos no capítulo anterior. Havia, na verdade, construções de teto plano em ambos os lados da Pont Neuf, erguidas às custas do rei, entre 1578 e 1607. Mas eram destinadas a proporcionar espaço para a venda de mercadorias, e não para o trânsito de pedestres.³⁴ A Pont Neuf foi, por séculos, uma das principais atrações de Paris, admirada como uma maravilha da engenharia, assim como pelas vistas inigualáveis da cidade que ela proporcionava, vistas inexistentes nas outras pontes, devido às casas construídas nelas. No final da década de 1780, as casas na Pont Notre Dame foram finalmente demolidas, um momento imortalizado pelo pintor Hubert Robert.

Todavia, com exceção do resultado desses investimentos, as calçadas eram raras em Paris. Quando o *voyageur* Babillard tentou passear pela Rue de La Seine, o resultado foi um desastre: ele se perdeu, foi detido e empurrado por carregadores e, finalmente, quase se afogou em sarjetas transbordantes. Por fim, desistiu de tentar ser um *flâneur* e tomou uma carruagem de aluguel, lamentando o fato de Paris não possuir as calçadas de Londres.³⁵ As ruas imundas da capital francesa continuaram a oferecer um bom sustento para os *décroteurs*, inclusive já no século XIX.

Em 1822, Paris só podia se vangloriar de 267 metros de calçada em toda a cidade.³⁶ Juntamente com os Jardins de Tuileries e o Luxembourg, os "Wauxhalls", ou jardins de lazer [*pleasure gardens*] no estilo londrino, eram os únicos locais onde se podia passear e fazer compras na Paris do Antigo Regime. No Colisée, que foi aberto em Champs Elysées em 1771, três arcadas independentes, ligadas ao grande salão central, cada uma com 10 lojas de cada lado, vendiam joias, vestuário e bilhetes de loteria. Infelizmente, o Colisée era distante demais para a maior parte das pessoas e foi fechado, dois anos depois, levando com ele a primeira forma de *shopping center* parisiense.³⁷

Os dândis então começaram a frequentar os *passages* (arcadas de lojas cobertas) localizados na área nordeste do Palais Royal. A Galerie de Bois, uma sequência de lojas de madeira que ligava as duas extremidades das arcadas do Palais Royal, foi aberta em 1786. O Passage Feydeau e o Passage du Caire foram abertos em 1791 e 1799, respectivamente. Entretanto, o apogeu dos *passages* foi entre 1822 e 1837, a era do Passage Colbert (1826). Esses locais proporcionavam aos *flâneurs* a oportunidade de passear, sob um teto de vidro, durante todas as estações do ano, olhando e desejando pessoas e artigos de luxo exibidos nas *boutiques* em ambos os lados. Esses estabelecimentos eram protegidos por grades nas duas entradas que davam para a rua, portanto, não era necessário colocar venezianas grandes e maciças (*volets*) ao final do expediente.

A fachada das lojas de Londres no século XVII e no início do século XVIII, tinha uma porta estreita ladeada por duas aberturas cobertas por venezianas, que eram divididas horizontalmente. A metade de cima, quando aberta, constituía um toldo; a de baixo possuía pés dobráveis, que possibilitavam que ela servisse de balcão externo da loja. Assim, as mercadorias ficavam expostas sobre a rua. Em Paris, muitas lojas não possuíam nenhuma fachada. Em 1767, Gabriel de Saint-Aubin localizou a loja de Périer – um *quincaillier*, ou vendedor de ferragens –, possivelmente para um cartão comercial destinado a fazer propaganda do seu estabelecimento, através da placa da "Cabeça de Mouro", no Quai de La Mégisserie.[38]

Essa configuração parece ter sido usada até mesmo pelo estabelecimento comercial do vendedor de gravuras Edmé-François Gersaint, na Pont Notre Dame, retratado no famoso *L'Enseigne de Gersaint* [A loja de Gersaint] (1720) (Fig. 10). Os funcionários de Gersaint teriam de carregar todas as pinturas, cadeiras e caixotes (mostrados na ilustração) para dentro e para fora do cômodo traseiro, todos os dias. As paredes são de pedra descoberta, fazendo com que o espaço pareça mais adequado para abrigar cavalos do que para vender artigos de luxo para aristocratas bem-vestidos.

Figura 10 – Pierre Aveline a partir de Jean Antoine Watteau, *A loja de Gersaint*, 1732

Um local como esse seria impensável em Londres no início do século XVIII. Certamente, haveria uma fachada adequada, com vitrines e interior cuidadosamente cobertos com algum material. Mesmo antes do Grande Incêndio, parisienses como Samuel Sorbière achavam a ornamentação das lojas de Londres impressionante, "deliciando o olhar e atraindo a atenção de quem passava por elas".[39] Os observadores ingleses também foram surpreendidos pela velocidade com que as lojas estavam recebendo fachadas primorosas. "Nunca houve essa pintura e esse brilho, essas vidraças [isto é, vitrines] e espelhos, entre os comerciantes, como há agora", afirmou Daniel Defoe, em 1726. Defoe comparou, um tanto injustamente, as lojas chamativas de Londres a um francês vestido de forma a demonstrar extrema vaidade.[40]

Embora as vitrines fossem tributadas, as várias vidraçarias de Londres competiam livremente entre si, o que mantinha os preços baixos. Já as francesas, como a St Gobain (aberta em 1665, por Colbert), gostavam da proteção dos monopólios reais. A fachada das lojas londrinas continuou a impressionar os visitantes parisienses durante todo o século XVIII, e mesmo no século XIX, não só porque possuía vitrines, mas também porque era iluminada à noite, ficando aberta até as 20, ou 21 horas.[41] Em 1831, Edward Planta ainda comentava sobre como eram poucas as lojas com vitrines apropriadas em Paris.[42]

A construção da Regent Street, projetada pelo arquiteto real John Nash e que avançava por Marylebone, entre 1817 e 1832, provavelmente abriu uma nova via arterial de tráfego, ligando o norte ao sul, mas a rua se destacou, principalmente, por ser o coração de uma nova área comercial.[43] Com suas arcadas repletas de lojas (cobertas por residências) e calçadas amplas, a Regent Street era alvo da inveja do *flâneur* parisiense, assim como era o lugar frequentado por dândis como Tom, Jerry e Logic, os heróis de *Life in London* [A vida em Londres] (1821), de Pierce Egan. Por outro lado, a tentativa de Nash de criar um *passage*, em 1817, com o nome de Royal Opera Arcade foi um fracasso. Apesar de a Burlington Arcade (1818) ter sido mais bem-sucedida, Londres realmente não precisava de *passages*, pois as ruas Oxford e Regent ofereciam aos compradores a mesma experiência, porém em escala bem maior.

Foi somente com o aparecimento das grandes lojas de departamentos, como a Samaritaine (1869), que Paris superou Londres como local de observar vitrines sem necessariamente comprar, algo como uma cidade onde comprar se tornou, por si, uma forma de arte.[44] Hoje, Paris é famosa pela sua afeição por olhar vitrines; ou *lèche-vitrine*, como eles dizem. Antes da segunda metade do século XIX, havia poucas vitrines de lojas em Paris para serem observadas além daquelas das arcadas, e ainda assim não se prestava muita atenção nelas.[45]

Comprar e pechinchar eram ações que não andavam juntas mais, uma vez que comprar mercadorias havia se tornado mais uma diversão do que um drama. Embora as pechinchas possam ter proporcionado uma valiosa quantidade de material para *flâneurs*, eles receberam entusiasticamente a introdução dos preços fixos, assim como aconteceu com os compradores (a distinção é importante, pois o *flâneur* não estava ali para comprar nada, apenas para ver acontecimentos, pessoas e coisas, para observar as vitrines).[46] Preços fixos já haviam se tornado uma norma nas lojas de Londres, quando Mercier visitou a cidade, em 1780.

Na época, só os clientes mais aristocráticos podiam obter crédito do tipo que ainda era comum em Paris.[47] Todas as outras pessoas pagavam em dinheiro. E Mercier apreciou a agilidade nas compras, que foi resultado disso. "Entre em uma loja em Paris e você será convidado a se sentar" – ele escreveu –, "cada indivíduo cumprimenta o outro, vocês conversam sobre mil coisas diferentes enquanto você pechincha, até mesmo sobre a vida familiar do comerciante ou sobre acontecimentos públicos; sempre pechinchando; há muita barganha sobre o preço."

Muitas vezes, essa prática demorada era em vão: comprador e vendedor se separavam, "um aborrecido pela tagarelice do comerciante, o outro irritado por não ter conseguido vender nada, pronto para atacar a próxima pessoa a entrar". Em Londres, comprar era mais rápido, um ato breve e quase rude. Os compradores entravam nas lojas sem receber nenhum cumprimento formal e sem tirar o chapéu. Uma vez informado sobre o que o comprador estava procurando, o vendedor buscava o artigo; não havia nenhuma barganha de preço. Era pegar ou largar. "Você paga, e o assunto está encerrado. Tanto o comerciante como o cliente economizaram tempo."[48]

A transação prática e eficiente descrita por Mercier contrasta bastante com a do relato de Laurence Sterne em *Viagem sentimental*, escrito anteriormente (1768). Nele, o herói, Yorick, para em uma loja de luvas para perguntar como chegar ao Théâtre Opéra Comique e acaba envolvido em uma troca de carícias muito sensuais, para não dizer eróticas, com a esposa do comerciante, madame Grisset, enquanto seu marido observa.[49] Na década de 1670, em Londres, esse tipo de flerte havia sido uma parte essencial nas transações comerciais (artigos de luxo em arcadas cobertas) do século XVII. Já nos tempos de Yorick elas haviam se tornado uma lembrança remota.[50]

O contraste entre o turista sentimental e o *flâneur* mal-humorado é claro. Podendo escolher entre parar para interagir com o ambiente ou seguir adiante, o *flâneur* prefere a segunda opção. Isso é parte do que faz com que ele seja moderno. Enquanto Yorick faz elogios a madame Grisset e segura a sua mão, em uma profusão de *galanterie* bem-educada, Mercier só deseja seguir adiante com aquilo; seja lá o que "aquilo" signifique, o certo é que não tem nada a ver com contato físico. Por trás do olhar de cobiça aparentemente agressivo, o *flâneur* é um ser assexuado, talvez até sem gênero determinado.[51] Se a "mercadoria" é um par de luvas, ou se é a mulher que o vende, o *flâneur* nunca compra. Ele está sempre "só olhando".

Pode parecer anacrônico falar de Mercier, e ainda mais de Mr. Spectator, quando se trata do *flâneur*.[52] A primeira vez que a palavra apareceu impressa foi em uma crítica anônima do Salon de Paris de 1809, intitulada *Le Flâneur au Salon, ou Monsieur Bon-Homme* [O *flâneur* do Salon, ou Senhor Bon-Homme]. Esse personagem é descrito como tendo uma renda particular de aproximadamente 2 mil francos: um *rentier*, portanto, que morava no número 27 da Rue de Fleury, perto do Louvre. O seu dia é descrito, hora por hora. Ele começa às 9 horas, com uma ronda pelos trabalhos de construção e destruição nos arredores do Louvre, onde uma nova rua está sendo aberta, seguindo em direção ao Carroussel. O homem observa vitrines de gráficas, toma sua xícara matinal de chocolate, olha pôsteres de peças de teatro, conversa com atores que conhece e ainda admira outras vitrines de gráficas, antes de chegar aos bulevares, à tarde:

> Por volta das 14 horas, ele está nos bulevares, onde segue até o Passage des Panoramas. Já analisou cada loja, examinou cada gorro novo, anúncio novo, brinquedo novo, todos os romances novos, todos os pentes para coque novos, todos os ônibus novos, todos os vestidos novos e todas as placas das lojas novas. Embora não seja um espião da polícia, não deixa de reparar nos locais onde a calçada precisa de conserto, nos antros de jogos de azar [...] toldos pouco seguros e vasos de flores perigosamente situados em parapeitos de janelas.[53]

Um dia, sentado em um café, ouvindo a conversa de um grupo de atores, nosso Bon-Homme decide escrever um diário sobre tudo que observa, como uma forma de lidar com sua insônia.[54]

Depois disso, o *flâneur* parece ter ficado fora de circulação até a metade da década de 1820, quando foi tema de dois vaudevilles – o *Le Flâneur*, de um ato, em 1826, e o *La Journée d'un flâneur* [O dia de um *flâneur*], com quatro atos, em 1827 – apresentados no Théâtre de la Porte Saint Martin e no Théâtre des Variétés, respectivamente. Em ambos, o *flâneur* em questão é um pai de família distraído, sempre parando para ver acontecimentos à sua volta e se encontrando injustamente preso, depois de chegar perto demais de um desses acontecimentos.[55] As duas comédias começam com cenas que se passam na rua. Em *Le Flâneur*, as instruções de palco demandam que apareçam em cena nada menos que sete vendedores de diferentes tipos, bem como um posto da infantaria, trabalhadores passando, e assim por diante.[56] "Vida longa a Paris!", canta o herói de *Le Flâneur*. "Para olhos observadores/Ela é uma imagem em movimento."[57]

Em 1831, o jornal *Le Figaro* definiu o *flâneur* como alguém que frequentava todos os espetáculos gratuitos, que fazia da rua a sua sala de estar e de todas as vitrines, a sua mobília.[58] Guias para a cidade também começaram a usar o *flâneur* como pseudônimo.[59]

Placas e arte

Desde as improváveis – enormes, a ponto de desafiarem a gravidade – placas da cidade do século XVIII, passando pelos pôsteres e cartazes, até as várias exibições digitais ou em neon dos dias de hoje, a publicidade constitui um dos aspectos mais surpreendentes da rua urbana moderna. Aqui, novamente, Paris e Londres abriram o caminho. Placas penduradas – com o formato de coisas ou animais grandes e pesados – começaram a aparecer como uma maneira de fazer propaganda que era legível tanto para os alfabetizados quanto para os analfabetos.

Entretanto, no período anterior àquele em que essas placas eram uma prática comum, esses objetos possuíam, também, a função de auxiliar forasteiros e moradores a se localizarem. Parisienses e londrinos ficavam, literalmente, perdidos sem eles, tornando-se logo estrangeiros em sua própria cidade.[60] Na falta de números de ruas, pacotes ou visitantes de Paris e Londres eram endereçados ou conduzidos a uma casa por uma "placa X" ou uma "placa Y".

Tomando como exemplo apenas três placas comuns, as indicações poderiam recomendar: vire à esquerda no Gato Dormindo, passe pelo Fim do Mundo e continue até encontrar as Estrelas. Como se vê, as placas transformavam até mesmo uma pequena caminhada em algo mágico, cheio de conexões e contrastes bizarros. A fascinação por essas placas divertidas, a tristeza por sua remoção e a nostalgia por sua perda representam outro elo entre *flâneurs* de Paris e de Londres nos séculos XVIII e XIX. Bon-Homme prestava muita atenção à placa de cada loja nova que aparecia nos bulevares, e Baudelaire também insistia em que o *flâneur* se mantivesse sempre atualizado com relação a elas.

Apesar de quase nenhuma dessas placas do século XVIII, e nem mesmo as do início do século XIX, existirem mais, em Londres ainda é possível ter uma ideia da sua natureza inusitada, pois muitas placas de *pubs* permaneceram e, em alguns casos – como, por exemplo, a The Angel –, passaram a indicar uma região. Em Paris, elas desapareceram completamente. Como exemplificam as enormes placas presentes em cidades chinesas contemporâneas, elas podem representar um obstáculo considerável à ventilação, assim como um risco à segurança dos pedestres que caminham abaixo desses objetos imensos. Tais preocupações, combinadas ao incômodo gerado pelo ruído que elas faziam por causa do vento, levaram as autoridades, em ambas as capitais, a aprovar leis em 1761 que decretaram que todas as placas penduradas fossem removidas ou pregadas diretamente sobre a fachada.

Em 1768, em Paris, planejou-se uma regulamentação da numeração das casas, com o intuito de criar maneiras mais racionais de circulação pela cidade. Porém, criar uma regulamentação era uma coisa; implementá-la, na prática, era outra bem diferente. A numeração dos imóveis foi adiada pela aristocracia, que se recusava a ver suas mansões [*hôtels particuliers*] humilhadas pela atribuição de um simples número, assim como se negava a ter luzes de rua penduradas nelas. Em 1799, a lei que proibia pendurar placas teve de ser decretada novamente, e o mesmo aconteceu com a dos números, em 1805.[61]

Os irmãos Charles-Germain e Gabriel de Saint-Aubin, filhos de pai e mãe bordadores da classe média, eram a quinta-essência do *flâneur*-artista do século XVIII em Paris. Embora o estilo deles fosse mais *galant* que o de Hogarth, eles certamente eram bons na representação em desenho da vida cotidiana nas ruas e nos bulevares. Isso está claro no *Livre de caricatures* [Livro de caricaturas] que criaram para sua própria diversão, um extraordinário palimpsesto visual, que atualmente faz parte da coleção do Waddesdon Manor. O *Livre* é cheio de desenhos com diversos temas recorrentes, invenções, sátiras políticas e jogos com palavras e ilustrações. Uma página retrata a remoção de placas de rua, decretada em 1761 (Fig. 11). Nela, um policial caminha com dificuldade, sob o peso de uma espada enorme e a tortura de um sol brilhante, em direção a seu colega, que está ocupado destruindo uma, também enorme, placa em forma de bota. O fato de acontecimentos como esse haverem atraído a atenção dos irmãos Saint-Aubin – artistas talentosos que passavam horas admirando e desenhando em casas de leilão parisienses e no Salon anual – indica que eles, na verdade, não pensavam nelas em nenhum outro aspecto além do estético.

Figura 11 – Charles-Germain de Saint-Aubin, *Construir é belo, mas destruir é sublime*, 1761, no *Livre de caricatures tant bonnes que mauvaises*, c. 1740-1775

Também era esse o caso de Bonnell Thornton, um jornalista de Londres que, em 1762, organizou uma exposição de placas de lojas e de *pubs* na Bow Street. De certo modo, essa notável "Grande exposição de pinturas em placa" representava um ataque contra os grandes conhecedores de arte, sugerindo que eles eram tão cegos que pagariam para ver qualquer exposição, contanto que ela fosse anunciada como mostra de arte de alta qualidade e que houvesse um catálogo. Essa sátira pode também ter sido reflexo do desgosto dos artistas ingleses causado pela preferência que seus pretensos patrocinadores manifestavam por artistas italianos e franceses. Essa predileção se devia à crença de que a Inglaterra era uma nação comercial demais para produzir "arte de alta qualidade".

Como demonstra o pobre pintor de placas em Beer Street (Fig. 12), de Hogarth, na ausência de encomendas melhores, artistas ingleses (inclusive Hogarth) recorriam à pintura de placas para o próprio sustento. Por outro lado, a Exposição de pinturas em placas pode também ser vista como uma celebração de um tipo de "arte de rua", que era, ao mesmo tempo, "útil" e "de alta qualidade". Certamente, os organizadores da exposição – e também o próprio Hogarth (que possivelmente estava envolvido diretamente nesse empreendimento) – acreditavam que os ingleses eram os melhores pintores de placa da Europa.⁶²

Figura 12 – William Hogarth, *Beer Street*, 1751

Porém, essas placas grotescas eram geralmente pintadas de forma rudimentar e, para muitos, constituíam um obstáculo à criação de "a cidade policiada". Como resultado, críticos como Addison, Mercier e os irmãos Saint-Aubin eram ambivalentes com relação à remoção de placas, tanto em Paris como em Londres. Em 1711, Mr. Spectator havia oferecido seus serviços ao público como "Superintendente" de placas, talvez inspirado por um personagem da peça *Les Fâcheux* [Os importunos] (1662), de Molière.⁶³ Algumas placas – Mr. Spectator alegou – faziam conexões altamente enganadoras ou não religiosas entre diferentes tipos de pessoa. Por exemplo, uma prostituta poderia ser encontrada onde havia uma placa como "O Anjo", enquanto outras pessoas respeitáveis talvez se sentissem ofendidas por imagens de criaturas inexistentes na natureza, como sereias e javalis azuis. No entanto, está claro que essa "devoção" a uma polícia é irônica e que Mr. Spectator se diverte com as estranhas placas urbanas.[64]

Os esforços dos parisienses para manter as placas sob controle haviam tido início quase um século antes, em 1666, quando o Bureau de La Voirie estabeleceu um imposto a ser pago por quem as pendurasse.[65] Mais de um século depois, contudo, elas ainda estavam lá, em grande quantidade, constituindo uma fonte de constrangimento para Mercier em seu *Tableau de Paris*.[66] Ele descreveu coisas monstruosas: uma bota tão grande quanto um barril, uma luva tão enorme que podia abrigar uma criança de 3 anos em cada dedo; um braço segurando uma espada que se projetava sobre a rua toda. Sem elas, Paris tinha "uma nova face, por assim dizer, barbeada e penteada".[67]

Portanto, da mesma forma como aconteceu com Addison, anteriormente, Mercier também se divertiu com os deslizes semânticos e jogos com palavras (e com imagens) que essas mesmas placas possibilitavam.[68] Hogarth amava ser um *flâneur* nas ruas onde os pintores de placa realizavam seu trabalho, e Mercier também se deleitava com as lojas de placas de segunda mão, no Quai de la Mégisserie.[69] "Ali", ele observou, "todos os reis do planeta dormem pacificamente uns ao lado dos outros: Luís XVI e George III trocam beijos fraternais, o rei da Prússia dorme com a imperatriz da Rússia, o Imperador está em pé de igualdade com os eleitores. Lá, finalmente, o turbante e a tiara (a tiara papal, ou seja, o islamismo e o cristianismo) se misturam."[70] Mercier chega até a imaginar o que essas placas diriam se pudessem falar umas com as outras.[71]

A invenção, por volta de 1820, de um jogo de cartas com base nas placas de Paris e a publicação, no meio dessa mesma década, de um dicionário histórico e crítico das placas da cidade coincidiram com o aparecimento – mencionado anteriormente – do *flâneur* (assim chamado).[72] Uma verdadeira preocupação de antiquários com a perda desses emblemas levou à criação, em 1880, de um museu da cidade, em Paris, conhecido hoje como Musée Carnavalet. Até então, três placas famosas já haviam sido preservadas no Hôtel de Cluny, na ausência de um museu mais apropriado para recebê-las.[73] Em Londres, as placas de rua sobreviveram ao Paving Act de 1762. Em 1856, George Dodd calculou que em Londres havia nada menos que 55 Cisnes, 90 Cabeças de Reis, 120 Leões [...] mas apenas um Homem Bom.[74]

O homem-sanduíche

Onde fica, nisso tudo, o nosso herói, o *flâneur*? Como ele próprio se apresenta na quarta edição de *The Spectator* (com redação de Steele), Mr. Spectator parece uma figura familiar, que poderia até ser chamada de baudelairiana, se não datasse de 1711. Mr. Spec é silencioso, solitário, e frequenta lugares públicos, não para "se mostrar", mas para satisfazer a sua curiosidade. Ele encontra solidão em meio às massas, desfrutando uma espécie de "Obscuridade Pública". Embora seja uma presença comum na multidão, quando falam dele – se é que falam –, chamam-no "Sr. Como-É-Mesmo-o-Nome".[75] Como o "homem da multidão" de Baudelaire, Mr. Spec aprecia o anonimato, assim como a excentricidade. Ele nunca fala, mas possui um apetite para "comunicar a Plenitude do meu Coração" quando escreve para nós, seus companheiros invisíveis. Há até uma sensação de que o autor está buscando a si mesmo quando procura material, assim como o *flâneur* apaga a si mesmo enquanto escreve, desfazendo-se das impressões que carinhosamente acumulou. "Mr. Spec" está decidido "a imprimir o seu eu, se possível, antes de morrer".[76]

The Spectator também retratou uma cidade com percepção de si mesma como uma entidade cultural, como "a cidade", um mundo distinto da corte.[77] Aqui, diferentes classes sociais, gêneros e profissões podiam se misturar. A entrada nesse mundo era assegurada não por títulos de nobreza, mas pela familiaridade com códigos de comportamento respeitoso e atencioso. O conceito de *honnêteté* [honestidade] na França do século XVII mostrava alguma semelhança com esses códigos, em sua aparente preferência por um "despir-se" descontraído das formalidades da corte. Entretanto, *honnêteté* era um costume aristocrático, praticado não na cidade, mas nas socialmente excludentes festividades bastante enfadonhas e banais, como as *fêtes champêtres* e os bailes realizados em St Cloud e Auteuil.[78] Esse "mundo" ainda estava centrado na corte, e não na "cidade".

É claro que a palavra "*flâneur*" não existia no século XVIII, e só começou a ser usada na década de 1820. O *flâneur* só se concretizou mais tarde, em 1840-1841, com o aparecimento de vários trabalhos de Edgar Allan Poe, Charles Dickens e Louis Huart, todos eles apresentando caminhantes solitários e preparando o cenário para o famoso ensaio de Baudelaire, de 1845.[79] O mais importante deles foi *Physiologie du flâneur* [Fisiologia do *flâneur*], de Huart, acessível na época em troca de apenas um franco. Esse trabalho foi inspirado na fama de Georges Cuvier e outros cientistas de anatomia comparada, que adotaram uma investigação aparentemente científica ou filosófica sobre a relação entre o ser humano e outros vertebrados.

Huart concluiu que a superioridade do ser humano sobre outros animais estava em sua habilidade para ser um *flâneur*.[80] Sua obra estava entre os pelo menos 70 tipos de "fisiologia" urbana que apareceram no início da década de 1840 – incluindo *The Englishman in Paris* [O inglês em Paris] –, muitas delas ilustradas com pequenas xilogravuras de Honoré Daumier, M.-A. Alophe ou Théodore Maurisset.[81] Com imagens e texto influenciados pelas gravuras de Cruikshank, essas fisiologias, por sua vez, levaram Albert Smith e David Bogue a publicarem, em 1848, a *Physiology of a London Idler* [Fisiologia de um londrino ocioso] e a *Natural History of the Idler upon Town* [História natural do ocioso na cidade].[82]

As calçadas eram o local predileto dos *flâneurs*. "Passeio!", Huart exclama, "paraíso a salvo da lama, refúgio do *flâneur*, eu te saúdo! Todos os momentos mais felizes da minha juventude transparecem em suas pedras."[83] Esse escritor nos proporcionou um dos melhores relatos de como o ponto de vista do *flâneur* contrastava com o de um pedestre qualquer. Ao ver um novo tecido na vitrine de uma loja – ele explica –, um verdureiro simplesmente diria a si mesmo que era um pano bonito e que podia ficar bem em sua esposa; e seguiria adiante, após alguns segundos. Um *flâneur* ficaria paralisado por duas horas, estudando o design e a cor, considerando o seu lugar na história da moda, assim como as relações entre o fabricante, o fornecedor e o vendedor. Essas reflexões estariam a uma distância indescritível do alcance da vista de um transeunte comum.[84] Esse é um exemplo da pretensão do *flâneur* de ser um "príncipe" de um reino que, embora parcialmente imaginário, é, sem dúvida, mais rico que o reino mundano que habitamos.

O *flâneur* pode até ser um príncipe, mas sua passagem pelas ruas da cidade não é isenta de provações. Exatamente como Mr. Spectator observa – "diariamente, tenho alguns desgostos" –, os *flâneurs* do século XIX tinham, às vezes, de enfrentar certas humilhações. Contudo, longe de sugerir que a *flânerie* era impossível, essas provações, se é que tinham algum efeito, ajudavam a excluir os covardes e leigos, a estimular, no *flâneur*, a percepção de si mesmo como membro de uma minoria onisciente e invisível.[85]

A série de gravuras de George Cruikshank *Grievances of London* [Queixas de Londres] (Fig. 7), de 1812, mostrava o tipo de encontros na calçada entre dândis e trabalhadores que aguardavam os *flâneurs* distraídos. Embora fossem dolorosos, esses encontros eram celebrados como algo que tornava a cidade um lugar emocionante e colorido para viver.[86] As situações desagradáveis e embaraçosas vividas pelos *flâneurs* e representadas por Cruikshank, Daumier e outros, nas décadas de 1820, 1830 e 1840, visavam a ridicularizar a ideia de que o *flâneur* via a cidade como nada mais que uma coleção de impressões visuais. A cidade possui uma solidez física que constantemente (e comicamente) interrompe as caminhadas arejadas dos *flâneurs*. A cidade assombra o *flâneur*, em todos os seus ângulos. É a lama que voa sobre as roupas finas de Mercier; é o objeto carregado pelo açougueiro que cutuca o olho do dândi de Cruikshank; é o *volet* [folha de janela] da loja que acerta o *flâneur* de Huart no rosto (Fig. 13); é o vaso de flor que ameaça cair sobre a cabeça do Bon-Homme.[87]

Figura 13 – Artista desconhecido, Flâneur *atingido por uma folha de janela*, em Louis Huart, *La Physiologie du flâneur*, 1841

A década de 1820 também testemunhou o aparecimento dos primeiros homens-sanduíche, conhecidos em francês como *hommes affiches* [homens pôsteres] ou *affiches ambulantes* [pôsteres ambulantes]. Nesse aspecto, mais uma vez, Londres tomou a dianteira.[88] Dentro de 20 anos, aquelas combinações simples de dois cartazes ligados por tiras de couro haviam cedido lugar a ambiciosas engenhocas puxadas por cavalos (moedores de café enormes, templos egípcios, cilindros grandes com pôsteres pregados) e a roupas que obscureciam as pessoas que iam dentro.[89] Em vez de carregar, ou usar sobre o corpo, cartazes com o nome de uma marca popular de graxa preta, por exemplo, o homem-sanduíche se tornou o próprio produto. O esboço, feito por George Scharf, de uma lata ambulante [sic] de graxa preta da marca Waren's (1840) (Fig. 14) mostra nada menos que seis desses infelizes homens-lata andando em fila.[90] Como o *flâneur* de Huart, Scharf era fascinado por esses homens e pôsteres, cuja grandeza mirabolante ele retratava.

Apesar de haver se desenvolvido inicialmente na Alemanha, a litografia foi usada pela primeira vez na publicidade em Londres. E impressores parisienses, ansiosos por aprender as mais recentes técnicas de litografia em cores, como Jules Chéret, levaram a nova tecnologia para Paris. Como resultado, houve mudanças, não só na aparência das ruas parisienses, mas também na imagem que a cidade tinha de si mesma. Os pôsteres de Chéret para os teatros e *music halls* de Montmartre trouxeram as cores vivas e as ninfas alegres (denominadas *chérettes*, em homenagem ao seu criador) que foram importantes na composição da *Gay Paree* do Capítulo 4.

Figura 14 – George Scharf, *Homens-lata* (à esquerda), 1834-1838

Por volta da década de 1840, estava se tornando difícil distinguir entre o *flâneur* e a placa. Uma caricatura de 1849 mostra um francês voltando para o seu hotel em Londres e portando sobre o corpo um conjunto de cartazes como o dos homens-sanduíche. Quando o gerente pergunta por que ele está vestido daquela maneira tão estranha, o homem explica:

"Vi muitos ingleses vestidos assim, então achei que era um costume aqui. Pus esse conjunto no meu corpo para que ninguém me notasse."[91] Tal disfarce certamente possibilitou que as pessoas caminhassem à vontade entre as multidões, embora ainda seja preciso ver se esse "incógnito" era principesco (como Baudelaire havia afirmado). "Vocês, *flâneurs!*" – Huart escreveu em sua *Physiologie du flâneur* – "Eu faria melhor se chamasse o *flâneur* de agente da polícia nomeado para a calçada, o homem-sanduíche que perambula por locais públicos."[92]

O Capítulo 5 vai tratar da carreira do *flâneur* como ajudante da polícia em suas investigações. Para os nossos propósitos aqui, contudo, já é hora de levar em consideração o que o Sr. Como-É-Mesmo-o-Nome tem a nos dizer sobre a cidade.

Steele e Mercier, os irmãos Saint-Aubin e Hogarth: esses nomes estavam entre os primeiros a celebrar o passeio pela cidade, por si mesmo, como fonte de prazer e mistério, e não como uma passagem desagradável de um ponto a outro do corpo urbano (monstruosamente distendido), feita apenas pelos desafortunados o suficiente para não possuírem uma carroça. O *flâneur* não era fruto do século XIX. Ele havia surgido em Londres *e* em Paris durante o século anterior, mas permaneceu um personagem secundário, efêmero, sem importância. Uma atitude de reverência e respeito – um tanto exagerados – por esse "príncipe" valorizou a sua imagem de modo totalmente desproporcional.

Sob a influência conjunta da representação fortemente solipsista de Baudelaire e da obsessão quase marxista de Benjamin pela alienação, a importância dada ao *flâneur* foi de fato excessiva.[93] Longe de ser definitiva, essa imagem do *flâneur* era realmente tardia e não levava em conta até que ponto aquele tom filosófico e científico de análise urbana séria era uma atitude deliberadamente destinada a satirizar as pessoas que se gabavam com arrogância de seu conhecimento.[94] Havia um forte toque de ironia em suas discussões sobre como organizar o caos da sinalização das ruas; uma consciência tanto dos limites de conhecimento quanto da presunção contida de buscar um controle perfeito, uma "polícia".[95]

Escrever sobre o *flâneur* remete a uma perspectiva relacionada à pavimentação, ao transporte, às compras, à publicidade e a outras facetas da vida urbana que são geralmente relevadas, como sempre foram. Mas, por outro lado, pode, talvez, ser a hora de deixar que o Sr. Como-É-Mesmo-o-Nome, por conta própria, faça o que mais deseja – e "se retire" das histórias sobre cidades que gostamos de contar.[96]

Figura 15 – Gault de Saint Germain a partir de artista desconhecido, *Venham, senhoras e senhores, está bem na hora de ver os animais se alimentarem!*, 1817

Capítulo 3

O restaurante

Parecia que Jean, duque des Esseintes, havia decidido nunca sair de Fontenay-aux-Roses. Órfão em potencial desde jovem, aos 30 anos – e já o último da linha Floressas des Esseintes –, ele vendeu o castelo da família e retirou-se em uma habitação isolada, construída especialmente para essa finalidade, cortando, assim, quase todos os laços com o mundo. Localizada a pouco mais de 8 quilômetros de Paris, Fontenay era uma cidade basicamente residencial, mas não era muito frequentada. Ali, ele estaria a salvo de visitas indesejadas.

Até esse ponto, a vida de Des Esseintes havia sido uma versão *belle époque* do *Livro de Eclesiastes*. Quando deixou o colégio de jesuítas onde foi educado, ele primeiramente socializou-se em um círculo de católicos. Quando ficou cansado da hipocrisia desses colegas, juntou-se a um grupo de jogadores libertinos. Seu interesse por companhias efêmeras foi logo saciado, e Des Esseintes trocou os libertinos por homens letrados. Porém, isso apenas aumentou o seu desprezo pela humanidade, e ele se viu vítima de um tédio insuportável, que nem mesmo a mais completa exploração do vício em Paris pôde abalar.

Por fim, seguindo o conselho do seu médico, ele deixou Paris e se refugiou em Fontenay, onde viveu sozinho, exceto por dois criados idosos. Ali, Des Esseintes criou para si um primoroso e requintado casulo. Os tons do papel de parede, os livros e os bibelôs nas prateleiras, a cor e a intensidade da luz e até mesmo o perfume do ar, tudo era cuidadosamente monitorado e controlado para que houvesse exatamente a quantidade certa de estímulo sensorial. Semana a semana, ele tratava das suas várias neuroses, enquanto explorava novos mundos, aos quais tinha acesso através de Francisco Goya e Gustave Moreau, cujas fantasmagóricas gravuras (em água-forte) e pinturas são exemplo do que ele mantinha por perto.

Um dia, após um período em que havia gozado de saúde perfeita, Des Esseintes foi atacado por alucinações olfativas. Na tentativa de descobrir os perfumes-fantasmas, ele esvaziou todos os seus vaporizadores. E, determinado a quebrar o feitiço, abriu todas as janelas, mas obteve como único resultado a entrada do frio. Um médico foi chamado, mas ajudou muito pouco. Até Dickens, cujos romances geralmente o auxiliavam a acalmar os nervos, só conseguiu encher a sua cabeça com visões da vida inglesa, agora misturadas a uma vontade de reunir novas impressões. Após alguns dias, Des Esseintes se recuperou e mandou seus criados arrumarem as suas malas. Estava partindo para Londres.

O trem que saiu de Sceaux o deixou em Porte d'Enfer, onde ele tomou um táxi, planejando comprar o *Guide to London* [Guia de Londres], de Murray, e uma escova de dentes, antes de sair de Paris. A chuva incessante, a lama e as calçadas sujas do Boulevard d'Enfer trouxeram para ele um sabor antecipado de Londres, provocando certo prazer. Em breve, Des Esseintes estaria lá, isolado pela neblina, mas, ao mesmo tempo, envolvido pelo impiedoso maquinário comercial, opressor de milhões de pobres trabalhadores. Passando pela Rue de Rivoli, parou em frente à vitrine de uma gráfica e admirou gravuras de John Leech antes de entrar na loja, onde se sentiu agredido pelo barulho das vozes de turistas.

Ele então atravessou a rua e caminhou em direção a uma taberna, onde leu o nome de várias marcas inglesas de vinho do porto e apreciou um deles, encostado no canto de uma mesa onde estavam sentados sacerdotes cristãos ingleses, dândis e outros visitantes. Em sua imaginação, Des Esseintes reconhecia vários personagens que lhe eram familiares por causa de *A casa soturna* e A *pequena Dorrit*. Ao sair, pediu que o táxi o levasse a outra taberna, na Rue d'Amsterdam, convenientemente próxima à Gare du Nord, de onde o trem para Dieppe partiria às 20:50 horas. Quando chegasse a Dieppe, o paquete o levaria a Newhaven; chegaria a Londres exatamente às 12h30 da tarde do dia seguinte.

Já acomodado, Des Esseintes examinou a taberna. Havia mulheres inglesas robustas, com bochechas rosadas e dentes salientes, estes últimos muito ocupados com ataques a pedaços de carne. Sentiu seu apetite estimulado, pediu sopa de rabo de boi, seguida de hadoque defumado, acompanhado de cerveja inglesa. Depois pediu queijo *stilton* (também inglês) e mordiscou uma torta de ruibarbo, engolida com a ajuda de cerveja preta do tipo *porter*. Há muito tempo ele não comia tão bem. Des Esseintes então examinou as suas roupas e ficou contente ao perceber que elas não diferiam muito das usadas pelos londrinos à sua volta. Ele era, dessa forma superficial, uma espécie de londrino naturalizado. Levantou-se rapidamente, pois estava quase na hora do trem. Pediu a conta e, mesmo estando perplexo com as características extremamente inglesas do garçom, conseguiu pagar. E partiu.

Des Esseintes é um personagem fictício, inventado pelo escritor Joris-Karl Huysmans, nascido em Paris, em 1848, filho de pais holandeses. Huysmans trabalhou como funcionário público antes de firmar reputação como escritor; era admirador de Zola e amigo de Arthur Symons, que encontramos nos dois capítulos anteriores. Herói de *À rebours* [A contrapelo] (1884), Des Esseintes serviu de modelo para muitos dândis, ou *incroyables*, em Londres e Paris no *fim de século*. Seu banquete atípico acontece em um local que poderia ser reconhecido: o Austin Bar, ou English Tavern, situado no número 24 da Rue d'Amsterdam. Baudelaire já havia alugado cômodos sobre o estabelecimento. Os irmãos Goncourt admiravam o seu "autêntico" rosbife. O poeta simbolista Valéry também já havia levado Huysmans e Mallarmé até lá.

A comida em *À rebours* é mais do que uma questão de gosto, um caso de palato. É audaciosamente visceral, envolvendo a língua, claro, mas também os lábios, a garganta, o estômago e os órgãos inferiores. Ler *À rebours* é sentir-se farto ou completamente enojado pelas coisas que o corpo é capaz de fazer. Des Esseintes é muito talentoso na destilação de essências e na preparação de fórmulas; portanto, um *gourmet* e um cientista. Mas é também um psicólogo, bem ciente do poder do paladar de invocar visões que são mais do que meramente cerebrais, que vão além das conexões entre ideias diferentes ou entre ideias e imagens visuais. Embora ele seja descrito como alguém que inicialmente prestou pouca atenção na arte culinária, mais no final de *À rebours* ele está levando em consideração uma forma de "epicurismo invertido". Ele suspeita de que seu médico esteja, como um cozinheiro habilidoso, variando a receita dos líquidos usados nas lavagens intestinais que prescreve, "para evitar que a monotonia dos pratos traga uma falta total de apetite".[1]

Como qualquer outra forma de teatro, o ato de jantar fora tem a ver com estímulo, prazer e entretenimento. Desde o seu início, no século XVIII, a história do restaurante não é a história de como a fome era saciada, mas sim de como o apetite era despertado, em meio a um grupo de pessoas que nunca se perguntaram de onde vinha a sua próxima refeição. O estímulo pode vir da arquitetura ou da decoração, dos cardápios, das descrições por escrito, dos garçons, de outras pessoas que estão comendo e das convenções sociais que compõem o papel de cada pessoa no drama. Pode vir do exótico e do excepcional; do que é local e do que é genuíno; do "artificial" e do processado, assim como do "natural" e do saudável. Banquetes e jantares fora de casa atraíram a atenção de especialistas em dietética, antropologistas, sociólogos e, também, de historiadores.

O estômago de Des Esseintes, cheio de ruibarbo e cerveja preta, é uma lembrança de como a comida e a identidade estão intimamente ligadas e, além disso, uma ilustração de como os restaurantes nos possibilitam viajar a outros países sem sairmos da nossa própria cidade. O ato de comer fora é, então, outro espaço de cruzamento entre Paris e Londres. Da troca de receitas, cozinheiros, decoração e clientela entre essas duas cidades surgiu a forma como comemos hoje. Começando pelos "restaurantes" da Paris pré-revolução, este capítulo vai descrever como o ato de comer fora de casa se tornou uma fonte de fruição prazerosa para a classe média.

Os primeiros estabelecimentos a se denominarem "restaurantes" – esses lugares do Antigo Regime onde as pessoas vão para comer – surgiram no Palais Royal, no mesmo clima de *anglomania* iluminista que inspirou o *Parallèle* de Mercier. Este capítulo também inclui outros locais em que se podia comer fora de casa, revelando o que havia de novo sobre eles, assim como o modo pelo qual simplesmente foi dado um novo nome a um estilo de comer com que os londrinos, em particular, já estavam acostumados.

Pode ser difícil identificar exatamente o que fez um restaurante ser um restaurante no século XVIII e no início do século XIX. Tratava-se de uma espécie de palco público, ou de um lar fora de casa? Ele tinha alguma coisa a ver com comida ou com o que as pessoas pensavam e escreviam sobre ele? Ao se observarem, uns aos outros, comendo em público, londrinos e parisienses refletiram sobre questões de vida privada e "espetáculo", questões já abordadas no Capítulo 1. No decorrer do século XIX, a distinção culinária e cultural marcou o restaurante, fazendo com que ele parecesse naturalmente, necessariamente, parisiense. Isso ocorreu principalmente devido a um novo gênero de escrita gastronômica – que teve como pioneiros Grimod de La Reynière e Jean-Anthelme Brillat-Savarin – e, também, graças ao aparecimento do célebre chef francês.

Em Londres, os restaurantes (assim denominados) só surgiram a partir da década de 1860, como parte da ascensão da rede hoteleira moderna. Isso pode sugerir que eles tenham chegado atrasados à capital inglesa, uma sugestão nitidamente estimulada por relatos históricos escritos sobre restaurantes e sobre alta gastronomia, sempre excessivamente elogiosos para com grandes chefs e os grandes gastrônomos, todos franceses. Muitos desses textos são enfeitados pela nostalgia da idade de ouro de um ou outro grande restaurante. Até mesmo o fundador da literatura gastronômica, Grimod de La Reynière, deixou-se levar por uma saudade intensa da culinária da época do Antigo Regime, das ceias tarde da noite e das conversas fluentes e espirituosas que, supostamente, as acompanhavam. Chefs célebres, ansiosos por encher os seus cardápios com nomes imponentes, alardeavam lendas sobre como este ou aquele prato havia sido inventado – fruto de algum acidente bem-vindo ou de um acesso de genialidade – por eles, ou pelo patrão, fosse ele Luís XIV ou Cambacérès.

A história da refeição fora de casa vem, há muito tempo, sendo contada como se fosse uma revolução. Um mito particularmente persistente é o de que o restaurante era desconhecido no Antigo Regime (pré-1789). De acordo com esse relato sobre as origens da instituição, que começou com Mercier, a execução de Luís XVI e o Terror de 1793 agiram como catalisadores.[2] Os lares aristocráticos parisienses desabaram quando os nobres partiram para o exílio ou foram guilhotinados, o que inundou o mercado com cozinheiros que não viram outra opção a não ser abrir um novo tipo de estabelecimento, destinado aos cidadãos da nova república. Por isso, historiadores marxistas, como Eric Hobsbawm, designam o restaurante como uma instituição burguesa.[3] Da mesma forma como os concertos e teatros da moda na época, os restaurantes estavam supostamente ligados à nova classe média, que vinha ganhando acesso a uma forma de entretenimento até então restrita à corte ou a uma elite de nobres, transformando isso em um palco público, onde exibiam a sua respeitabilidade.

Estudos recentes revelam que em 1776 já havia restaurantes em Paris; quando a Bastilha caiu, eles haviam se tornado uma espécie de mania da elite, basicamente nos arredores do Palais Royal. Um exemplo disso é Jean-Baptiste La Barrière, que, em 1779, deixou a prestação de serviços privados e, em 1782, abriu um restaurante no Palais Royal. Assim, como uma instituição, o restaurante não foi construído sobre as ruínas da nobre mansão. Embora alguns historiadores, posteriormente, relutassem em admitir, até o próprio Grimod estava disposto a atribuir aos ingleses a origem dos restaurantes parisienses da época pré-revolução.

O Palais Royal

A origem do nome "restaurante" está no tipo de comida que serviam: *restaurants* (em francês) – *restauradores* –, isto é, caldos ou essências de carne destinados a restaurar o equilíbrio interno e a boa digestão dos cidadãos urbanos sofisticados. Em À rebours, Des Esseintes, incapacitado para consumir, sem náuseas, nem mesmo algo leve como pedaços pequenos de torrada mergulhados em ovo quente, recorre a esse paliativo. Ele envia um criado às pressas a Paris em busca de um artefato próprio para extrair a essência da carne. Esse alimento, prometeram a ele, ajudaria "a controlar a sua anemia, a interromper o declínio da sua saúde e a conservar a pouca força que ainda lhe resta".[4]

Os *restaurants* resolviam os efeitos colaterais do consumo excessivo de comida, assim como da ingestão exagerada de temperos ou de ingredientes que interagiam mal com algo ingerido anteriormente. Nesses casos, acreditava-se, o ritmo natural da digestão era interrompido, deixando matéria não processada apodrecer no corpo, onde ela produzia miasmas fétidos que, por sua vez, subiam para a cabeça e causavam desequilíbrio mental. Além disso, exageros na alimentação causavam a produção de sangue demais, gerando, em alguns casos, a necessidade de extração desse excesso. Problemas digestivos e circulatórios como esses, por sua vez, sobrecarregavam os pulmões. Os dizeres em latim do lado de fora do restaurante Minet's, aberto em 1767 na Rue de Poulies, prometiam "temperos deliciosos para agradar o seu paladar delicado; aqui os debilitados conseguem corpos saudáveis".[5]

Os *restaurants* significavam um tratamento médico para uma enfermidade à qual os parisienses estavam particularmente propensos, devido aos muitos condimentos presentes em suas refeições e à maneira como elas eram preparadas e servidas. Na década de 1770, os restaurantes se autodenominavam *maisons de santé* [empórios de saúde]. Em seu *Parallèle*, Mercier escreveu que a comida em Paris constituía-se, principalmente, de sopa – que engrossava o sangue e causava indigestão.

Os "molhos muito apimentados, os fricassês demasiadamente temperados, as carnes ensopadas e pratos semelhantes" enfraqueciam o corpo, enquanto os caldos de carne servidos nas casas mais sofisticadas o aqueciam excessivamente, também provocando doenças sérias. A comida de Paris era tão suculenta e tão artisticamente preparada que estimulava demais o apetite, levando as pessoas a comerem em excesso. "Oh, e ainda se empanturram de pão!", Mercier lamentava, chamando a atenção para o fato de que os pais encorajavam as crianças a se fartarem de pão. "E então a criança come além da conta, pois precisa de algo para acompanhar o pão."[6]

Com a advertência contra o caldo de carne, o *restaurant* não consistia nos sucos da carne, mas sim na sua essência pura. Embora haja receitas para tal alimento, em trabalhos como *Suite des dons de Comus* [Continuação dos dons de Comus] (1742), havia um consenso de que um *restaurant* tinha mais a ver com anticulinária do que com culinária. Um *restaurant* podia ser preparado com cebola, nabo, aipo, galinha, vitela, carne de boi e presunto. Mas era cozido tão lentamente e fervido por tantas horas, que os ingredientes ficavam muito concentrados, possibilitando que alguém bebesse, na verdade, uma quantidade de alimento que não conseguiria ingerir se ele estivesse em sua forma original. Seria isso uma inovação, algo sem precedentes na tecnologia do preparo de alimentos, um avanço digno de toda uma era de progresso?

Seria um retorno a um modo de vida mais antigo e mais simples? Ou seria uma preocupante combinação das duas coisas, um profilático sofisticado, que possibilitava que pessoas requintadas e empanzinadas continuassem com seu modo de vida parisiense – ou seja, o nocivo hábito de se alimentar em excesso – sem sofrer nenhuma das suas consequências naturais?

Apesar de prometerem restabelecer o equilíbrio natural do indivíduo, os *restaurants* eram algo inquietante. O requinte que representavam poderia sugerir uma situação de decadência e autodestruição, em vez de esclarecimento e boa saúde. Temia-se que um corpo acostumado com alimentos altamente processados se mostrasse incapaz de digerir pratos simples e naturais. Havia riscos, portanto, de se transformar o que deveria ser a mais simples das habilidades em algo a que Louis de Jaucourt se referiu no verbete da sua *Encyclopédie* como "*la cuisine par excellence*": uma arte destinada a disfarçar comidas, de forma a estimular o seu consumo em excesso.[7] Ainda que a degeneração da já debilitada capacidade de digestão de Des Esseintes estivesse a um século de distância, na era de Rousseau os filósofos podiam interpretar essa mania de *restaurants* como um indício do que poderia acontecer.[8] Rousseau afirmou que existiam franceses que estavam certos de que a França era a única nação onde as pessoas sabiam comer, mas que não via isso com bons olhos: "Eu diria, ao contrário, que só os franceses é que não sabem comer, já que é necessária uma arte tão especial para fazer pratos que eles consigam digerir".[9]

O primeiro restaurante (assim denominado) foi aberto no Hôtel Aligre, na Rue St Honoré, em uma casa que pertencia a um líder do parlamento de Paris: Étienne François d'Aligre. Como muitos dos primeiros restaurantes de Paris, ele provavelmente ficava no primeiro andar, onde os melhores cômodos de uma mansão geralmente se situavam.[10] Foi inaugurado em 1766 por Mathurin Roze de Chantoiseau, terceiro filho de um pequeno proprietário de terras e comerciante que se mudou para Paris no início da década de 1760, momento em que já havia adicionado ao seu nome o aristocrático "de". Animado pelo debate sobre como a França havia contraído uma enorme dívida nacional durante a Guerra dos Sete Anos, Roze de Chantoiseau publicou, em 1769, as suas ideias em um panfleto. Naquele momento, o ministro-chefe da administração de Luís XVI, Choiseul, já estava cansado de um debate que, inicialmente, havia encorajado.

Roze de Chantoiseau acabou se juntando aos autores de trabalhos anteriores, na prisão de For-l'Évêque.[11] Entre os seus mais bem-sucedidos planos estavam: reformas administrativas, nos moldes do que foi feito em Londres por John Fielding, em 1750; e um catálogo comercial, o *Almanach général*, que foi publicado, regularmente, por muitos anos.[12] Esses projetos envolviam uma preocupação com a saúde. No *Almanach* constava, devidamente, o próprio estabelecimento de Roze de Chantoiseau, sob o título de Le Restaurateur, na seção "Fornecedores de comidas e bebidas, donos de pousadas e hoteleiros". Seu anúncio prometia "refeições finas e delicadas, por 3-6 livres por pessoa, além dos itens esperados de um *restaurateur*".[13] Em seu texto introdutório, Chantoiseau afirmava que o catálogo seria útil para todos os parisienses, uma vez que os ajudaria a localizar uns aos outros e, consequentemente, a aproveitar os bens e serviços, cada vez mais especializados, disponíveis na metrópole. O *Almanach* era como um microcosmo da cidade, impondo ordem em sua rede de ruas e empreendimentos.

Se houve um lugar que chegou mais perto de ser a concretização dessa cidade organizada, ou "cidade policiada", foi o Palais Royal, que na década de 1780 abrigou vários dos restaurantes da cidade, inclusive o que era administrado por Jean-Baptiste La Barrière e o Postal's. Também estava lá a confeitaria de Gendron, onde o grande chef Antonin Carême trabalhou na década de 1790. No início do século XIX, era lá que ficavam o restaurante de Jacques Cristophe Naudet e o de Véry, que saiu de Tuileries em 1805. O Palais Royal também abrigou Le Grand Véfour, que permanece lá até hoje. O palácio era a residência de Louis-Philippe-Joseph, duque de Chartres, e possuía jardins muito extensos, que haviam servido como uma espécie de parque público para moradores locais. Era difícil encontrar, em Paris, lugares abertos como esse.

Os jardins do duque eram divididos internamente em diversas áreas, cada uma convencionalmente designada como lugar de encontro de um determinado grupo. Calçadas específicas e até árvores especiais haviam sido apropriadas por círculos tão variados como corretores, prostitutas, famílias respeitáveis e outros grupos. Houve, portanto, muitos protestos quando o duque começou a reformar os jardins, em 1781; os residentes se uniram em defesa de "seus" bens. Sentiam que o duque havia dado as costas para os habitantes da cidade, arrancando dos seus pés o seu amado chão para ganhar uma fortuna construindo blocos residenciais caros, acessíveis apenas a poucos. Certamente era o que pensavam os oponentes dos planos do duque. Na verdade, o arquiteto do duque, Victor Louis, havia projetado uma colunata de três lados, contendo 60 pavilhões e uma área cultivada no centro. Vista de fora, ela parecia uma fachada contínua impenetrável, e suas entradas estreitas, semelhantes a túneis, eram difíceis de serem encontradas.

Um panfletista anônimo publicou sua reclamação na forma de uma carta escrita por um inglês fictício, residente em Paris, a um lorde inglês, habitante de Londres. A primeira página mostrava as árvores da grande alameda sendo derrubadas e duas senhoras desesperadas, de joelhos diante do príncipe, uma delas apontando dramaticamente para um patético toco restante de uma árvore. O autor chamou o projeto do duque de "uma lesão à ordem pública", chamando a atenção para as várias maneiras como os jardins do Palais Royal haviam contribuído para fazer de uma cidade superlotada um local habitável: oferecendo lazer saudável para pessoas envenenadas pela atmosfera desagradável da capital, assim como um local para o ocioso passear sem enfrentar problemas, onde homens de negócios também podiam se encontrar e fazer acordos importantes. Construir sobre os jardins significava destruir essa delicada e incompreensível rede de conexões e correr o risco de muitas consequências sérias. Protegido por seu anonimato, esse "inglês em Paris" usou, literalmente, a palavra francesa *révolution*.[14]

Em pouco tempo (1781-1784), a reforma do Palais Royal se tornou um sucesso absoluto. Embora apresentasse, para o mundo externo, uma fachada impassível, na sua inauguração, em abril de 1784, os parisienses descobriram que as colunatas de Victor Louis abrigavam uma encantadora variedade de clubes, lojas – e restaurantes. Os antigos frequentadores retornaram e aprovaram com entusiasmo o que viram. Os prazeres familiares de ver e ser visto ainda podiam ser desfrutados, agora enriquecidos pela série de novos luxos em oferta. Como os enormes *shopping centers* dos Estados Unidos atualmente, esse era um local para se exercitar, socializar, circular, comer, beber e comprar. Butiques e cafés temáticos trouxeram cidades estrangeiras para a população, que podia, alegremente, passar o dia todo lá, pois tudo de que necessitavam estava naquele lugar.

Mercier afirmou que no Palais Royal "uma pessoa encara as outras com uma ousadia raramente encontrada em qualquer lugar fora de Paris, ou ainda em qualquer outro lugar em Paris. Fala-se alto, as pessoas se empurram [...] tudo sem causar qualquer ofensa ou desejo de humilhar uns aos outros".[15] Era, também, o pouso favorito do dândi, ou *petit maître*, que supostamente tomava a sua xícara noturna de consomê em um dos restaurantes, não porque estava realmente mal, mas porque isso lhe proporcionava uma aura "moderna" de doença.[16] Esses *restaurants* estariam no cardápio, juntamente com *rice pudding* [uma espécie de arroz doce], ovos, charcutaria e cremes saborosos, pratos que requeriam muito pouca preparação e podiam ser servidos prontamente.

Tudo indica que os restaurantes diversificaram as ofertas com rapidez – tanta rapidez, na verdade, que era possível questionar a facilidade com que se conseguia manter a aparência do ascetismo saudável. Por exemplo, no início da década de 1780, o estabelecimento de Jean François Vacossin servia arraias com molho de manteiga preta, perdizes condimentadas e ensopados de peixe. Enquanto alguns dos seus clientes pediam somente pão, vagem e uma salada de pepino, outros saboreavam carneiro assado e orelhas de novilho fritas.[17] Um raro cardápio do restaurante de Véry também apresenta arraias com molho de manteiga preta, assim como *blanquette de veau aux champignons*, *filet de bœuf piqué*, com um estranho molho de pepino, e *chorée au jus*. As sobremesas eram relativamente simples: queijos ou frutas (frescas ou em compota); nada de massas ou doces à base de creme.[18]

Parece que os clientes desses primeiros restaurantes eram, basicamente, homens. Rétif de le Bretonne situou uma de suas histórias de mulheres modernas da cidade, *Les Contemporaines*, em um restaurante. Em "La Belle restauratrice" [A bela do restaurante], dois homens nobres perseguem três irmãs, duas das quais trabalham em um estabelecimento desses. Duas delas perdem a castidade e ficam arruinadas, enquanto a mais sábia (que também é a mais bonita) impressiona tanto os lordes com a sua virtude que acaba se casando com o visconde De-Grand'ville.

Rétif descreve o advento do restaurante como evidência "da fraqueza dos nossos estômagos e da senilidade prematura dos nossos homens jovens". As garçonetes estão acostumadas a ser flertadas, já que o restaurante é um daqueles lugares "só para homens".[19] Mulheres respeitáveis não podiam, presumidamente, frequentar essa instituição sem causar danos ao conceito que a sociedade tinha delas. Em um guia de 1788, afirmava-se que "as mulheres honestas e de boa reputação nunca vão a restaurantes".[20]

Para selecionar o que queriam comer, os clientes precisavam saber o que estava sendo oferecido. Daí o surgimento do cardápio. Porém, poucos deles sobreviveram até os nossos dias, e há evidências de que os clientes levaram algum tempo para se familiarizar com eles. Em 1801, os cardápios do restaurante Beauvilliers, no número 20 da Rue de Richelieu, traziam avisos, em negrito, de que os preços indicados eram somente para porções individuais.[21] Os clientes necessitavam, também, desenvolver um conhecimento sobre a ordem certa em que os pratos deveriam ser consumidos, saber que pratos "não combinavam", e assim por diante, tudo isso sob o olhar ansioso de um garçom. Na gravura de George Jacques Gatine – de 1815, parte da série *Le Bon genre* [O bom gênero] – intitulada *L'Embarras du choix* [O constrangimento da escolha], três mulheres vestidas de branco trocam, várias vezes, os seus pedidos, enquanto uma delas segura o elegante cardápio, que possui uma refinada moldura de madeira e um cabo. Presume-se que elas sejam incapazes de decidir o que querem, na ausência de um homem; uma visão paternalista que se revelou bastante persistente.

Provavelmente, era pior para os visitantes, que, notadamente, achavam os cardápios intimidantes. Os parisienses, por sua vez, não eram exatamente solidários, compreensivelmente, quando esses clientes vinham de Londres nos anos que se seguiram à derrota de Napoleão. Está claro que os dois homens jantando no Restaurante Rosbif, em uma gravura de 1817 (Fig. 15), caíram em uma armadilha criada para zombar de turistas ingleses, uma vez que esse estabelecimento, em particular, também funcionava como cenário de espetáculos grotescos para parisienses que passavam pela rua. Na gravura, vendedores ambulantes estão de pé sobre um suposto palco de rua, bem ao lado da janela do restaurante. Um deles grita: "Venham, senhoras e senhores, está bem na hora de ver os animais se alimentarem!". Do lado de dentro, sem saber o que está ocorrendo, homens ingleses comem silenciosamente, enquanto o chef se aproxima, trazendo um gato recém-cozido. Esses ingleses gulosos e estúpidos não perceberão a diferença.

Os rivais do restaurante

Em uma de uma série de histórias de *galanterie* criadas – em grande quantidade – pelo prolífico Rétif, o cenário de "La Belle restauratrice" pode parecer um palco montado, passível de virar uma loja de aves domésticas, ou de chapéus, ou qualquer outro estabelecimento comercial onde o autor situa as narrativas. Devido à rapidez com que o cardápio dos restaurantes se expandiu – da ascética xícara de *restaurant* às bem mais variadas fontes de prazer que relacionamos a eles atualmente –, é possível perguntarmo-nos o que distinguia o restaurante de outros lugares onde se podia comer na cidade do século XVIII. Rétif admite que o primeiro dono de restaurante realmente servia *restaurants*, mas muitos *gargotiers* (aqueles que administravam uma *gargote*, ou seja, um estabelecimento pequeno e barato, onde falta cuidado na comida e no serviço) foram oportunistas e passaram a cobrar preços altos por pratos razoavelmente saborosos, porém sem qualquer valor revigorante.[22] Contudo, havia diferenças importantes.

Uma distinção considerável, que fazia com que os restaurantes se diferenciassem desses outros estabelecimentos que os parisienses nobres ou da classe média conheciam bem, era o horário das refeições. Em um restaurante, os clientes podiam comer quando quisessem, e em um ambiente elegante. É verdade que era possível comprar uma grande variedade de alimentos na rua, que podiam ser consumidos a qualquer hora, mas as pessoas teriam de comê-los em pé. Havia, também, a opção de pedir a um fornecedor, ou *traiteur*, que enviasse a comida a domicílio e ingeri-la em casa, quase como se os clientes possuíssem cozinheiros próprios. Com talheres e pratos emprestados pelo *traiteur*, não era necessário nem mesmo se preocupar em arranjar alguém para lavá-los. Mas, se quisessem comer fora de casa, e sentados, na época anterior ao advento dos restaurantes, suas opções se restringiam a um cabaré, uma *guinguette* [estabelecimento quase sempre a céu aberto] ou um *table d'hôte* [literalmente, "mesa do anfitrião]. Como veremos, nenhuma dessas opções tem muito a oferecer, em termos de variedade ou qualidade.

Havia aproximadamente três mil cabarés em Paris, por volta de 1750, que se orgulhavam de servir "por prato" (*à l'assiette*) em vez de, como no caso da taverna, "por pote" (*à pot*). A maioria tinha dois cômodos, cada um com um tipo de mesa, embora os clientes tivessem, geralmente, de compartilhá-las, a não ser que formassem um grupo grande. A referência a pratos e à presença de equipamentos de cozinha em inventários de proprietários de cabarés, além de outras pequenas evidências, sugere claramente que o vinho era servido juntamente com a comida.

Entretanto, se comparado à constante discussão sobre a qualidade do vinho de um ou de outro cabaré, o assunto "comida", em si, parece não ter sido muito abordado. Sabemos que saladas, alcachofras, galinhas e peixes eram ocasionalmente consumidos em cabarés, mas, em alguns casos, eram encomendados a outros estabelecimentos. Certamente, comida não era algo importante em cabarés.[23] A decoração nesses locais era básica, embora, em 1730, o Chesne Vert, na Rue de Quatre Fils, fosse equipado com uma fonte em cobre, usada para enxaguar os copos, e até mesmo com uma tina de madeira onde os clientes podiam urinar; assim, não precisavam ir até a rua para *lâcher l'eau* [verter a água].[24]

Na primavera e no verão, as pessoas podiam comprar alimentos em um mercado, caminhar até fora dos muros da cidade e sentar à mesa em uma *guinguette* para comer, bebendo vinho – sem ter de pagar imposto – servido por um garçom. O imposto sobre o vinho vendido na área interior aos portões da cidade, ou barrières, era tão alto que o preço de uma pinte (pouco menos de um litro) dessa bebida, que custava oito sous nesse perímetro, caía para apenas seis, do lado de fora. Em 1784, o governo, discretamente, começou a construir um novo muro para aumentar a região sujeita a impostos, ameaçando incluir muitas *guinguettes*, principalmente no extremo norte da capital. Vários motins atrasaram o progresso dessa construção, tendo um deles ocorrido três dias antes da tomada da Bastilha.

Um homem empreendedor chamado Monier evadia o imposto lançando balões cheios de vinho sobre as muralhas, à noite, de modo que caíssem em uma propriedade que ele havia comprado especialmente para esse fim. Outros faziam escavações debaixo do muro para esconder tubulações por onde o vinho era transportado secretamente. E havia, ainda, aqueles que escondiam bexigas debaixo das roupas, no lugar das "ancas" que estavam na moda na época.[25]

Enquanto, durante toda a semana, a maioria dos parisienses frequentava uma média de 12 cabarés locais, *guinguettes* como a Ramponneau's Tambour Royal, na Basse Courtille, ou La Belle Chopine, na Barrière Blanche, eram destinos para passeios especiais aos domingos ou às segundas-feiras, para os quais as pessoas vestiam roupas especialmente elegantes. Lá, a companhia feminina era mais bem-vinda que em um cabaré, principalmente porque as *guinguettes* ofereciam música e dança.

Ao passo que a visita a um cabaré fazia parte da rotina diária, a *guinguette* era aclamada entusiasticamente como uma utopia – supostamente sem classes sociais – distante da labuta diária da cidade.[26] Uma pintura no Museu Carnavalet (Fig. 16) mostra uma família feliz se dirigindo a uma *guinguette*. Além das crianças, o casal leva um piquenique: melões e, no avental da mulher, ostras. Por suporem que os clientes certamente pediriam vinho, os donos desses estabelecimentos ficavam felizes em permitir que os frequentadores levassem a própria comida.

Figura 16 – Jean-Baptiste Lesueur, Família a caminho da *guinguette*, anos 1790

Como o cabaré, nos anos seguintes a 1770, a *guinguette* se tornou cada vez mais desonrada, um local que Mercier ou outros indivíduos da classe média ou da elite visitavam disfarçados ou levados por um desejo antropológico de observar as pessoas se divertindo, bebendo e batendo umas nas outras.[27] Mercier achava esses lugares muito agradáveis, mas só até o vinho chegar à cabeça dos frequentadores; a partir daí, o comportamento deles o repugnava. "Os gritos e as blasfêmias de bêbados, juntamente com as mulheres e as crianças enjoadas, tudo representa uma traição a pessoas famintas, em busca de uma fuga, uma chance de afogar as tristezas da semana."[28] O perfil social dos clientes da *guinguette* havia, em um momento, combinado com o da cidade como um todo, mas, na década de 1770, a elite estava preferindo os cafés, cuja clientela era mais selecionada. Até então, locais de diversão popular estavam se tornando plebeus.[29]

Embora ambos oferecessem refeições, nem o cabaré nem a *guinguette* se importavam muito com a decoração. Se a comida era realmente preparada no local (em vez de trazida ou encomendada a outro lugar), isso não parece ter suscitado muita atenção ou muitos comentários. Nos dois locais, o vinho era a atração principal. Uma terceira maneira de comer fora de casa, a *table d'hôte*, tinha uma semelhança maior com o restaurante, mas não apresentava opções de pratos nem de horários para refeições. Para os visitantes de Paris sem domínio da língua, assim como para os homens solteiros da classe média e os jovens profissionais, no entanto, a *table d'hôte* vinha sendo a melhor opção.

Esses locais eram facilmente reconhecidos devido aos pôsteres pregados na porta, que indicavam que a comida seria servida a certa hora, por um certo preço por pessoa. Porém, nenhum cardápio era pregado externamente, pois não havia cardápios. As pessoas sentavam em uma única mesa comunitária. O serviço era *à la française* – ou seja, vários pratos eram apresentados ao mesmo tempo, e os clientes se serviam. Vale lembrar que quando havia um jantar na residência de alguém, cabia ao homem servir as mulheres, e ninguém, em uma sociedade bem-educada, deveria saciar o seu apetite em detrimento de outras pessoas. Uma típica *table d'hôte* tinha um grupo habitual de frequentadores, que morava e trabalhava nos arredores e cuja posição combinava com o custo da refeição.

Para visitantes, e, talvez, para nós, atualmente, a *table d'hôte* parece mais convidativa, uma oportunidade não apenas para comer onde os frequentadores locais comem, mas também para comer com eles, na mesma mesa e na mesma hora. Mas a realidade era um tanto diferente. Nem sempre os visitantes tinham acesso à comida antes dos clientes habituais. Na verdade, era improvável que os visitantes e os retardatários conseguissem um assento em qualquer lugar próximo da cabeceira da mesa, onde os alimentos eram colocados. Empoleirado em um lugar desvantajoso, talvez sem ideia de quais pratos estavam sendo oferecidos e inseguro em relação a quanto sobraria para ele depois que todos se servissem, o cliente ocasional de uma *table d'hôte* onde não era conhecido estava em uma posição nem um pouco invejável.

Se os clientes de uma *table d'hôte* não gostassem da comida ou quisessem mais um pouco, não era possível obter nem um prato alternativo nem uma porção extra. Há suspeitas, também, de que quando os frequentadores regulares desse estabelecimento se conheciam muito bem e o cozinheiro treinava, infinitamente, os mesmos pratos, o tal visitante estranho lhes proporcionava variedade e distração, ambas sempre bem-vindas. Arthur Young viajou pela França, no final da década de 1780, e frequentemente afirmava ter saído com fome – tanto de conversa quanto de alimento – de uma *table d'hôte*. "Os patos sumiram tão rapidamente", ele observou, a respeito de uma delas, "que saí da mesa tendo comido menos de meia refeição."[30]

A situação era bem diferente em Londres, onde os homens podiam comer em vários lugares distintos, pedir o que quisessem, quando quisessem, e comer em sua própria mesa. Assim como em Paris, havia vendedores ambulantes de alimentos; eram especializados em *jellied eels* [gelatina de enguias],[31] pés de porco e outras iguarias. Esses vendedores podiam ser encontrados a quase toda hora do dia ou da noite, em toda a cidade, mas nas tardes de sábado eles se reuniam na Tottenham Court Road para atender trabalhadores que haviam acabado de receber seu pagamento semanal. Até a metade do século seguinte, esses ambulantes se aglomeravam nas esquinas mais movimentadas; contudo, a partir de então os homens das enguias e tortas se recolheram às suas lojas, abandonando a luta contra os policiais pelo domínio das calçadas.

Enquanto as estalagens proporcionavam alimentação aos residentes e, algumas vezes, também aos não residentes, para a maioria dos londrinos as tabernas, ou *chop-houses* (estabelecimentos especializados em servir carne), eram os lugares mais comuns para comer fora de casa. Esses estabelecimentos serviam uma ampla, apesar de ainda esmagadoramente masculina, clientela, desde artesãos, aprendizes e funcionários de advogados até nobres e profissionais de destaque na sociedade. Apesar de, sem dúvida, servirem diferentes tipos de cerveja, além de vinho e ponche, as tavernas eram diferentes das cervejarias, que, como os cabarés parisienses, não ofereciam muito mais do que aperitivos.

O primeiro café foi aberto na St Michael's Alley, em Cornhill, em 1652, dando início a uma moda de cafés na cidade. Mas os cafés também não vendiam refeições: apenas café, chocolate, vinho e ponche.

O "jantar" (que hoje chamaríamos de "almoço") era a refeição mais importante do dia e a que os londrinos tendiam mais a fazer fora de casa. Ordinárias (refeições com cardápio, preço e hora de oferta predefinidos), apareceram no começo do século XVI. Em maio de 1667, Pepys visitou um estabelecimento em Covent Garden que oferecia ordinárias, administrado por um fabricante de perucas requintadas cujo nome era Robbins. Por seis xelins, ele conseguiu uma refeição com três pratos: uma sopa, um guisado de pombos e uma carne cozida, tudo bem temperado.[32] Isso era caro para uma ordinária na época, que no Blue Posts, por exemplo, custava dois xelins e seis pence; no Eagle, apenas seis pence. Em 1690, um estabelecimento francês oferecia uma ordinária por três xelins.³³ Em Londres, é possível que os clientes tivessem de chegar em uma determinada hora, mas raramente tinham de compartilhar a mesa.

Pessoas como Mr. Robbins, que, além do seu trabalho principal, vendiam refeições a estranhos, certamente não tinham condições para oferecer muita variedade nem para servir os clientes em horários variados. Porém, a partir do final do século XVII, muitas tabernas no centro de Londres podiam servir – e o faziam – uma variedade de pratos durante todo o dia. Na Temple Chop-House havia uma placa informando aos transeuntes que as "sopas de carne *à la mode* [um tipo de ensopado] acompanhadas de salada" estavam "sempre prontas".³⁴

No final do século XVII, as *chop-houses* também preparavam e serviam alimentos que os clientes traziam. Uma vez Pepys comprou uma lagosta na Fish Street, encontrou-se com alguns amigos que haviam comprado um esturjão, e foram todos para a Sun Tavern, onde a lagosta e o esturjão foram preparados e servidos a eles.³⁵ Pepys e seus amigos provavelmente não comeram na sala de jantar principal, mas sim em um cômodo privado. A London Tavern, em Bishopsgate, podia oferecer até 14 cômodos como esse, em 1786.³⁶ Em vez de terem números, essas salas geralmente tinham nomes de animais – The Dove [A pomba], The Hart [O cervo], The Pye [O vira-lata], etc – em suas próprias placas penduradas do lado de fora, balançando sobre a rua, similares à que trazia o nome da taverna. Em uma época onde se desconhecia o "tempo de lazer" como um intervalo necessário e cuidadosamente preservado, esses lugares eram usados tanto para fazer negócios quanto para "relaxar".

A *chop-house* surgiu a partir das *cookshops*, lojas do século XVII que ofereciam uma grande variedade de carnes assadas. O cliente simplesmente aparecia, dizia quanto queria de cada espeto giratório e, então, sentava-se para comer a carne, acompanhada de um pouco de mostarda, um pãozinho e, talvez, uma salada de folhas murchas. Uma refeição dessas custava por volta de oito pence no início do século XVIII. As *cookshops* eram particularmente comuns atrás de St Martin-in-the-Fields – uma região conhecida como "Pottage Island" [Ilha da Sopa] – e em "Pie Corner" [Esquina da Torta], no final da Giltspur Street, em Smithfield.³⁷

Ned Ward conta, em *The London Spy* (1699), que ao ficar com fome após circular pela Bartholomew Fair, encontrou uma atraente *cookshop*, mas que isso serviu apenas para que ele se sentisse atormentado e repelido, ao observar o cozinheiro secar as orelhas, a testa e as axilas com o mesmo pano molhado que usava para preparar a carne de porco. "Tive de me controlar bastante para não vomitar o conteúdo das minhas tripas sobre a assadeira", ele observou.[38]

Em meados do século XVIII, a reputação das *cookshops* havia caído tanto que elas foram, literalmente, para debaixo da terra, continuando a funcionar em salas no porão, aonde os clientes chegavam por meio de uma escada com acesso direto pela rua, como pode ser visto no esboço de Hogarth, de 1746-1747 (Fig. 17). Ali, um cliente podia comer em uma pequena mesa, usando a sua própria toalha (geralmente suja), por apenas dois ou três pence.[39] As *cookshops* atraíam clientes da classe trabalhadora – cocheiros de cavalos *hackney*, carregadores de liteiras, criados –, que, supostamente, não se importavam de comer "uma quantidade desprezível de carne de porco, toucinho estragado, cordeiro cheirando mal, carneiro podre, vitelo de bezerro prematuro, além de carne de vaca cozida na água, com verduras amareladas, sopa com fuligem e pudim oleoso".[40] Tudo indica que, por volta de 1815, essas instituições haviam desaparecido; é possível que a clientela tenha recorrido a estabelecimentos como a cadeia de lojas Epp's Ham and Beef, que servia sanduíches de presunto enrolados em folhas de repolho, como um embrulho para viagem.[41]

Figura 17 – William Hogarth, *Cookshop*, 1746-1747

Embora a *chop-shop* – ou *chop-house* – fosse melhor que a *cookshop*, o mais importante era ainda a conveniência e a rapidez, como o nome alternativo *slap bang shop* [estabelecimento do tipo "pegou, pagou, comeu"] indicava.[42] A comida era ingerida em mesas simples ou em cabines – com divisórias ou cortinas que separavam grupos de clientes –, sendo que em cada um desses locais havia um galheteiro de molhos e um cabide para chapéus. Novamente, a carne assada se destacava. Era possível pedir feijão ou salada, assim como queijo e tortas doces, mas nada de peixe, nada com molho e nada de pratos doces complicados. Não chega a ser surpreendente o fato de que Samuel Johnson admirava essa comida simples.[43]

Algumas *chop-houses* mais caras apresentavam um cuidado maior com a decoração – possuíam cortinas, espelhos e coisas desse tipo –, mas poucos estabelecimentos que vendiam comida em Londres ostentavam a elegância associada aos cafés e restaurantes parisienses, com seus painéis de madeira no estilo rococó, suas mesas com tampo de mármore, seus espelhos e lustres de cristal da Boêmia.[44] Contudo, os parisienses ficavam admirados com a atmosfera tranquila (ou simplesmente eficiente) dos estabelecimentos ingleses: "é como se você estivesse entrando em um espaço público", um visitante observou em 1786, "livremente, e sem qualquer problema. Ninguém nem mesmo lhe incomoda para perguntar se pretende fazer uma refeição".[45]

Entre as exceções a essa regra, em Londres, no final do século XVIII, estavam as confeitarias: seu interior era claro e brilhante, iluminado pelas amplas vitrines de frente para a rua, cheias de doces, cremes, bombons e outras guloseimas, sob delicadas cúpulas de vidro, e refletido em espelhos com molduras douradas. Com certeza, os clientes tinham de estar bem vestidos para ter acesso a esses locais; além disso, claro, deviam permanecer ali e fazer um pedido. Na gravura de James Gillray, de 1797 (Fig. 18), dândis, vestidos com uniformes militares, estão graciosamente empoleirados em tamboretes, comendo bombons de frutas e geleias.

Em 1815, a Debatt's Pastry Shop, na rua Poultry, era conhecida por servir "doces, sopas e saborosas empadas" para "mulheres e dândis de estômagos delicados".[46] Embora o valor nutritivo dos alimentos que vendiam fosse limitado, esses estabelecimentos sobreviveram com sucesso no século XIX, atendendo, principalmente, mulheres respeitáveis, que iam à cidade cumprir tarefas rotineiras ou fazer compras sozinhas. Para uma mulher desacompanhada, um sanduíche e um doce ainda eram a única opção aceita socialmente, pelo menos até a década de 1880. Mesmo nessa época, uma rede de restaurantes como a Lyon's Corner House refletia o lugar-comum paternalista segundo o qual o paladar feminino preferia alimentos leves e doces a qualquer coisa mais substancial.⁴⁷

Figura 18 – James Gillray, *Recrutamento de herói em Kelsey's*, 1797

Assim como nos restaurantes, na Inglaterra acreditava-se que sopas leves eram sinônimo de boa digestão e particularmente apropriadas para os doentes e para aqueles cujo apetite natural havia sido embotado. Na década de 1770, Horton and Birch, confeiteiro da rua Cornhill, abriu uma *soup room* [sala de sopas], que inspirou uma gravura (Fig. 19) na qual esse estabelecimento, com trabalhos em gesso ornamentando as paredes e com estrelas no teto, está relativamente cheio de clientes, os quais não são apenas dândis. Parece que há um grupo de mulheres fazendo uma refeição, desacompanhadas de homens, o que é surpreendente. Na gravura, a empresa de Horton parece ser próspera (sete anos depois de Roze de Chantoiseau haver aberto o seu restaurante na Rue St Honoré); e ainda estava funcionando no início do século XX.[48]

Figura 19 – Anônimo, *Sala de sopas do senhor Horton*, 1770

Em 1793, Francis Saulieu se estabeleceu como *restaurateur* na Nassau Street (hoje Gerrard Place), servindo *bouilli* em sua *salle à manger*, ou sala de refeições.[49] O aparecimento, em Londres, de uma nova forma de refeição fora de casa, que envolvia o consumo de sopas revigorantes, em mesas separadas e ambiente elegante, gerou preocupações sobre os efeitos – enfraquecimento e perda de apetite – do luxo sobre os "*macaronies*" (ou seja, os dândis), efeitos que são bastante semelhantes àqueles presentes na discussão parisiense dos *petits mâitres*.

As *soup rooms* não foram bem-sucedidas em Londres como os restaurantes haviam sido em Paris. Suspeita-se de que isso não se deva a uma falta de interesse dos ingleses em comer fora de casa refeições bem-preparadas. Ao contrário, eles já possuíam muitas *cookshops*, *chop-shops*, hospedarias e tabernas onde podiam fazer isso. No entanto, esse não era o caso de Paris, antes do aparecimento de Roze de Chantoiseau. A classe trabalhadora e a classe média baixa tinham seus cabarés e suas *guinguettes*, mas esses estabelecimentos serviam, principalmente, bebidas e não ofereciam mesas separadas nem muitas opções de comida. Como já vimos anteriormente, nas últimas décadas do século XVIII essas instituições estavam se tornando áreas nada aconselháveis para a classe média e a elite. Há várias indicações de que os parisienses estavam cientes dessa diferença, inclusive o fato de que os primeiros restaurantes podiam se autopromover como "elegantes à moda inglesa".

Em outubro de 1769, Duclos, que havia assumido o restaurante de Roze de Chantoiseau no Hôtel d'Aligre, anunciou o seu estabelecimento como local onde havia *nouvelle cuisine à la mode anglaise*.[50] Na década de 1770, os restaurantes eram associados à mania dos jardins de lazer, ou "Wauxhalls", tais como o Colisée, na avenida Champs Elysées, e o Wauxhall, na Rue des Grands Augustins, nos moldes do famoso Vauxhall de Londres.[51] Quando Antoine Beauvilliers abriu o seu célebre restaurante na Rue de Richelieu, em 1782, decidiu batizá-lo de La Grande Taverne de Londres.[52]

Como existe pouca informação disponível, torna-se necessário especular sobre o que havia de "inglês" nos estabelecimentos de Duclos e de Beauvilliers. Pode ter sido a simplicidade com que a comida era preparada, em consonância com as despojadas sobrecasacas, que eram a base da moda "inglesa" na época. Ou talvez tenha sido a maneira como os pratos eram servidos, isto é, sob demanda e em mesas separadas. O anúncio de Duclos prometia que o cliente encontraria "todos os tipos de prato, tão saborosos quanto saudáveis e disponíveis a qualquer hora". Seus preços eram módicos, "de forma a caber no orçamento de todos".[53] Seja como for, o certo é que a anglomania teve um papel importante na evolução do restaurante como um espetáculo de consumo. Embora o próprio Grimod tenha admitido essa influência, ela foi, por outro lado, amplamente negligenciada no que se escreveu recentemente sobre a história do restaurante.[54]

Por que esse tipo de local para a oferta de refeições demorou tanto a aparecer em Paris? A persistência do sistema de guildas até 1791, quando foi abolido, é parcialmente responsável por isso. As guildas protegiam as negociações individuais, atuando de acordo com os interesses dos seus membros e contra os recém-chegados ou qualquer pessoa que desejasse trazer "inovações" (até o século XIX, um termo pejorativo, tanto em inglês quanto em francês). Cada guilda controlava o número de indivíduos que podiam praticar um ofício em um determinado lugar, através da regulamentação da entrada de uma pessoa no setor.

Assim, aprendizes eram vinculados a um mestre por certo período de tempo, e qualquer outra pessoa era proibida de exercer aquele ofício se não adquirisse (ou comprasse) o título de mestre naquela profissão.

Os membros de uma guilda se orgulhavam do "mistério" do seu ofício e faziam o possível para preservar a sua posição entre as outras guildas, realizando procissões e outros rituais, muitos deles centrados no santo padroeiro da própria guilda e em igrejas e festas associadas a esse santo.

Credenciada em 1482, a Worshipful Company of Cooks of London sobrevive até os dias de hoje, formada pela união de duas guildas bem mais antigas: a Cooks of Eastcheap e a Cooks of Bread Street. A companhia tinha poderes para fazer buscas em estabelecimentos, confiscar comidas e provisões ilegais e queimá-las em público, em frente ao local onde o cozinheiro ilegal trabalhou pela primeira vez; e também podia aplicar multas.

Esses poderes para policiar *cookshops* e casas comerciais similares foram gradualmente diminuindo no final do século XVI e no início do século XVII. Havia reclamações de que as tabernas estavam "fazendo provisões", e houve, em 1670, uma tentativa de impedir padeiros de produzirem tortas, pudins e outras comidas assadas, "devidamente pertencentes ao Ofício dos Cozinheiros". Porém, nada disso surtiu muito efeito.[55] Quando a guilda se mostrou incapaz de obrigar os profissionais a se vincularem a aprendizes, apesar do decreto do Parlamento, em 1753, confirmando os direitos da guilda, sua renda sofreu uma baixa súbita, forçando-a a reduzir os gastos com jantares cerimoniais e deixando-a à beira da falência.

Indivíduos que realmente se empenhavam para completar o seu aprendizado e se tornarem "livres" se ressentiam do fato de que isso não os protegia dos intrusos estrangeiros, que não haviam "cumprido a pena". Em 1773, "Um homem livre ofendido" escreveu para a companhia reclamando de que um mestre dela própria havia recusado emprego a ele e seus amigos, dando preferência a cozinheiros de outros países, e com salários mais altos. "No momento, seis dos principais estabelecimentos estão empregando estrangeiros e pagando salários melhores que os dos britânicos 'livres'", escreveu.

Por direito, um mestre só podia empregar imigrantes se fosse capaz de jurar que não havia encontrado "profissionais livres" desempregados.[56] A companhia não conseguiu conter o fluxo de "intrusos" estrangeiros. Seu lema, *"Vulnerati non victi"* [Feridos, mas não derrotados], refere-se a uma longa, mas, por fim, malsucedida tentativa de reprimir o apetite dos londrinos por novas maneiras de comer.

Em Paris, havia guildas distintas para fornecedores de refeições (*traiteurs*), homens das aves (*volailleurs*), vendedores de carne assada (*rôtisseurs*), vendedores de presunto e carne de porco (*charcutiers*), confeiteiros (*pâtissiers*), e assim por diante. Como era possível alguém vender uma costeleta e não ser um mestre *charcutier*? De acordo com um relato de 1782, os *traiteurs* fizeram acusações judiciais contra Boulanger, um *restaurateur* que havia se atrevido a vender pés de carneiro ao vinho branco. Esse prato era um ragu, eles argumentaram, e não um *restaurant*.[57] Admitiu-se, então, que era difícil determinar os limites entre um ofício e outro. Muitos *traiteurs* eram mestres tanto na guilda de *pâtissiers* quanto na de *rôtisseurs*, tornando a distinção bastante polêmica. Jacques Minet, do restaurante na Rue de Poulies, foi eleito para uma posição de autoridade entre os *traiteurs*, o que sugere que as guildas não viam os *restaurateurs* como inimigos mortais.

Em 1768, Roze de Chantoiseau pagou 1,6 mil livres pelo privilégio de ser nomeado *traiteur auprès de la cour*, ou seja, um fornecedor de alimentos com isenção – concedida pela corte real – de cumprir o regulamento da guilda. Jean François Vacossin, Nicolet Berger e Anne Bellot fizeram o mesmo.[58] Berger usou essa condição especial para argumentar que os restaurantes deveriam ser liberados da obrigação de fechar às 22 (23, no verão) e da vigilância da polícia municipal, ou guarda, que apartava brigas em cabarés e expulsava clientes na hora de os estabelecimentos fecharem.

Clientes do restaurante de Desprès, na Rue de Grenelle, assim como os de outro restaurante, no Boulevard des Italiens, achavam, simplesmente, que estavam acima de tal controle: o restaurante não era outro cabaré. Um membro anônimo da ordem militar de St Louis falou com um oficial da vigilância, em 22 de abril de 1784, que ele não tinha o direito de entrar no restaurante de Desprès e acrescentou que ele deveria "ir à merda e não voltar mais". As tensões foram um pouco abrandadas quando, em 1786, o parlamento de Paris permitiu que os restaurantes ficassem abertos uma hora a mais.[59]

Comendo a sós

Em 1798, Mercier reclamou de que os restaurantes haviam substituído aquelas refeições familiares que proporcionavam as cenas grandiosas de *fraternité* dos emocionantes primeiros anos após a Revolução.[60] Banquetes fraternais promovidos pelo Estado, nos quais cidadãos deveriam arrastar mesas para a rua e comer juntamente com seus vizinhos, *en plein air*, haviam obtido um sucesso apenas parcial, já que ninguém sabia ao certo quem deveria arcar com as despesas.[61] Embora Grimod e Brillat-Savarin expressassem uma nostalgia bastante similar, eles sentiam saudade mesmo era do Antigo Regime. Uma culinária nobre não podia ser separada do sistema social que a originou e era inimaginável sem o clero, os coletores de impostos e a nobreza, que sabiam comer bem.[62]

Em 1835, Paul Vermond lamentou que o corpo diplomático havia feito o possível, mas até mesmo ali os sinais de decadência eram evidentes. Talleyrand, o maior diplomata e gastrônomo entre todos, e cliente de Carême, estava velho demais para cumprir o seu papel e levou Vermond a fazer o seguinte comentário: "Talleyrand, o nosso Lucullus, agora só come purê".[63] Como Grimod já havia feito anteriormente, Vermond queixou-se do desaparecimento da ceia, uma refeição que era servida mais tarde que o jantar e que, ao contrário deste, não incluía sopa.[64] Esse desaparecimento era apenas mais um exemplo de como a burguesia estava tornando a vida monótona. E "monótona" queria dizer "inglesa". Logo na frase seguinte, Vermond observa que "tomamos emprestado dos ingleses o bife de boi e o fraque, ambos ao mesmo tempo". Para ele, os restaurantes haviam sido construídos sobre as ruínas do *souper* e da própria gastronomia.[65]

Filho de um rico coletor de impostos, Alexandre Balthazar Laurent Grimod de La Reynière chamou pela primeira vez a atenção do público parisiense em fevereiro de 1783, quando organizou um elaborado jantar, com um caixão como elemento central. Tendo nascido com deformações nas mãos, o jovem Grimod parece haver nutrido um ressentimento contra o pai, o que provavelmente o encorajou a cultivar uma má reputação – devido a escândalos – e a se socializar com filósofos e usar a formação jurídica na defesa dos camponeses pobres. Os convites para o jantar de 1783 eram no formato de anúncios fúnebres, e os 17 convidados de Grimod foram submetidos a uma série de inspeções, feitas por atores vestidos elegantemente como romanos, monges e advogados.

Meticulosamente coreografado, solipsista e misantrópico, esse banquete ritual era digno de Huysmans e Des Esseintes. Uma audiência de pessoas comuns foi admitida em uma galeria de observação, como se Grimod fizesse parte da realeza. Esse costume de membros da realeza comerem em público havia sido praticado por James I e Charles I, mas caiu em desuso na Inglaterra depois da Guerra Civil.[66] Porém, continuou presente na França, e visitantes de Versalhes no século XVIII puderam ter acesso a esses espetáculos com uma facilidade que parece inacreditável nos dias de hoje.

Banido de Paris por um mandado real, Grimod se mudou para Lyons, onde se estabeleceu como varejista de alimentos e perfumista, tentando pôr em prática o que, na época, era uma maneira diferente de fazer negócios: a venda a preços fixos. Essas experiências não foram bem-sucedidas, e, por fim, ele retornou a Paris, onde criou uma nova crítica teatral e o seu famoso *Almanach des gourmands* (1803-1810). O muito próspero *Almanach* incluía críticas sobre os primeiros restaurantes do mundo, ao lado de comentários sobre variadas marcas de mostarda. Também estava entremeado com histórias do Antigo Regime, de grandes cozinheiros, seus clientes e suas refeições. A maioria dos restaurantes abordados ficava em Paris, mas, ao informar onde encontrar os melhores ingredientes, o *Almanach* abrangia toda a França (e ainda ia além), auxiliando na construção de um mapa gastronômico nacional, onde a capital seria o coração, ou melhor, a boca.

Mais tarde, um "Mapa gastronômico da França" apareceu, como folha de rosto do livro *Curso de gastronomia* (1809), um dos vários guias publicados na sequência do *almanach*. Entre eles, estavam o volume *Guide des dîneurs de Paris* [Guia dos comensais de Paris] (1815), de Honoré Blanc, bem como *The Epicure's Almanack* [Almanaque do Epicure] (1815), um guia – que teve curta duração – com a indicação de 650 lugares para comer em Londres.[67] E havia, ainda, o grande *La Physiologie du goût* [A fisiologia do gosto] (1825), do juiz e apreciador da boa gastronomia Jean Anthelme Brillat-Savarin, que continha uma história da culinária desde a descoberta do fogo, além de histórias dos seus tempos de exílio, receitas e reflexões sobre a relação entre dieta, sono e obesidade.

A influência de Grimod e Brillat-Savarin sobre os escritores de gastronomia que se seguiram está clara, em uma tendência evidente a mergulhar em nostalgia. Mas Grimod era filho do Iluminismo, assim como descendente da aristocracia, e estava interessado em como a ciência poderia ser atrelada ao desenvolvimento da tecnologia de preparação de alimentos. Ele observou, por exemplo, o potencial da eletricidade como uma maneira mais piedosa de matar os animais. Eram tantas as maravilhas da eletricidade que ela não só matava o bicho, como também, e ao mesmo tempo, amaciava a sua carne.[68]

O maior legado de Grimod foi promover a valorização da gastronomia. Na década de 1750, os irmãos Saint Aubin haviam interpretado a ideia de nobres da corte fazendo experiências culinárias como algo inexplicável, absurdo, um sinal da decadência incurável de Versalhes.[69] Grimod não só tornou aceitável essa atenção aos alimentos como também fez com que ela fosse elegante e refinada. Cinquenta anos mais tarde, Brillat-Savarin pôde observar, com certa precisão, que "nos dias de hoje, todas as pessoas percebem a diferença entre gastronomia e gula".[70]

Como o *flâneur*, o gastrônomo desafiava uma categorização nítida por classe e posição. Havia a mesma postura arrogante: desfrutar de um espetáculo que os ricos comuns nunca poderiam comprar, pois era acessível somente a uns poucos "conhecedores". O sucesso do *Almanach* fez de Grimod o *ministre de la gueule* [ministro da boca] francês, e os restaurantes, assim como os produtores, buscavam a sua aprovação, ou legitimação. Viajantes britânicos que escreviam com o intuito de educar seus conterrâneos nesse aspecto devoravam as descrições feitas por Grimod, imitavam o seu estilo ou, simplesmente, o plagiavam. É possível que esses autores tenham negligenciado um tom de "autoparódia" deliberada em Grimod, por considerarem seus mandamentos como verdades sagradas que eram supostamente evidentes, por si mesmas, para qualquer pessoa francesa.

Tais textos gastronômicos visavam a ilustrar o caráter decadente e rabugento do francês, que podia inventar 50 sabores de vinagre diferentes, mas permanecia sem qualquer noção de valores familiares ou de decência. Para os ingleses, o restaurante se tornou um local para frequentar não só com o objetivo de apreciar pratos finos, mas também para refletir sobre os custos sociais que acompanhavam essa devoção à culinária. Entre eles, predominava um descaso total com a residência e a privacidade, o que inúmeros observadores relacionaram à ausência de uma palavra em francês equivalente a "lar".

A mulher parisiense passava tanto tempo fora do seu apartamento que havia perdido todo o senso de distinção entre "estar fora" e "estar em casa". Uma parisiense que analisava o seu reflexo em um dos muitos espelhos das salas de jantar principais dos restaurantes foi descrita em um relato de 1844 como fazendo aquilo com tanta "naturalidade" que era como se ela estivesse no próprio quarto.[71] Os parisienses se sentiam "em casa" no restaurante, exatamente porque não possuíam qualquer noção do que era um verdadeiro "lar".[72] O paradoxo deveria estar claro, mas não estava. Nem foi observado que muitas daquelas pessoas sentadas nas salas de jantar principais do restaurante podiam ser turistas norte-americanos ou britânicos em busca de "cor local". O hábito parisiense de fazer as refeições em cômodos privados, ou *cabinets particuliers*, dentro do restaurante, e não nessas salas principais, dificulta a categorização da instituição como um "segundo lar" ou como um "lugar público".

Os cômodos variavam de tamanho, desde os íntimos, para duas pessoas, até os grandes, capazes de acomodar 12 indivíduos. Em 1810, o restaurante de Jacques Christophe Naudet no Palais Royal possuía quatro desses cômodos no terceiro andar. Da mesma forma como os pequenos cômodos encontrados nas tabernas dos séculos XVII e XVIII, cada um era numerado e continha uma mesa, cadeiras, um espelho e, em muitos casos, uma espreguiçadeira. Esses cômodos particulares eram um presente para os autores de vaudevilles, tais como Boniface Xavier, Félix-Auguste Duvert e Eugène Labiche, na década de 1850, possibilitando entradas e saídas rápidas, encontros secretos e trocas de identidade.[73] Tal era a sua reputação de local de encontros adúlteros que esses espaços não podiam ser frequentados por mulheres respeitáveis, ou, pelo menos, não abertamente.

Algumas cenas de Gavarni são inspiradas por essa associação, uma delas mostrando um jovem marido em busca da esposa. O garçom descreve uma mulher que havia saído de um cômodo, e as características são semelhantes. Porém, o marido enganado não consegue decifrar a assinatura (na conta) do acompanhante da esposa. Ele, então, faz confidências a seu velho amigo Anatole, mas a postura de atordoamento e introspecção do leal companheiro é, por si, suspeita, sugerindo que ele também vem desfrutando os favores da mulher e está igualmente chateado por descobrir que não é a única ligação adúltera dela.[74] Mesmo deixando mais visível o uso desses espaços para a prostituição, as litografias de Jean Louis Forain, feitas 50 anos depois, mostram como a decoração do cômodo havia mudado pouco.[75]

Embora os parisienses fossem ingênuos o suficiente para admitir que o restaurante era um colaborador potencial para o comportamento ilícito, isso não era o mesmo que tratá-lo como um local público. Lá atrás, em 1769, o restaurante de Duclos afirmava explicitamente que os seus cômodos eram perfeitamente preparados "para aqueles que não desejam comer em público".[76]

Assim como o mito da inundação de Paris com chefs desempregados após a Revolução, aqui também o restaurante não se ajusta à narrativa de aburguesamento, com uma crença de que o restaurante era um palco no qual uma classe média triunfante podia atuar. Portanto, um burguês frequentador habitual do restaurante, como Louis Véron, médico e editor, pôde escrever que um restaurante oferecia o prazer de experimentar "silêncio e solidão no meio de uma multidão".[77]

É impressionante a sua continuidade, ultrapassando o período revolucionário e, na verdade, o Canal. Se o restaurante é definido pela capacidade de oferecer aos clientes uma seleção de pratos, em mesas separadas, cobertas com toalhas, e no horário que lhes é conveniente, então é preciso reconhecer que havia restaurantes, tanto em Londres como em Paris, antes de Roze de Chantoiseau abrir o seu estabelecimento, em 1766. Realmente, as ofertas do cabaré de Paris eram limitadas, e as restrições das guildas causavam complicações. As tabernas e *chop-houses* de Londres ofereciam um leque maior de opções, pelo menos até a metade do século XIX. Com o declínio na reputação do cabaré, novos lugares para comer fora de casa foram surgindo durante o século XIX, capazes de atender a maioria dos parisienses que jamais poderiam pagar a conta de restaurantes famosos e requintados como o de Véry, por exemplo.

Esses novos locais incluíam instituições que ofereciam comida no estilo de *la France profonde*, como o Trois Frères Provençaux, no Palais Royal, uma espécie de restaurante que Vermond, entre outros, desprezava. Havia também os estabelecimentos que vendiam *fast-food*, ou *bouillions*, grandes empreendimentos com filiais espalhadas pela cidade, capazes de servir carne ou frango assado (geralmente com batatas fritas) em mesas longas, algo que Vermond apelidou de "culinária nômade". Baptiste-Adolphe Duval abriu o primeiro da sua rede de *bouillions* na Rue de la Monnaie, em 1854. Em seus estabelecimentos havia garçonetes (*bonnes*), para que os clientes pudessem fazer os pedidos mais à vontade.[78]

Havia, ainda, tabernas e restaurantes no estilo inglês, que ofereciam carne assada à vontade, para ser ingerida juntamente com cervejas *porter* e *ale*, "exatamente como nos romances de Walter Scott".[79]

O chef, uma celebridade

O culto ao célebre chef como passional, temperamental, artista virtuoso confirmou ainda mais o conceito de Paris como a base da cozinha sofisticada, simplesmente porque todas essas celebridades eram treinadas em Paris. Grimod e outros consideravam François Vatel o estreante no panteão francês de cozinheiros. Vatel foi *maître d'hôtel*, no século XVII, do financista Nicolas Fouquet e de Louis, Le Grand Condé, e é considerado o inventor do creme chantilly, assim batizado em homenagem à residência do Grand Condé. Foi em Chantilly, em 1671, que Vatel se matou com uma espada, atormentado com a demora de uma entrega de peixe. O cozinheiro temia que esse atraso pudesse causar danos à imagem do majestoso patrão frente ao convidado: Luís XIV.

Vatel era um mártir secular da arte do chef. Com exceção de John Townshend, da Greyhound, em Cambridge, e de outros cozinheiros de tabernas de Londres que desfrutaram de reputação suficiente para publicar seus próprios livros de culinária na década de 1770, nenhum cozinheiro inglês teve o renome de Vatel.[80] Como foi demonstrado pela reclamação, mencionada anteriormente, de um "profissional livre" da Companhia dos Cozinheiros, até aquela época, donos dos lugares mais finos, onde se podiam comer refeições, preferiam pagar altos salários para chefs estrangeiros a obedecer a regras que determinavam a preferência pelos filhos nativos da Inglaterra.

Até hoje, Londres ainda é um lugar atrativo para chefs franceses criarem fama e construírem carreiras como empresários que escrevem e cozinham. Esse tipo de negócio teve início no começo do século XIX, com a chegada de vários chefs treinados em Paris e contratados para trabalhar em casas da realeza ou da nobreza e, especialmente, nos clubes de cavalheiros criados especialmente para isso, ao longo das ruas Pall Mall e Piccadilly, nos 30 anos seguintes a Waterloo. O mais importante deles era o Reform – associado com o Partido Whig, ou Liberal –, mas havia também um clube Conservador, o Carlton, assim como clubes militares (o United Service, por exemplo) e clubes de jogos, como o Crockfords. Projetado por Charles Barry em estilo italiano, o *palazzo* do Reform Club foi aberto em 1841, bem próximo ao Travellers, ao Athenaeum; e, no lado oposto a Waterloo Place, ao United Service, construído aproximadamente na metade da década de 1820, com projeto de John Nash.

De modo condizente com uma era de reformas, os clubes gradualmente assumiram as funções previamente cumpridas pela Holland House (propriedade da família Fox) e por outras casas majestosas de Londres, propriedades de latifundiários importantes em cujos salões as principais figuras políticas, literárias e artísticas se reuniam, em clima de deferência aristocrática e troca de favores. Se houve uma instituição que serviu como monumento à burguesia emergente, esta era o clube de cavalheiros, um substituto à altura das residências luxuosas dos nobres; um lar fora de casa para os MPs que serviam os novos distritos eleitorais criados pelo Reform Act de 1832; um refúgio confortável para profissionais e homens de negócios e, posteriormente, também para membros do serviço público criado pelas reformas de 1860, segundo as quais o mérito tomava o lugar das relações pessoais como critério para contratação.

Em pouco tempo, os clubes adquiriram a fama de oferecer culinária de boa qualidade, especialmente graças aos chefs – ansiosos por publicidade – que eles empregavam, mas, provavelmente, também devido aos pratos saborosos que eram servidos. O primeiro desses chefs célebres, Louis Eustache Ude, havia trabalhado nas cozinhas de Luís XVI, onde seu pai também já havia atuado anteriormente. Depois disso, mudou-se para Londres e ali passou 20 anos como chef do segundo conde de Sefton, no Croxteth Hall, em Liverpool. Ude publicou seu próprio livro de culinária em 1813 e foi morar em Londres, trabalhando para o duque de York, Frederick, até a morte deste, em 1827. A seguir, foi contratado pelo Crockfords Club, com o belo salário de mil guinéus – supostamente, a mesma quantia que o príncipe regente pagava ao chef francês Antonin Carême. Porém, em 1839, insatisfeito com essa remuneração, foi trabalhar no United Service, onde permaneceu. Dois anos antes, outro chef parisiense, Alexis Soyer, havia chegado no Reform, um pouco adiante na rua Pall Mall.

O trabalho de Soyer para o clube foi imortalizado por sua mais famosa criação, um prato conhecido como *côtelettes de mouton à la Reform*, que consistia em costeletas de cordeiro envolvidas em ovo, farinha de pão e presunto finamente picado.[81] A energia de Soyer era tanta que também era usada regularmente em outros projetos que contribuíram para a sua fama, mesmo não tendo muito a ver com restaurantes ou culinária sofisticada. Soyer se tornou um verdadeiro "inovador" vitoriano, combinando um apetite por vencer grandes desafios de engenharia com um interesse, também vitoriano, pela saúde e pelo bem-estar dos pobres. Foi ele quem aplicou o vapor como fonte de energia nas cozinhas do Reform Club (Fig. 20), uma amostra do que hoje reconheceríamos como "logística *just in time*". Soyer usou a mesma criatividade e a grande atenção ao detalhe em cozinhas, para a fabricação de sopas durante a Grande Fome na Irlanda; para a reorganização das cozinhas do exército britânico na Guerra da Crimeia; e para a difusão de receitas nutritivas entre as classes médias mais baixas. Seu livro *A Shilling Cookery for the People* [Uma culinária barata para o povo] foi publicado em 1854.

Como demonstram as frequentes trocas de emprego dos chefs célebres, o status desses profissionais ainda não estava bem determinado, apesar do prestígio que haviam conquistado como mestres de uma espécie de arte culinária. Na época de Luís XIV, Vatel e seus colegas não eram chamados de "cozinheiros"; possuíam títulos (e até espadas) mais imponentes, como *écuyer de cuisine* ou *maître d'hôtel*. Às vezes, alguns eram até parentes mais pobres dos patrões.

Antonin Carême criou, ou pelo menos sistematizou, muitos dos elementos básicos da cozinha francesa em seu livro em cinco volumes *L'Art de la cuisine française au XIXe siècle* [A arte da cozinha francesa do século XIX] (1843-1847), que, com a sua morte, ficou incompleto. Carême tinha experiência tanto na prestação de serviços aristocráticos quanto na administração dos seus próprios negócios. Como indica o seu livro de memórias, ele acreditava que a alta gastronomia era destinada a residências particulares, mas insistia em que quem o empregasse ou contratasse seus colegas não deveria tratar cozinheiros como se fossem criados.[82]

Figura 20 – G. B. Moore a partir de William Radclyffe, *Reform Club. A cozinha*, anos 1840

Em um clube, o chef ficava sob a autoridade de um comitê, e não de um único indivíduo, uma posição que os chefs parecem ter considerado tolerável. O Reform Club, de Soyer, era, obviamente, inacessível a quem não fosse membro – a não ser que fosse convidado por um membro – e totalmente proibido para mulheres. Apesar de haver trabalhado no Grignon, em Paris, e de ter sido chef principal no Boulevard des Italiens, a coisa mais próxima de um restaurante em que Soyer atuou em Londres foi um trabalho temporário com o objetivo de servir os visitantes da Grande Exposição de 1851. Em dezembro de 1849, ele assinou um contrato de arrendamento – por 15 meses – da Gore House, uma mansão enorme, com um parque amplo na extremidade do Hyde Park, perto do Crystal Palace (de metal e vidro) de Joseph Paxton, cuja construção teve início no outono de 1850. Ali, ele inaugurou o Soyer's Universal Symposium of all Nations, uma mistura de jardim de lazer, parque temático e restaurante.

A Gore House era fortemente marcada por uma reputação um tanto devassa, graças à locatária anterior, Lady Blessington, uma *bon vivante* que possuía a má fama de manter um relacionamento com o filho adotivo, Alfred, conde d'Orsay. Com a ajuda de cenógrafos e do jornalista George Augustus Sala (na época, um artista pobre), Soyer construiu um conjunto de espaços temáticos para refeições – ambientes com multimídia, afrescos, efeitos de lanterna mágica e estátuas – que, de uma forma fantástica, transportavam os visitantes para locais exóticos, tais como o Polo Norte, a floresta tropical peruana e Alhambra.

Dois salões para jantar foram construídos na área: o Baronial Hall, com 500 lugares, e o Encampment of All Nations, com espaço para 1.500 clientes. De acordo com o guia do próprio Soyer, o objetivo do Symposium era "triunfar sobre os limites geográficos e zombar das restrições de espaço", oferecendo hospitalidade e admiração, na mesma medida, aos visitantes da Grande Exposição, fossem eles "civilizados ou não".[83] O Hall of Architectural Wonders continha maquetes e pinturas de monumentos famosos de vários lugares do mundo, proporcionando uma grande excursão turística em poucos minutos.

O complexo também incluía um *saloon* no estilo norte-americano, onde eram servidos coquetéis, o Washington Refreshment Room. Ali, Soyer tirou proveito da introdução, feita pelo Vauxhall, de "drinques norte-americanos" como o julepo de menta (água destilada com xarope) e o ponche, além de outras diversões com temas norte-americanos – entre elas o boliche de 10 pinos e os Ethiopian Serenaders – que eram oferecidas por aquele jardim de lazer no final da década de 1840.[84] Embora o bar norte-americano fosse um grande sucesso, no final das contas, o empreendimento foi um fracasso, tendo sido aberto com duas semanas de atraso e gerando um prejuízo de 7.000 libras. Porém, considerando a sua proximidade da exposição que atraiu surpreendentes seis milhões de visitantes em cinco meses, isso pode ser considerado uma façanha.

Soyer não poderia ter realizado tantas conquistas se não possuísse uma cabeça boa para números; sendo assim, talvez tenha sido simplesmente a sua falta de habilidade para se concentrar consistentemente em um só projeto por um período longo de tempo que levou o Symposium a apresentar problemas financeiros. Ao esbanjar tanta atenção e tanto dinheiro nas instalações e em uma série de jantares para a imprensa e a caridade – um deles com a participação de Karl Marx –, Soyer parece haver negligenciado os clientes comuns, que se ressentiam de pagar dois xelins e seis pence (isso no Encampment; uma refeição no Baronial Hall custava o dobro) por uma comida fria e um serviço lento e descortês.[85]

O Symposium proporcionou a muitos londrinos e a muitos visitantes da exposição o seu primeiro contato com o sabor de pratos preparados por um chef francês. Com uma estrutura temporária "monstruosa", planejada para alimentar de quatro a cinco mil pessoas por dia (apenas mil apareciam), ele era muito mais uma questão de logística do que de gastronomia: uma versão culinária de um dos túneis do arquiteto Isambard Kingdom Brunel, pela qual passavam vastas quantidades de galinha, presunto e cerveja. A clientela de Soyer parecia mais interessada em apreciar os efeitos especiais (no estilo da Disney) ou os desafios à engenharia (por exemplo, a toalha de mesa com mais de 93,5 quilômetros de comprimento usada no Encampment, ou o fato de um boi inteiro ser assado diariamente) do que em discutir as qualidades desse ou daquele molho – e, menos ainda, em comer.[86] Ainda assim, a comida servida no Symposium era melhor e mais variada do que a disponível no interior da exposição, que estava a cargo de Mr. Schweppes. De um modo geral, a Grande Exposição não tinha a ver com gastronomia, ao contrário da Exposição Universal, em Paris, em 1867, onde culinárias de todas as nações podiam ser apreciadas, lado a lado, no Champ de Mars, com todos os funcionários usando roupas típicas do país que representavam.

Mesmo com o tanto que contribuíram para a aura da cozinha parisiense e para o culto ao chef, os clubes privados e o Symposium de Soyer podem não parecer muito importantes na história do restaurante. Foi só na década de 1860 que os restaurantes (assim chamados) chegaram a Londres, graças ao St James Hotel, por exemplo, e ao Epitaux's, na Pall Mall, embora estes permanecessem como raras exceções. Nas décadas por volta do meio do século, o mundo das lojas de tortas, das *chop-shops* e das tabernas havia continuado a girar. Vários clubes ainda ofereciam a sua sopa de tartaruga, e excursões para saborear ceias com pratos à base de peixes miúdos em Greenwich continuaram populares. O Cheshire Cheese, um *pub* na Fleet Street (para torta de alcatra), o Pimm's, na rua Poultry (para ostras), e o Simpson's, na Strand (para carne de veado) pareciam parte de um patrimônio britânico e permaneceram funcionando muito bem por um longo período de tempo, inclusive no século XX.[87] Esses estabelecimentos se mantinham presos a uma tradição que já estava ficando um pouco desgastada em meados do século XIX.

No anuário de 1868 da revista *Epicure*, Blanchard Jerrold fez uma distinção bastante clara entre os estabelecimentos que ofereciam "refeições simples e boas" e os poucos operados por franceses, que serviam *"cuisine"*. Nestes últimos, ele observou, "quando o cliente faz o pedido com antecedência e mostra que sabe distinguir entre culinária boa e ruim, ele pode ficar razoavelmente confiante de que o resultado será digno de respeito".[88] Isso, certamente, representa um avanço na situação da década anterior. A edição de 1853 de *The Art of Dining, or, Gastronomy and gastronomers* [A arte de comer, ou gastronomia e gastrônomos], de Abraham Hayward, incluiu uma história da culinária e dos restaurantes de Paris, trechos do *Almanach* de Grimod e dados biográficos de chefs franceses famosos que haviam praticado a sua arte em Londres. Porém, não havia orientações sobre onde comer na capital, com exceção de uma relação de clubes e residências nobres, assim como instruções para montar um cardápio apropriado a um jantar oferecido em casa, um hábito que era mais comum em Londres do que em Paris.[89]

O Gatti's, na Westminster Bridge Road, e o Café Royal, na Regent Street, foram os mais famosos dessa primeira geração de restaurantes no estilo parisiense. Entre os vários donos de restaurante e hoteleiros do século XIX, oriundos de Ticino (unidade político-territorial na Suíça), onde o idioma oficial é o italiano, estavam Carlo e Giovanni Gatti. A família deles se mudou para Londres, via Paris, e se dedicou a outros negócios, além de cafés e restaurantes, principalmente à fabricação de sorvetes e à organização de *promenade concerts*[90] em Covent Garden. Na década de 1850, antes de se mudarem para Victoria, a oeste, eles já haviam administrado dois "cafés e restaurantes suíços", um em Hungerford Market e outro em Holborn Hill.[91]

Assim como o Café Royal, aberto em 1865 por Daniel Nicols (originalmente Thévenon), o Gatti's se diferenciava dos seus concorrentes nem tanto pela comida que servia, mas, especialmente, pela decoração: janelas de vidro de primeira qualidade, espelhos, painéis e assentos estofados em vermelho. Da mesma forma que no Criterion (estabelecido em 1874), orquestras tocavam atrás de palmeiras em amplas salas de jantar. Salas temáticas, particularmente as especiais para pratos grelhados, possibilitavam aos clientes desfrutar diferentes níveis de formalidade e, em alguns casos, de preço, tudo debaixo do mesmo teto. As mais famosas dessas salas, tais como a Domino Room, no Café Royal, costumavam ter seu próprio círculo de frequentadores boêmios na década de 1890.⁹²

Embora fossem poucos os restaurantes em Londres, Jerrold escreveu, era nessa capital que a grande culinária parisiense reinava, e não em Paris, como era de se esperar. Na capital francesa, o padrão de qualidade havia baixado a partir do momento em que os restaurantes começaram a relaxar, confiantes no sucesso já conquistado e seguros de que a sua fama continuaria a atrair clientes e, especialmente, turistas. Essa observação poderia ser refutada como preconceito contra a pátria, mas Jerrold jogou a culpa diretamente sobre os turistas ingleses, sobre "Madame Manchester", que não era capaz de reconhecer um bom *foie gras aux truffes* quando esse prato era posto à sua frente. O comentário de Jerrold reflete uma reclamação comum, regularmente repetida, nas décadas de 1840 e 1850, por gastrônomos parisienses, inclusive o conde d'Orsay e Balzac. A perda do famoso restaurante de frutos do mar na Rue Montorgeuil, Le Rocher de Cancale – considerado por Grimod "a oitava maravilha do mundo da gastronomia" –, foi particularmente lastimada.⁹³

Os hotéis foram uma base para a alta gastronomia em Londres, a começar pelo St James's Hotel, e, prosseguindo em direção ao período eduardiano, com o Savoy e o Ritz. A fama de comida fina do St James's se deveu a Charles Elmé Francatelli, chef principal de 1863 a 1870. Francatelli foi treinado por Carême em Paris e havia trabalhado para vários aristocratas ingleses, assim como nos clubes Melton, Crockford (onde acompanhou Ude) e Reform (onde acompanhou Soyer). Havia, ainda, trabalhado para a rainha Vitória, mas somente por um ano, porque ela tinha preferência por pratos mais simples. Ude havia caçoado da culinária inglesa, dizendo que o único molho que os ingleses conheciam era a manteiga derretida. O livro *The Modern Cook* [O cozinheiro moderno], de Francatelli, foi publicado em 1845 e incluía receitas inglesas de torta de cotovia *à la* Melton Mowbray juntamente a receitas francesas, encorajando os cozinheiros ingleses a desenvolverem e refinarem a sua própria tradição.⁹⁴

O "Jantar do Epicure", servido em novembro de 1867, indica exatamente o que o St James's Hotel e Francatelli eram capazes de fazer. Como ditava a tradição francesa, o banquete teve início com uma sopa, seguida de peixe (*purée de gibier à la chasseur* e *épigrammes de rougets à la Bordelaise*); depois vieram as entradas: *mauviettes à la Troienza*, costeletas *à la duchesse*, os exclusivos *médaillions de perdreaux à la St James* e carneiro assado, apresentado como *selle de mouton rôtie*. A seguir, faisões trufados, uma *mayonnaise de crevettes*, *chou-fleur au parmesan* e uma *charlotte de pommes*. A sobremesa era um *gateau à la Cerito* [sic], batizado em homenagem à dançarina italiana Fanny Cerrito, cujas atuações no Haymarket Theatre na década de 1840 haviam encantado Soyer – que, por sua vez, finalmente conseguiu casar-se com ela, em uma cerimônia discreta realizada em Paris, em 1857.[95] Juntamente à *Cerito's* [sic] *Sultane Sylphe à la Fille de l'Orage* e a *Bomba alla Cerrito*, o *gateau à la Cerito* fazia parte de uma série de pratos do século XIX, geralmente sobremesas, que possuíam nomes de cantoras, dançarinas e atrizes famosas.[96] Em 1892, a sobremesa de pêssego de Escoffier homenageou a soprano australiana Nellie Melba.

Apesar de grandes hotéis haverem sido construídos em terminais ferroviários nas décadas de 1830 e 1840, os anos 1860 presenciaram uma inovação importante, tanto em relação ao tamanho desses estabelecimentos quanto no que se refere ao seu projeto arquitetônico e ao nível do serviço oferecido. Destacavam-se, entre essa nova geração, o Westminster Palace (1861), o Langham (1865), na Regent Street, e o Midland Grand (1873), na Euston Road. Projetado por George Gilbert Scott, esse palácio do renascimento gótico, em St Pancras, ostentava um café com aproximadamente 30 metros de comprimento, "cômodos ascendentes" (ou seja, elevadores) e até mesmo uma "Sala de fumantes do sexo feminino". Os andares mais altos eram destinados aos valetes e a outros criados que acompanhavam os hóspedes. Ainda que a clientela fosse da elite, essas pessoas não gostavam de quartos com banheiro. Mesmo no Victoria Hotel (1887), apenas quatro dos 500 quartos possuíam banheiro privativo.[97] A luz elétrica só chegou com o Savoy, que foi inaugurado em 1889, ligado ao teatro de mesmo nome (1881), que havia sido o primeiro prédio de Londres a ser iluminado por eletricidade. Em 1889, o seu proprietário, Richard D'Oyly Carte, buscou Auguste Escoffier e César Ritz para gerenciarem o seu novo hotel, sendo que Ritz havia aberto o seu primeiro hotel, na Place Vendôme, dois anos antes.

A reputação das suas cozinhas levou londrinos, bem como visitantes, a esses hotéis, que foram ficando cada vez mais internacionais durante as décadas de 1890 e 1900. É certo que o Savoy de Londres foi o pioneiro, mas as ramificações dessa época de ouro dos hotéis ultrapassaram em muito os limites de Londres e Paris. Ambos cosmopolitas, Escoffier e Ritz viajaram pela Europa, em busca de investidores. Na era do Grand Tour [nome dado a uma tradicional viagem pela Europa, feita principalmente por jovens de classe média alta], Frederick Augustus Hervey, quarto conde de Bristol e bispo de Derry, havia emprestado o seu nome a um conjunto de hospedarias na Itália e na França, incluindo um hotel na Place de Vendôme, transformando o nome "Bristol" em uma marca de qualidade no início do século XIX. Entretanto, o nome "Bristol" havia sido apropriado, sem a sua permissão, por estabelecimentos que não eram filiados. Já o "Ritz" era uma marca internacional, gerenciada pela Ritz Development Company, e, no período eduardiano, suplantou o Bristol como sinônimo de qualidade.

Escoffier facilitou a consulta ao cardápio pelos clientes ingleses através da oferta de preço fixo. Ele dispensou os centros de mesa arquiteturais, em grande parte não comestíveis e que eram uma obsessão para Carême, além de reduzir o uso de molhos pesados.[98] Mesmo assim, Escoffier se deliciava com cardápios especiais, como o encomendado por um grupo de homens jovens que pediu uma refeição toda vermelha, a ser paga com o dinheiro que ganharam em apostas (no vermelho) em Montecarlo. No Savoy, Escoffier lhes serviu, apropriadamente, *selle d'agneau aux tomates à la Provençale* com um *purée de haricots rouges* um *parfait de foie gras en gelée au paprika doux à la Hongroise* e, para acompanhar, champanhe *rosé*.[99]

No final do século XIX, as opções para mulheres comerem fora de casa continuavam tão limitadas como haviam sido no século anterior, quando uma mulher que fosse vista em um cabaré de Paris ou se alimentando em qualquer lugar de Londres que não fosse uma confeitaria provavelmente seria considerada uma prostituta.[100] O autor de *London at Dinner* [Jantando em Londres] – 1858 – descreveu a falta de locais "onde pessoas do sexo frágil possam ser levadas para jantar" como "um mal de longa data", embora as mulheres pudessem ser levadas ao Epitaux's, na Pall Mall, e ao Verey's, na Regent Street.[101] Mesmo assim, quando as mulheres iam sozinhas, os *restaurateurs* ficavam apreensivos. Os funcionários do Trocadero tinham instruções para entrar em contato com o superintendente sempre que mulheres desconhecidas chegassem desacompanhadas. Depois de aprovada a visita, elas eram acomodadas em certas mesas menores, em cantos pouco à vista; assim, "em caso de mau comportamento, podemos esconder a mesa".[102] Para muitas mulheres, a única opção continuou a ser o que a revista *The Lady* chamou de "uma refeição muito rápida, provavelmente ingerida de pé, na loja de um confeiteiro".[103]

Nessa conjuntura, talvez não seja surpreendente o fato de que salas de jantar, restaurantes e clubes exclusivamente para mulheres tenham surgido nas décadas de 1880 e 1890 para servir tanto o número crescente de mulheres funcionárias de escritórios quanto as que iam às compras. Alguns hotéis, como o Providence, em Leicester Square, possuíam salas de jantar só para mulheres, coisa totalmente desconhecida em Paris.[104] Em 1888, uma mulher com graduação no Girton College abriu um restaurante exclusivamente para mulheres, na Mortimer Street, chamado The Dorothy.[105] Com cardápios simples e garçonetes (conhecidas como *nippies*, ou "ligeiras"), a cadeia de casas de chá de Lyons que começou a aparecer em Londres na década de 1890 era claramente destinada a mulheres. As grandes lojas de departamento em West End, no período eduardiano, não só ofereciam às mulheres respeitáveis um lugar para fazer compras como também possibilitavam que elas passassem o dia na cidade, proporcionando-lhes refeições, assim como instalações sanitárias.[106]

"Diga-me o que você come", são famosas as palavras de Brillat-Savarin em seu *La Physiology du goût* (1825), "e lhe direi o que você é."[107] Como local de atuação, o restaurante oferecia a londrinos e parisienses um espaço para consumir estereótipos nacionais. Continuava a ser um lugar-comum a afirmativa de que os franceses vivem para comer, enquanto os ingleses comem para viver. De fato, alguns viam a simplicidade da culinária inglesa como um símbolo de honra, algo que devia ser defendido contra os franceses.[108] Desde 1570, os londrinos acusavam cozinheiros franceses imigrantes – empregados em residências nobres – de estarem corrompendo a preferência britânica por alimentos sólidos e saudáveis.[109]

Assim, enquanto nas gravuras discutidas na Introdução o "francês em Londres" geralmente aparecia magro e vaidosamente vestido, as gravuras de ingleses em Paris mostravam caricaturas de homens pesados, atormentados por halitose e flatulência.[110] Como Mercier observou, esses clichês frequentemente serviam para manter o *status quo* nos dois lados do Canal. Em vários dos clichês mencionados neste livro, um olhar mais atento revela um quadro mais complexo. Ao observarem uns aos outros comendo em restaurantes, londrinos e parisienses refletiam não só sobre dieta e paladar, mas também sobre as atitudes na vida doméstica, uma discussão realizada no Capítulo 1. Aqui também, os estabelecimentos em questão desafiam uma categorização simplificada como públicos ou privados, ou até mesmo como britânicos ou franceses.

Neste capítulo foi considerada uma grande variedade de locais para comer, durante alguns séculos, sendo que muitos desses lugares não eram conhecidos como "restaurantes". É perfeitamente possível questionar se o restaurante foi, de fato, "inventado" em Paris por Roze de Chantoiseau. Como vimos, os primeiros "restaurantes" parisienses vendiam uma espécie de anticulinária, enquanto muitas das coisas que faziam esses estabelecimentos se destacarem em Paris já eram comuns em Londres e podem bem ter sido tomadas por empréstimo: as mesas separadas, o serviço sob demanda, os cardápios. O que, exatamente, faz um restaurante ser um restaurante? O serviço e o cenário? A comida? A maneira como falamos dele? Ou uma mistura de tudo isso?

O restaurante está diretamente relacionado com uma atenção especial ao ofício e à técnica da preparação de alimentos e, também, com uma teatralidade autoconsciente.[111] Tudo indica que frequentadores de estabelecimentos dos séculos XVII e XVIII em Paris e Londres não possuíam um vocabulário e um estilo de escrita capazes de descrever a comida – ou a sua preparação – detalhadamente.

O ato de fazer uma refeição fora de casa era algo tão presente na vida cotidiana – associado tanto aos negócios quanto ao prazer – que aquilo que estava sobre o prato não merecia que se pensasse ou escrevesse a respeito. Foram Grimod e, posteriormente, Brillat-Savarin que fizeram os ingredientes, a sua preparação e as pessoas que os manipulavam parecerem um mundo independente, algo a ser levado a sério. Com base na preocupação (iluminista) do restaurante com uma dieta adequada e com o consumo racional (possivelmente vista como parte da moda "inglesa"), esses escritores criaram a gastronomia: uma estrutura densa, feita de mitos, história e geografia, que impressionou e intimidou observadores, sobretudo os ingleses.

Juntamente ao culto ao célebre *chef émigré* (francês), é bem provável que essa culinária focada em Paris tenha impedido que a culinária inglesa se desenvolvesse no século XIX.[112] Embora isso tenha tido a vantagem de tornar Londres bastante receptiva a culinárias estrangeiras nos séculos XIX e XX, uma tradição ficou perdida; possivelmente, só fragmentos dela podem ser recuperados. E talvez a cozinha francesa também tenha sido prejudicada. A alta gastronomia de 1900 não era muito diferente daquela de 1825, contrariando as previsões de Brillat-Savarin sobre pratos inéditos para a ciência: "talvez, minerais comestíveis, licores destilados de 100 atmosferas".[113] Assim como aconteceu na invenção da *Gay Paree*, discutida no Capítulo 4, aqui também as duas cidades desenvolveram um conjunto de estereótipos que se reforçam mutuamente. Apesar da força e da persistência desses estereótipos, eles não devem nos impedir de enxergar as raízes do restaurante em um diálogo entre Paris e Londres.

E o que foi feito de Des Esseintes, que deixamos na Rue d'Amsterdam, quando estava saindo do Austin Bar para pegar o trem que partia da Gare du Nord e fazia conexão com o barco? Após pagar o garçom e se levantar, viu-se, subitamente, enraizado naquele lugar.

> Ele continuava dizendo a si mesmo: "Venha, agora, apresse-se, tem de correr"; mas logo apareciam objeções aos seus comandos. Por que motivo se mover, se era possível viajar, tão esplendorosamente, sem sair de uma cadeira? Não estaria ele em Londres, agora, cercado de cheiros, atmosfera, habitantes, comida, utensílios londrinos? [...] Olhou para o relógio e pensou: passou da hora de ir para casa".[114]

Des Esseintes nunca foi realmente a Londres.

Figura 21 – Henri de Toulouse-Lautrec, *O inglês no Moulin Rouge*, 1892

Capítulo 4

A dança

Em 1860, surgiram as *Mémoires* da dançarina conhecida como Rigolboche; eram assinadas por ela, mas, na verdade, foram escritas por ninguém menos que Louis Huart, o autor da *Physiologie du flâneur*, em conjunto com o dramaturgo Ernest Blum. As memórias de Rigolboche – um texto curto, desinteressante e sem originalidade – representavam apenas uma entre várias reminiscências desse tipo de escrita que surgiram na década de 1860; um subgênero, cujas origens estavam no *best-seller Adieux au monde* [Adeus ao mundo], escrito por Céleste Mogador, em 1854.

As páginas de abertura das *Mémoires de Rigolboche* traziam uma nota arrogante, caracteristicamente desafiadora. "Vamos lá, cavalheiros, abram espaço, por favor! Estou alistada no batalhão sagrado de celebridades, tenho o mesmo renome que vocês, estou qualificada para tratá-los por *você* e usar o pronome 'nós' quando falar das glórias de Paris." Como se estivesse sentindo que essa vaidade poderia causar irritação, Rigolboche, então, dirige-se ainda mais diretamente aos leitores. "Isso está começando a soar estranho para vocês, não é? Mas é exatamente assim; é assim que se faz na era da publicidade!"[1]

Pelo menos, as tais memórias possuíam a virtude de serem curtas. "O que mais vocês queriam?", pergunta Rigolboche; "só tenho 18 anos!"[2] Nessa combinação de narrativas sentimentais, difamação de pretensos imitadores e autossatisfação arrogante com a fama do autor, Huart estava bastante ciente da natureza banal dessas memórias.[3] Apesar de alguns apartes espirituosos ("Acredito no Diabo – ele fez muito por mim!"), o resto do texto de Huart pouco fez para quebrar convenções, nem mesmo em sua celebração da dança que era a assinatura de Rigolboche. "O cancã é uma dança essencialmente francesa", ele insistia. "Tornou-se a dança nacional. É a personificação da imaginação parisiense."[4] Rigolboche descreve o modo como a melodia assume, gradualmente, o controle do seu corpo, fazendo-a sacudir-se toda. Quando fica assim magnetizada, ela se assusta, sentindo as mesmas emoções que um sonâmbulo experimenta. "A música se condensa em meu estômago e sobe para o meu cérebro, como champanhe."[5]

Hoje em dia, o cancã é sinônimo de Paris, ou melhor, da *Gay Paree*. Cada cidade do mundo possui um itinerário turístico muito conhecido, um conjunto de locais a serem visitados, uma série de rituais a serem cumpridos. Os habitantes demonstram escárnio e evitam essas "armadilhas turísticas" de tal modo que o distintivo do verdadeiro nova-iorquino é o fato de nunca haver subido até o topo do Empire State Building. Na maioria das cidades, as rotas turísticas e a rotina dos residentes raramente se cruzam, e essas rotas são vistas com menosprezo por aqueles que conhecem a "cidade real" ou que querem afirmar que a conhecem. Arthur Symons soube tomar o "banho de multidão" baudelairiano em sua primeira visita a Paris, mas soube, também, distinguir o que evitar. "Não fomos ao topo da Torre Eiffel", contou, quando voltou para casa, "ainda que eu tenha uma espécie de lembrança de tê-la visto por lá, em algum lugar."[6]

Porém, em alguns casos, os residentes podem começar a sentir que a sua cidade está ameaçada, ou até mesmo que são estrangeiros ou recém-chegados a um parque temático de terceiros. Sem dúvida, esse estado de espírito está presente no clássico trabalho de Baudelaire, em meados do século XIX, em que o autor lamenta os efeitos alienantes e desorientadores da "haussmannização". O surgimento do culto à "velha Paris" está diretamente relacionado a isso. Seria uma insensatez generalizar, mas muitos parisienses estavam dolorosamente cientes da apropriação da sua cidade por turistas; ainda mais, talvez, que os londrinos.

Os parisienses culpam os norte-americanos pela "disneyficação" da sua cidade. Os compositores Cole Porter, Yip Harburg e George Gershwin têm sua cota de responsabilidade por isso, já que criaram músicas sobre Paris que mais tarde foram transformadas em filmes, como *Um americano em Paris* (1951). Na verdade, a *Gay Paree* já havia sido inventada quando os norte-americanos a descobriram. Ela foi um produto do teatro de variedades e do *music hall*: um tipo de construção – e, também, um estilo de atuação – que foi desenvolvido em Londres nas décadas de 1850 e 1860 e depois exportado para Paris, onde novos *music halls* (o nome em inglês foi mantido) – como o Folies Bergères – foram construídos, à imagem do Alhambra, de Londres.

Os *music halls* prosperaram nessa troca entre cidades delineada aqui, apesar de serem sempre retratados como maus e ameaçadores – exatamente por essa espécie de intercâmbio –, em deferência ao patriotismo obstinado das suas audiências. Em um exame mais atento, os *music halls* parisienses e os londrinos pouco se diferenciavam uns dos outros. Embora nem sempre as pessoas admitissem, o diálogo entre as duas cidades pôs "*Champagne*" em "Champagne Charlie" e "Jane" (uma palavra inglesa) em "Jane Avril".

Este capítulo é sobre o cancã, uma dança que surgiu como a "dança nacional" da França, por volta de 1830, para dar outro nome à *Gay Paree*, em seu auge, 60 anos mais tarde. Em 1890, os pontapés no ar, o movimento frenético das saias e as cenas rápidas e provocantes das anáguas *eram* Paris para muitos visitantes e, ainda, para um surpreendente número de residentes. Tornou-se consenso que o cancã era um francês *pur sang* (puro-sangue), mas, na verdade, a forma comum da dança possuía um *pedigree* mais complexo. A dança conhecida na França atualmente como *French cancan* (mais uma vez, o nome em inglês é empregado) foi uma fusão do cancã parisiense com a *skirt dance*[7] de Londres, desenvolvida por dançarinos que viajavam entre as duas cidades e adaptavam as suas apresentações ao que achavam que era coerente com o gosto local.

O *chahut*

O nome "*cancan*" é uma derivação de uma palavra do século XVI, que significava "barulho" ou "confusão". A dança surgiu em Paris, após a Revolução de 1830, como uma espécie de mutação da *chahut*, aquela dança "indecente" que o famoso espião policial Vidocq (que encontraremos no Capítulo 5) assistiu, por volta de 1810, no Guillotin's, um enfumaçado bar de cabaré perto da *barrière* de Courtille.[8] As duas danças eram baseadas na quadrilha – um tipo de *contredanse* (contradança, ou dança campestre) importado da Inglaterra no século anterior –, geralmente executada em grupos de quatro casais. Até 1855, o cancã era uma dança popular, e os pontapés no ar eram exclusividade dos homens. Com exceção de uma tentativa malsucedida de introduzi-lo nos Vauxhall Gardens de Londres, em 1845, e nos Cremorne Gardens, em 1852, o cancã não saiu dos salões de dança de Paris.[9] Podia ser visto, principalmente, na margem sul do rio, em estabelecimentos denominados

Grande Chaumière e Closerie de Lilas (também conhecido como Bal Bullier), ambos no Boulevard Montparnasse.

Esses locais eram resultado da evolução das *guinguettes* do século XVIII: os salões café-com-dança, situados fora dos muros da cidade, mencionados no capítulo anterior. A gravura de George Cruikshank de 1822 (Fig. 22), de 1822, mostra o fictício dândi do período da Regência (1811-1820) "Dick Wildfire", muito ocupado "dançando quadrilha" em um desses estabelecimentos, próximo à Champs Elysées. Formados por uma série de construções caindo aos pedaços, sujeitas às intempéries, esses eram locais de passeio, nos moldes dos jardins de lazer dos arredores de Londres.

A Chaumière havia começado a funcionar em galpões com telhados de sapê construídos em 1788 por um inglês chamado Tinkson.[10] As *guinguettes* atendiam famílias da classe trabalhadora que buscavam um lugar para beber, comer, dançar, ou seja, relaxar aos domingos, antes de reiniciar o árduo trabalho semanal. Assim como os meados do século XIX presenciaram o advento de danças para casais (a valsa e a polca, por exemplo), na *guinguette* as pessoas dançavam em grupos grandes, como nas *line-dances* [onde todos dançam em filas, seguindo a mesma série de passos] e nas quadrilhas. Uma quadrilha demandava pelo menos quatro casais e consistia de não menos que cinco "números" – ou partes – que, juntos, duravam cerca de 15 minutos. A "banda" era formada por três ou quatro músicos; estes, segundo Mercier, frequentemente se desentendiam com os dançarinos a respeito das melodias que deveriam ser tocadas. "O violonista e o dançarino acabam ficando muito bêbados e brigando; depois, todos vão dormir e trabalhar até o domingo seguinte."[11]

Apesar do nome, os salões de dança das décadas de 1820 e 1830 tinham uma semelhança maior com as *guinguettes* do que com os famosos bailes organizados no Opéra.[12] Cada um dos 230 salões em funcionamento no início da década de 1830 podia acomodar entre 50 e 300 clientes e abria durante a semana e aos domingos.[13] A maioria era restrita a uma região ou comércio, em particular, o que fazia com que eles ficassem menos acessíveis a pessoas de fora, ao contrário do que os seus preços baixos e seu ar descontraído pudessem sugerir.[14] Aqueles que eram restritos à pequena burguesia não recebiam bem as irrupções de cancã, enquanto outros até as encorajavam. Esse era, sem dúvida, o caso dos salões que recebiam funcionários de escritórios e afins, além de estudantes e suas *grisettes*; os mesmos salões frequentados por escritores desleixados, que faziam com que esses estabelecimentos se tornassem um sinônimo da "boemia" parisiense na década de 1840.

Figura 22 – George Cruikshank, *"A vida" na ponta do pé, ou Dick Wildfire dançando quadrilha no Salon de Mars, na Champs Elysées*, 1822

Tipicamente, a *grisette* – que, acreditava-se, recebeu esse nome por causa do tecido gris (cinza) que usava – morava sozinha e mandava para seus pais, no campo, todo o dinheiro que conseguia trabalhando como empregada semiqualificada.[15] Como Théophile Gautier observou em 1846, a maior parte dessas *grisettes* eram "estudantes", "apesar de ninguém ainda ter conseguido estabelecer que disciplinas estão estudando – trabalham pouco, dançam muito, sustentam-se com biscoitos e cerveja".[16] Para os frequentadores do sexo masculino, as *grisettes* eram, como os próprios salões, um prazer acompanhado de culpa: uma forma segura de, em áreas pobres, "aproveitar a vida", que devia ser desfrutada por alguns anos até eles se casarem e se estabelecerem em uma vida burguesa e respeitável. Para a *grisette*, sempre havia uma esperança de que, contra todas as possibilidades, ela viesse a ser essa futura esposa.

Apesar de muitos salões de dança haverem se protegido contra o mau tempo, eles eram basicamente destinados ao uso durante o verão; no inverno, os clientes dançavam em *bals d'hiver* (salões de inverno), ou *jardins d'hiver* (jardins de inverno), que ficavam em áreas mais centrais. O ingresso geralmente era gratuito, mas os clientes pagavam de 20 a 30 centavos pela "tira de papel", ou *cachet*, que lhes dava direito a uma (única) dança. Os salões maiores – como o Bal Favié, em Belleville – eram administrados por mestres de dança, que vigiavam cuidadosamente os clientes jovens. Apesar de os frequentadores da Chaumière estudarem Direito ou Medicina (e não dança), o mestre de cerimônias, "Père" Lahire, conhecia os "seus" alunos pelo nome e os corrigia, quando erravam. Um grande confidente, "Pai" Lahire exibia com orgulho as 108 dissertações acadêmicas que haviam sido dedicadas a ele ao longo dos anos.[17]

Os salões de dança também eram inspecionados por um oficial da guarda municipal. Por razões que permanecem pouco claras, o cancã era interpretado pelas autoridades como uma espécie de ato de resistência à Monarquia de Julho, a monarquia constitucional de Louis-Philippe, que durou desde a Revolução de julho de 1830 até 1848. A edição de 1831 do manual da polícia instruía os policiais a ordenarem a quem estivesse dançando o *chahut*, ou o cancã, que parasse imediatamente. Se alguém desobedecesse, deveria ser preso e levado à presença de uma autoridade judicial, acusado de cometer violação do pudor público, de acordo com o Artigo 330 do código penal.

Uma representação do salão de Asnières (uma comuna francesa na região administrativa da Alta Normandia) mostra um guarda municipal abrindo caminho na multidão, com o braço estendido, pronto para expulsar um homem que estava dando saltos em frente a duas mulheres.[18] Como essa imagem indica, o cancã era uma exibição solo masculina, feita por um *cavalier seul* (um homem só) dentro da quadrilha. Para incentivar essa apresentação vaidosa, a banda repetia a música, proporcionando aos homens a possibilidade de experimentar *galibes* e *gambades* diferentes, além de outros saltos.

A primeira geração de estrelas do cancã era composta de dançarinos do sexo masculino, amadores talentosos, que faziam negócios respeitáveis durante o dia e, à noite, transformavam-se em celebridades dos pontapés no ar; eram conhecidos simplesmente por "nomes de guerra", tais como "Chicard" e "Brididi". Chicard podia ser encontrado durante o dia na Rue St Denis, onde era Alexandre Lévêque, um comerciante de couro; já Brididi era um florista na Rue de Ponceau. Na verdade, o cancã não era exatamente um passo de dança, no sentido tradicional, mas sim uma espécie de pulo com as pernas arqueadas, algo parecido com a dança de rua, com movimentos robóticos bruscos das articulações. A intenção era causar admiração na parceira ou intimidar os rivais masculinos; se ele foi concebido como uma forma de protesto político, pelo menos era uma manifestação divertida.

Considerando a reação de grande entusiasmo diante da chegada da polca, no inverno de 1844, o cancã não parece ter despertado muitos comentários. Na prática, a proibição não se mostrou muito efetiva. Cada guarda possuía vários estabelecimentos sob a sua jurisdição e agia discretamente, sempre ocupado com bebidas de cortesia que todos os proprietários lhe ofereciam. Além disso, depois de serem expulsos do salão de dança, os transgressores conseguiam retornar logo e repetir a infração. Quando os casos chegavam aos tribunais, os réus defendiam o cancã como uma forma de autoexpressão. "Criei aquele passo outro dia mesmo, totalmente por minha conta", um deles afirmou nos tribunais em setembro de 1837. "Não o copiei do Opéra; não, eu danço do meu jeito, é assim que sou."[19] A referência ao Opéra sugere certa intenção de parodiar as estrelas do Ballet Opéra, de Paris. Ninguém achava o cancã excitante; divertido, talvez. E, sendo uma opção adicional da quadrilha, o cancã não era associado a nenhuma melodia nem a qualquer ritmo ou compasso em particular.

Na década que se seguiu a 1855, no entanto, o cancã deixou de ser uma coisa de amadores, tornando-se mais profissional; passou a ser feminino, em lugar de masculino; e, acima de tudo, a participação deu lugar ao voyeurismo. O Bal Mabille desempenhou um papel-chave em todas essas mudanças, havendo, ainda, ajudado várias garotas, a começar por Rigolboche, a saírem da classe trabalhadora. Elas apresentavam solos de cancã nas pistas de dança, começando e interrompendo a atuação aparentemente ao acaso, e não como parte de um programa de espetáculos planejado antecipadamente, em conjunto com o gerente do Mabille ou com a orquestra. Assim que elas iniciavam a dança, outras pessoas corriam para se juntar, formando uma roda em torno delas e atraindo, ainda, outros frequentadores que chegavam lá sem nenhuma intenção de dançar; haviam ido apenas para admirar as dançarinas. Como Pierre Véron escreveu, em *Paris s'amuse* [Paris se diverte] (1861), os parisienses iam aos salões para passear, comer, bisbilhotar, arruinarem-se [...] mas não para dançar.[20]

Os espectadores pertenciam a uma classe social mais alta que a das dançarinas. De acordo com um jornal de 1867, era somente "a população inerente ao Mabille, a mais baixa das baixas, a plebe, o *tiers état* [terceiro estado]" que dançava. O resto da clientela era formado por prostitutas bem-vestidas e pelos turistas que seriam as suas vítimas. Por causa da Exposição Universal de 1867, que levou mais de oito milhões de visitantes a Paris, havia um grande número de turistas de outras nacionalidades no Mabille. Porém, já tendo sido presa fácil anteriormente, o homem inglês agora cumpria o papel do jornalista, alguém ainda mais cauteloso que o próprio parisiense.[21]

O senhor Mabille havia aberto o seu salão em 1840, mas este só se tornou conhecido em abril de 1844, quando foi reinaugurado pelos seus filhos, Victor e Charles, que aumentaram o preço da taxa de admissão; de 50 centavos, passou a custar três francos. No novo Mabille, havia luzes a gás coloridas dependuradas – como frutas exóticas brilhantes – em palmeiras artificiais com folhas de zinco e troncos de bronze.[22] Não se tratava mais de um refúgio para os estudantes desleixados e seus encontros baratos. Uma tecnologia nova e impressionante não só havia possibilitado que o Mabille funcionasse até tarde da noite, como também fez da dança um espetáculo de luz bastante atraente.

Em 1851, Victor Mabille assumiu a direção do Ranelag (nome inspirado no jardim de lazer Ranelagh, de Londres), no oeste da cidade, e o transformou em uma versão mais respeitável do que a original. Assim, ele revitalizou um estabelecimento que, de alguma forma, havia conseguido resistir a várias crises, um sobrevivente da mania (na década de 1770) de "Wauxhalls" à moda inglesa que tinha sido capaz de permanecer funcionando como uma espécie de *guinguette* de luxo.[23]

Com o patriotismo estimulado, talvez pela chegada dos visitantes, os redatores dos textos (pouco criativos) que apareciam em panfletos ou nas memórias dos salões decidiram, então, escrever sobre o cancã. Insistiam em que ele era "*a* dança nacional", e começaram a construir o seu passado e a oferecer explicações tênues sobre as razões pelas quais essa dança combinava tão bem com os franceses. "O cancã é indiscutivelmente francês", explicava Paul Mahalin, em suas *Mémoires du Bal Mabille*. "Entre um povo como o nosso, tão leve de espírito quanto de corpo, o cancã deve ser – e é – mais uma necessidade física do que uma mera sensação passageira, mais uma paixão do que uma ciência: uma arte."[24] Os romancistas Théophile Gautier, Eugène Sue e Alexandre Dumas, pai, estavam entre os frequentadores habituais do Mabille.

Era possível a uma *habituée* semiprofissional do Mabille complementar a sua renda pedindo aos admiradores uma bebida, um *jantar* ou, simplesmente, 50 centavos para um drinque. Algumas se tornavam amantes de homens que lhes davam dinheiro, enquanto as mais talentosas e ambiciosas viravam profissionais – capazes, em alguns casos, de se sustentar através da dança nos palcos de teatros de variedades ou de breves apresentações em entreatos no Ranelag e no Jardin d'Hiver. Essas atuações contribuíram para aquilo que pode ser chamado de teatralização do cancã. Por outro lado, dançarinas que não eram muito bem-sucedidas se tornavam empregadas domésticas, varredoras de rua ou *ouvreuses* (isto é, pessoas encarregadas de conduzir os espectadores de um teatro ao seu assento). Sem dúvida, existiram muitas *ouvreuses* que haviam tido a esperança de seguir o exemplo de Mogador e acabar virando celebridade e condessa, aos 30 anos, dispondo de carruagens e criados.[25]

Comparadas às de Rigolboche, sua grande rival, as memórias de outra dançarina de cancã famosa, Finette, parecem revelar uma artista com uma personalidade mais equilibrada e com mais qualidades. Enquanto Rigolboche e a sua parceira, La Goulue, raramente conseguiam esconder um sorriso levemente arrogante, as fotografias de Finette sugerem uma pessoa mais descontraída e centrada. Ela era, também, de alguma forma, menos crítica em relação às suas rivais do que estas haviam sido em relação a ela. "Finette fuma, Finette fica bêbada, sua linguagem é vulgar, ela bate na empregada o dia inteiro", Rigolboche havia atacado a dançarina em suas memórias. "Dizem que Finette escreve cartas encantadoras. Ela não sabe nem escrever o seu próprio nome e só lê revistas [...] É o seu professor de piano que escreve as cartas por ela."[26]

Embora fosse descendente de europeus, Finette havia nascido na ilha de Bourbon (antigo nome de La Réunion, a leste de Madagascar) e foi levada para Bordeaux por sua mãe. Josephine Durwend (seu verdadeiro nome) foi aprendiz de tinturaria aos 15 anos de idade; aos 16, foi estuprada por um amigo da família. Depois disso, ficou em um hospital, onde conheceu um médico, do qual se tornou amante; ele a acomodou em uma casa. Porém, determinada a viver em Paris, ela logo o trocou por um comerciante de casimira; em seguida – através do adido armênio na embaixada da Turquia – conseguiu estudar balé.

Após completar seu treinamento na dança, Finette deixou o Opéra e atuou em uma série de pequenos papéis, inclusive em uma turnê com um grupo de teatro. Várias dançarinas de cancã e de *skirt dance* (já mencionada anteriormente) fracassaram quando, erroneamente, acreditaram que possuíam vocação para o palco. Não foi o caso de Finette. Ela entendeu que não tinha esse talento e foi capaz de se sustentar fazendo solos de dança e participando de uma trupe de quatro integrantes, liderada por uma tal mademoiselle Colonna. O relato de Finette sobre seus vários *ménages* [amasios] é sério e livre de sentimentalismo. Como ela mesma observou, todos pensavam que ela venderia qualquer coisa por dinheiro, "mas nunca falei 'eu te amo' sem realmente estar sentindo isso".[27]

Infelizmente, as suas memórias foram publicadas pouco antes da viagem a Londres, em 1867, que teve um papel muito importante no desenvolvimento do "cancã francês". Por outro lado, esses escritos incluem o período no qual ela contribuiu com duas características importantes do cancã: a abertura total das pernas no solo e a brincadeira do chapéu. Uma proporcionava um final dramático a uma dança ainda meio incipiente: a dançarina simplesmente ia ao chão. A outra envolvia um pontapé certeiro que derrubava a cartola de um espectador. A primeira vez que Finette realizou essas façanhas foi no Opéra, motivada por um admirador britânico que, supostamente, havia apostado 1,5 mil francos que ela não seria capaz de fazer isso.

Finette podia ser encontrada, principalmente, nos teatros de variedades, que surgiram rapidamente e em grande número na década de 1860. Esses espetáculos deram a estrelas emergentes do Mabille e de outros salões de verão a chance de aparecer em teatros de revista mais ambiciosos, conquistar um bom número de admiradores e se sustentar durante o ano todo. Juntamente com o Ba-Ta-Clan, no Boulevard du Prince Eugène (hoje Voltaire), e o Théâtre des Délassements Comiques, no Boulevard du Temple, o Eldorado, no Boulevard de Strasbourg, foi muito importante nesse aspecto.

Estabelecido em 1858, o Eldorado abria, toda noite, às 19 horas e oferecia um programa – de árias, duetos, cantatas, cenas cômicas, prelúdios, valsas e quadrilhas – que durava até as 23 horas. Para a multidão da Exposição Universal de 1867, o Eldorado apresentou uma opereta chamada *Le Beau Paris* [A bela Paris] e um espetáculo de cancã (todas as noites), ou melhor, "a grandiosa e surpreendente quadrilha", dançada por Clodoche, Flageolet, The Comet e Normande. O ingresso era gratuito, mas as bebidas eram vendidas, a preços diferentes, em várias partes do auditório. Ali, Finette, Rigolboche e outras dançarinas apresentaram o cancã, vestidas com saias na altura da panturrilha, as pernas cobertas pelas botas até as *pantalons* (roupas de baixo similares a shorts) e calças justas de cetim. Não havia anáguas nem ligas ou qualquer outra peça de roupa de baixo. Ninguém tocava em suas saias nem as levantava. Tudo isso teria de esperar até que Finette e o cancã chegassem aos *music halls* de Londres.

Um Champanhe Janota

O *music hall* nasceu em Londres, na década de 1850, quando vários taberneiros contrataram construtores locais para erguerem cômodos amplos sobre os seus jardins externos ou para ampliar os que já existiam nos fundos dos estabelecimentos. Um dos primeiros, e que ainda sobrevive, o Wilton's, na Wellclose Square, foi aberto em 1859 e é típico da primeira geração de *music halls*. Tratava-se de um salão comprido, anexado na parte de trás de um *pub* em Tower Hamlets, com um arco estreito na parte anterior e um palco baixo. Os artistas e a audiência tinham de se misturar: só havia um caminho para subir ao palco (caminhando pela plateia), e nada de bastidores – para se esconder – ou bambolinas, fazendo com que até o mais rudimentar cenário de palco fosse praticamente impossível.

Algumas colunas sustentavam uma galeria, que estalava, e não havia uma separação muito nítida entre quem estava em cima (na galeria), embaixo (no solo) ou no palco. Também eram típicas do Wilton's as mesas e cadeiras (posteriormente removidas) perpendiculares ao palco, além de uma espécie de mesa alta, mais próxima do palco, onde ficava o mestre de cerimônias, que anunciava as apresentações e observava atentamente a audiência. Um espelho de barbear possibilitava que ele visse o que estava acontecendo no palco. Mesmo em um *hall* pequeno como o Wilton's, esperava-se que quem sentasse perto, ou na mesa do mestre de cerimônias, consumisse comidas e bebidas condizentes com a importância daquela posição privilegiada.

Os recursos musicais disponíveis no Wilton's eram provavelmente limitados a um piano, às vezes acompanhado por alguns violinos, uma corneta, uma flauta e um contrabaixo. As músicas eram simples, geralmente baseadas em dois ou três acordes, e a melodia raramente mudava de tom. Recordando-se de uma carreira durante a qual, segundo ele, havia composto mais de 17 mil músicas, Joseph Tabrir descreveu seus métodos de trabalho em uma entrevista concedida em 1894 a *The Era*, um jornal comercial para a indústria do entretenimento. "Pense em um refrão fácil de lembrar – Pense nas palavras mais irritantemente bobas que possam, de algum modo, formar rimas. Pense em uma melodia bonita, daquelas que ficam por muito tempo na sua cabeça – e é isso", ele explicou; e acrescentou, com um pouco de amargura: "a fortuna do seu editor estará feita."[28]

Muitas das letras e, ainda mais, das melodias teriam sido trazidas dos clubes musicais masculinos do século XVIII; as letras e as músicas haviam sido mantidas vivas pelas apresentações, no início do século XIX, feitas nos jardins de lazer e em seus equivalentes para a classe trabalhadora, os *gaffs* [teatros ou lugares para entretenimento com preços mais baixos].

Muitos atores cantores famosos – como Sam Cowell e Harry Clifton – e, também, trupes de menestréis – por exemplo, os Aethiopian Serenaders – começaram as suas carreiras em salões de jantar nos porões próximos à Strand (tais como o Evan's), que atingiram o seu auge na década de 1840. Nesses locais, a audiência era exclusivamente masculina; os homens comiam rins com muita pimenta e bebiam cerveja *porter*, em um convívio alegre e formal. Nos salões de jantar e nos primeiros *music halls*, o refrão era cantado pelos solistas, bem como pela audiência, que tinha o direito de interferir no programa da noite, eliminando cantores considerados pouco talentosos e exigindo bis daqueles que eram admirados – era uma prática conhecida como "estímulo".

Embora ambos os tipos de *music hall* houvessem funcionado paralelamente, por várias décadas, a inauguração do Canterbury Hall, de Charles Morton, na região de Lambeth, em dezembro de 1856, marcou uma grande mudança em direção a *music halls* criados especialmente com esse propósito. Estes se beneficiavam de palcos mais profundos e bem-equipados, auditórios maiores, locais adequados para músicos e orquestras, vários bares, lugares ao ar livre com mesas e cadeiras para tomar bebidas e comer, *foyers* e salões ricamente decorados; em alguns casos, havia até galerias de arte. O Canterbury tinha capacidade para 2 mil pessoas, com distinções bem evidentes entre os diferentes tipos de cliente. Uma barreira (baixa) separava as mesas mais caras – na área mais próxima do palco e relativamente distantes umas das outras – das restantes, mais para trás, e mais próximas entre si.

A princípio, os *music halls* ficavam restritos ao East End e aos distritos abaixo da margem sul do rio, áreas menos importantes da cidade. Entretanto, grande parte dos mais impressionantes *halls* da segunda geração foram abertos no coração do West End, principalmente ao redor da Leicester Square. O Weston's Music Hall (posteriormente chamado de Holborn Empire) foi aberto em 1857, e Morton inaugurou um segundo *hall*, o Oxford, na esquina de Tottenham Court Road e Oxford Street, em 1861.

O balcão era, sem dúvida, um território à parte, dando início a um processo que viria a ter o seu ponto mais alto nas impressionantes gravuras a água-forte de Sickert, nos *halls* do período eduardiano, onde ocupantes do balcão olham para baixo como se fossem animais engaiolados espiando atrás das grades, as boinas típicas da classe trabalhadora realçadas pelo brilho intenso dos refletores. Alguns dos refrões persistentes mais irritantes, aqueles que até hoje causam associações, tiveram como tema essa grande diferença entre o balcão e o palco, ou entre o balcão e a "plateia": por exemplo, a canção de Nellie Power "The Boy I Love Is Up in the Gallery" [O rapaz que amo está lá em cima no balcão], e a de Nellie Farren "What Cheer 'Ria'" [O que alegra você].

A heroína de "What Cheer" gasta mais dinheiro do que pode comprando um assento na primeira fila da plateia, mas descobre que, apesar dos seus esforços, não consegue se divertir como esperava. Isso se deve, em parte, ao fato de os amigos dela que estão no balcão insistirem em chamar a atenção sobre a "intrusa", gritando, lá de cima, perguntas para ela, enquanto a moça, ostentando adornos emprestados, contorce-se desconfortavelmente dentro de roupas finas. Portanto, os *music halls* não eram aqueles "camaradas simpáticos, agradáveis e cordiais" que tornavam todas as pessoas iguais, como imaginam algumas pessoas.

A década de 1860 presenciou a chegada do estrelato no *music hall*. Artistas profissionais adotaram um personagem, uma canção ou um lema como "assinatura pessoal" e, a partir daí, usaram essa marca exaustivamente. Editores publicaram as canções em folhas de papel, possibilitando que os indivíduos que possuíam aquilo que era símbolo da respeitabilidade da classe média – o piano vertical – as levassem para casa. Cantores imitadores ganhavam a vida através das cromolitografias feitas por Alfred Concanen e outros artistas como ele, que mostravam o cantor e vinhetas ilustrando alguns versos. Com preço entre dois xelins e seis pence, muitas delas ilustravam os homens apelidados de "janotas" – bem-vestidos, invejáveis e sofisticados, sempre em busca do prazer social – ou zombavam daqueles que queriam ser esses homens, mas não possuíam recursos para desempenhar tal papel.

Havia "janotas" travestis, como Nellie Power, que se apresentava vestida de homem, e canções que celebravam as garotas trabalhadoras independentes que complementavam a sua renda (obtida com datilografia ou costura) com o dinheiro de admiradores tolos. A canção "The City Toff" [O rico vaidoso da cidade], de Power, caçoava do epônimo "Toff": "Ele é alguma coisa em um escritório", mas seus "diamantes de Paris" são nitidamente de vidro, e "as jovens garçonetes soltam risadinhas nervosas/ Para a sua salsicha [um gesto sugestivo seria, certamente, inserido nesse ponto] e a sua cerveja escura".[29]

O maior janota de todos foi o Champanhe Janota, ou Champanhe Charlie, um personagem criado por George Leybourne, em 1866. Nascido em Gateshead, em 1842, Leybourne trabalhou na montagem de máquinas antes de ir para os *halls*; mudou-se para Londres em 1864. A letra da música, de Alfred Lee, dizia que ele era rico, solteiro e generoso e que levava uma vida de luxo e ócio: "Algazarra a noite toda/na cama o dia todo/nadando em champanhe". "Pois Champanhe Charlie é o meu nome", explicava o refrão, "Bom para qualquer jogo à noite, rapazes./ Quem vai se juntar a mim em uma farra?"

> Nos cafés e nos salões, em Poplar e na Pall Mall
> Quando as garotas me veem exclamam, "Oh, que Champanhe Janota!"
> É o que todos pensam, como se não fosse esse o meu nome,
> E para que eu não ficasse bêbado, jamais teriam inventado o champanhe.
> O motivo desse meu título foi um passatempo que eu tenho.
> Nunca deixo os outros pagarem, por maior que seja a dose.
> Qualquer pessoa que bebe às minhas custas recebe esse tratamento.
> Sejam duques, lordes ou cocheiros ou outros, eu lhes pago champagne.[30]

Com a audiência instruída a gritar "Sim!" ao final de cada verso do refrão e a garrafa de Leybourne pronta para estourar no final da canção (por meio de um mecanismo de gatilho), a música celebrava o consumo ostensivo e desnecessário e a cobiça de bens ou de prazeres materiais.

Além de generosidade e um estômago excepcionalmente forte, Charlie também possuía fidelidade à marca. "Alguns apreciadores de bebidas gostam de vinho da Borgonha, ou do branco do Reno, do Bordeaux, do Mosele", ele cantava. "Mas só o Möet *vintage* satisfaz este Champanhe janota."[31] Ele carregava uma garrafa de Möet enquanto estava no palco, e o seu contrato o obrigava, entre outras coisas, a não beber nada diferente em público. Os concorrentes da Möet logo perceberam que também precisavam de quem os promovesse. Alfred Peck Stevens ("O Grande Vance") era o defensor da Veuve Cliquot. "Cliquot! Cliquot!", cantava Stevens. "Este é o vinho para mim." Uma "Cliquot Galop" foi publicada, e a sua autoria foi ousadamente atribuída a Champanhe Charlie. Juntamente a gírias vitorianas, como *crib* (berço, palavra usada no sentido de "lar"), o ato de majestosamente beber "Mo" (Möet) em grandes goles seria imitado por artistas de *rap* norte-americanos do final do século XX, enquanto refugiados de outro tipo de gueto apagavam as chamas da luta de classes, celebrando a sua chegada ao círculo dos ricos e famosos.[32]

Embora Charlie alegasse que era o responsável por fazer todos beberem champanhe, na verdade, algum crédito deve ser dado ao chanceler liberal do Exchequer[33] e futuro primeiro-ministro William Ewart Gladstone. Gladstone gostava de beber aproximadamente um litro de champanhe durante o almoço e achava que esse "consumo moderado" de um estimulante que refrescava o corpo ajudaria a classe trabalhadora britânica a perder o hábito de beber gim desmedidamente. Um comércio mais livre melhoraria a moral dos homens trabalhadores, ajudando-os a priorizarem a qualidade, em vez da quantidade. A taxa de importação do champanhe era de cinco xelins e seis pence desde 1830, mas a partir do tratado tributário (que levou o nome do defensor do comércio livre, Richard Cobden, líder das negociações) com a França, em janeiro de 1860, o orçamento de Gladstone naquele ano reduziu esse imposto para três xelins.

Como resultado, o consumo britânico de vinhos franceses mais do que dobrou, em um período de 12 meses – passou de 547 mil galões para 1,1 milhão de galões. E dobrou novamente no ano seguinte (1861), passando a 2,2 milhões. Em 1862, Gladstone diminuiu ainda mais o imposto, que passou a ser de dois xelins e seis pence; o consumo continuou a aumentar, chegando a 4,5 milhões de galões em 1868. Infelizmente, não havia nenhuma evidência de que essas medidas tinham acarretado, também, uma mudança de paladar. Como os adversários de Gladstone – no movimento vitoriano pela temperança – suspeitavam, na verdade não houve uma mudança de paladar, pois o consumo de *todas* as bebidas alcoólicas aumentou.[34]

A tendência demorou vários anos para chegar, pouco a pouco, aos *music halls*, mas "Champagne William" (como ficou conhecido) contribuiu, sem dúvida, para a criação de um fenômeno. Na década de 1860, o champanhe era bem mais doce do que hoje, o que certamente também ajudou. Infelizmente, com a Guerra Franco-Prussiana o fornecimento de vários itens foi interrompido, em 1870-1871, e, a partir de então, os produtores de champanhe começaram a fazer um champanhe *vintage* mais seco, elevando os preços e prejudicando, assim, os janotas.[35]

Contudo, a música e a pose persistiram no século seguinte, unindo Paris e as bebidas espumantes na imaginação popular. Quem ouvisse músicas como "Our Lively Neighbours" [Nossos animados vizinhos] não teria nenhuma dificuldade para entender o que o artista tenor queria dizer quando falava de Paris como "a remoção da rolha do vinho efervescente, sibilante". Apesar de ter sido de forma bem menos significante, a redução dos impostos também facilitou um movimento em outra direção, principalmente no caso da cervejaria Bass, que lançou a sua cerveja engarrafada na década de 1860. Assim, a cerveja Bass Pale Ale e o champanhe apareciam lado a lado nos cardápios dos *music halls* parisienses, assim como no balcão da famosa pintura *Bar no Folies Bergères* (1882).

Finette

Empresários de *music halls*, como Charles Morton, estavam sempre atentos a novas apresentações. A criação da primeira agência de artistas de *music halls*, em 1858, facilitou as contratações, mas administradores empreendedores, como John Hollingshead, do Alhambra, logo já estavam enxergando bem mais longe. Ex-mascate que se tornou jornalista, Hollingshead havia ficado conhecido por suas revelações chocantes sobre o "subterrâneo de Londres", bem como por sua campanha pela diminuição do rigor das leis de licenciamento de teatros e pela abolição dos chamados "impostos sobre o saber". Hollingshead foi gerente do Alhambra entre 1865 e 1868, tendo assumido um teatro que tinha sido aberto originalmente como o Panopticon of Science and Art, em 1854. Situado ao norte de Leicester Square, esse complexo de laboratórios e salas de leitura, criado para a difusão do "conhecimento útil", havia sido convertido em auditório com capacidade para três mil pessoas. Em 1864, o novo arrendatário, Frederick Strange, acrescentou ao *foyer* uma "Cascada Torrencial", com aproximadamente 12 metros, e "água de verdade".

Strange havia encontrado em Hollingshead um gerente que combinava um excelente tino comercial e um desrespeito saudável pelo lorde Chamberlain e seus poderes de controle sobre os teatros de Londres. Em janeiro de 1867, Hollingshead encenou uma pantomima com várias falas, embora o Alhambra só tivesse licença para apresentar espetáculos de variedades: um conjunto de cenas de tombos engraçados e palhaçadas, com personagens inspirados na *commedia dell'arte* italiana. O título da pantomima (que também era a primeira fala) – "Onde está a polícia?" – tinha o claro objetivo de provocar as autoridades. Hollingshead foi devidamente convocado a se apresentar ao Poder Judiciário, na Marlborough Street, onde foi multado em 240 libras. Àquela altura, vários outros teatros não licenciados haviam se unido a ele, e, com o apoio dessas pessoas, Hollingshead declarou a sua intenção de apelar contra a multa.

No mesmo ano, Hollingshead e o mestre de balé do Alhambra, Mr. Milano, foram a Paris em busca de novas apresentações. No Café de Herder, encontraram Finette, que havia voltado recentemente de uma turnê na Alemanha. Hollingshead a contratou para atuar em Londres, no verão seguinte; a princípio, no Royal Lyceum (na Wellington Street), sob a administração de E. T. Smith. No dia 11 de maio, ela estava no Alhambra, apresentando uma "Quadrilha de carnaval parisiense, com nova variação", um "balé anglo-francês", com o nome de *Mabille in London*.[36] As primeiras manifestações de desagrado apareceram em *The Censor*, de 20 de junho de 1868, ao lado de uma imagem de Finette fazendo um passo da dança (Fig. 23). Seus cachos devassos sugerem chifres satânicos, e ela está pisando sobre as palavras "Beleza", "Sensatez", "Decência", "Elegância" e "Honra". Sua mão esquerda balança uma bandeira com o lema "À Destruição", indicando, nitidamente, para onde essa sedutora parisiense estava levando a juventude da nação.

Figura 23 – Finette em *The Censor*, 20 de junho de 1868

Finette era, de acordo com *The Censor*, um sinal da decadência daqueles tempos. Não parecia preocupante o fato de milhares de ingleses, inclusive garotos e meninas jovens, estarem aplaudindo uma mulher com "comportamento afrontoso e movimentos indecentes, que até em Paris estavam restritos a locais de diversão como o Mabille"? Não havia nada de gracioso em Finette, o artigo insistia; ela se contorcia e jogava as pernas pra lá e pra cá, não como uma dançarina, "mas como uma devota de Afrodite Pândemos". E o texto concluía censurando E. T. Smith por apresentar a janotas menores de idade o que o autor chamou de prazer mais avançado e "progressista" da era: tomar champanhe com bailarinas no bar do Lyceum.[37]

Em 1869, os protestos finalmente levaram o lorde Chamberlain, visconde Sydney, a agir. Depois de assistir, ele próprio, ao show, enviou uma advertência a todos os administradores de teatro. Porém, a temporada de Finette no Lyceum não foi interrompida, e assim Hollingshead achou que era seguro apresentar o cancã no Gaiety [Alegria] e no Alhambra, em outubro de 1870. Lá, Finette apareceu como integrante da trupe de Mlle. Colonna, em um breve "balé aquático e espetáculo" intitulado *Les Nations, or the Grand Cascades* [As nações, ou as Grandes Cascatas], que tinha a duração de aproximadamente uma hora, isto é, das 22h15 às 23h20. Estavam no programa, também, uma trupe japonesa (a Royal Tycoon's Private Troup of Japanese) e os macacos maravilhosos do Cirque L'Imperatrice.[38] A essa altura, a Guerra Franco-Prussiana havia estourado, e, certamente, Finette estava gostando de ter de permanecer em Londres; a única maneira de retornar a Paris seria de balão, pois a cidade estava sitiada.

No dia 8 de outubro, o superintendente de polícia Dunlop, da Divisão C, mandou oficiais à paisana observarem Finette. Os ingressos do inspetor J. E. Perry e do sargento John Pope foram pagos pela Polícia Metropolitana de Londres. A julgar pelo relatório que eles entregaram dois dias depois, os dois não tiveram uma boa experiência:

> Pedimos permissão para informar que estivemos no Alhambra Palace Music Hall, no dia 8 do mês corrente, quando foi apresentado o balé *Les Nations*, no qual Mdlle. Colonne [*sic*] e sua trupe (quatro pessoas, no total) apareceram e dançaram a quadrilha parisiense, ou o vulgar "cancã". Duas delas estavam vestidas de homem, usando corpetes, que combinavam com shorts, e meias cor de carne; as outras duas estavam vestidas como bailarinas comuns, com a única diferença de que uma parte maior da coxa

estava à vista, uma vez que as [suas] ceroulas eram bem curtas. A dança, em geral, é indecente, principalmente na parte em que uma das dançarinas vestidas de mulher levanta o pé, até acima da cabeça, várias vezes, em frente ao público; e isso foi bastante aplaudido. Havia um grande movimento de visitantes até o começo da apresentação, mas esse movimento diminuiu logo depois. Os espetáculos seguintes foram realizados, principalmente, por mulheres vestidas como homens, mas nada de censurável foi observado neles.

A polícia esperou até que Frederick Strange fizesse o requerimento da renovação da licença de música e dança do Alhambra, quando, então, divulgou o relatório, juntamente com uma gravura tirada de *The Day's Doings*, um periódico para homens que gostavam "de ação". A essa altura, Hollingshead já havia se mudado, e seu substituto, um tal Mr. Poland, encontrou grande dificuldade para defender Finette. Ele argumentou que a gravura não poderia servir de prova, pois vinha de um jornal que era conhecido pelo exagero nas publicações. Além disso, observou que Finette havia dançado o cancã por uma temporada inteira no Lyceum sem que ninguém houvesse feito qualquer objeção (certamente, ele não lia *The Censor*). Finalmente, Poland recorreu a um argumento que seria usado por muitos administradores de teatro nos anos seguintes. Se a licença do Alhambra não fosse renovada, 450 pessoas ficariam desempregadas. Duzentas delas eram garotas, ele acrescentou, que levavam uma vida honesta, conforme os deveres da moral; porém, isso não continuaria sendo possível se essas jovens não contassem mais com aquela renda fixa (as artistas menos importantes recebiam aproximadamente 20 xelins por semana) paga por Mr. Strange. Apesar de todas essas alegações, os magistrados votaram (7 – 2) pela não concessão da licença.[39]

Strange apelou da decisão; contratou um advogado de fama levemente desonrosa, chamado Digby Seymour, que, ao que parece, importunou os magistrados para que reabrissem o caso. Seymour argumentou que o cancã que era dançado ali não era a quadrilha parisiense que levava o mesmo nome, mas sim uma nova versão da dança, digamos, "censurada". O Alhambra jamais, ele afirmou, pediria aos magistrados britânicos uma licença para o cancã, que não passava de "uma quadrilha de 'prostitutas'". E prometeu que a outra versão nunca seria dançada lá novamente. Apesar de os magistrados haverem se sentido temporariamente intimidados, por fim eles se deixaram convencer por um deles, Pownall, que lhe perguntou se "nós, neste país, devemos regredir e aceitar cenas que são aprovadas em uma capital vizinha?".[40] O veto permaneceu. Quando a licença venceu, no início de novembro, Strange passou a apresentar concertos de Gounod e Strauss, tocados por uma orquestra enorme, formada por 150 músicos.

A partir desses relatos obscuros e conflitantes, fica difícil determinar o que Finette realmente estava fazendo. Mas podemos ter certeza sobre o que ela estava vestindo, com base nas fotografias de publicidade e nas descrições – coerentes com as imagens – em suas memórias. Está claro que ela usava trajes de garotos ou de homens; mais especificamente, de pescadores. Em suas memórias, Finette explicou que ela mesma havia criado esse modelo de short preto, vermelho e bordado em cor dourada.[41] E, embora Finette estivesse usando short, as suas coxas não estavam à mostra, ao contrário do que afirmaram os oficiais à paisana da Polícia Metropolitana. Meias finas brancas cobriam totalmente as suas pernas.

Os trajes de Finette não eram muito diferentes dos usados pelas moças que faziam os papéis principais de garotos nas paródias populares que tomaram por empréstimo enredos e títulos de dramas importantes (*Fausto*, de Goethe, por exemplo) e os transformaram em produções sem propósito ou ridículas (resultando, no caso desse exemplo, em *O jovem doutor Fausto*). Como o próprio Hollingshead definiu, Finette estava vestida "um pouco mais decentemente que um príncipe burlesco".[42] Suas ceroulas escondiam mais as coxas do que o *caleçon* (tipo de saia) usado em balés de repertório, na década de 1840, a era de Carlotta Grisi.[43]

Tanto para a polícia quanto para os magistrados, a obscenidade não estava no traje, mas no que Finette estava fazendo e, talvez, também no que a audiência estava fazendo. Perry e Pope ficaram especialmente chocados com a altura e a direção dos pontapés de Finette: "até acima da cabeça" e "em frente ao público". Também ficaram impressionados "pelo grande movimento de visitantes" momentos antes do início da apresentação e pela coincidência entre os pontapés altos da dançarina e os aplausos desses visitantes. Um aspecto indecente também era o fato de que esses homens haviam planejado a sua aproximação de Finette e, especificamente, de seus pontapés.

Entretanto, os policiais descreveram a apresentação como uma "dança". Isso é interessante, uma vez que muitas pessoas haviam interpretado o cancã como o oposto da dança. Em um escrito de 1854, Bayle

St John o chamou de "um tipo de ginástica violenta, na qual rapazes gentis [sic] jogam as pernas para cima, balançam a cabeça, contorcem o corpo e agitam seus braços, cotovelos e mãos".[44] Finette e suas três colegas formavam dois casais em outras partes da quadrilha – duas vestidas de homens e as outras duas, de mulheres –, mas *ela* era a estrela. Era ela que estava no centro do palco no auge de um "número" que focalizava suas ágeis contorções.

Em 1872, uma trupe de cancã de Paris composta só de homens, Les Clodoches, apresentou-se por uma temporada no Cambridge. Como *music hall*, o Cambridge não possuía uma licença para danças. Então os estabelecimentos que tinham essa licença pagaram Robert Young para visitar o Cambridge por quatro noites e depois processar o seu administrador, Mr. Nugent, no Court of Common Pleas. O julgamento levantou a questão: o cancã era uma dança ou, como uma testemunha afirmou, "acima de tudo, uma atividade de contorcionismo"? Young descreveu a maneira como os Clodoches dançavam "as Quadrilhas de 'cancã' francesas e o público pedia bis". A apresentação durava 12 minutos, e em uma das quatro noites eles cantaram, além de dançar. Os homens vestidos de mulher também fizeram a "a abertura total das pernas no solo".

O advogado do Cambridge alegou que os Clodoches não estavam dançando, mas sim saltando, mas o juiz retrucou que "saltar" era "dançar como se fossem cabritos". Isso, de certo modo, confundiu a defesa. Espetáculos de "juiz e júri" eram uma maneira popular de entretenimento na década de 1840, e, certamente, alguns membros do júri na questão *Young versus Nugent* fizeram um grande esforço para levar o caso totalmente a sério, enquanto uma testemunha após outra desistia de descrever o cancã com palavras e começava a representá-lo com mímicas, em pleno tribunal, gerando "altas gargalhadas" por parte de todos os presentes.

Por fim, o júri absolveu o réu, aparentemente concordando que o cancã era "um tipo de atividade pantomímica [...] envolvendo posições curiosas". Realizado por homens, assim como por mulheres, o cancã era tão ridículo que chegava a ser divertido, e não indecente ou imoral. Embora fosse apresentado com acompanhamento musical – que poderia ser feito (isso, no tribunal, criou conflitos) com a ópera-bufa *Grande Duchesse de Gérolstein* [Grã-Duquesa de Gérolstein], de Jacques Offenbach (e não, supostamente, com a *Orphée aux enfers* [Orfeu no inferno], onde todos nós sabemos que a melodia do cancã aparece) –, o cancã não era dançado *conforme* a música. Isso confirmava que não se tratava de uma dança.[45]

Skirt dance

A história do cancã poderia ter acabado ali, por volta de 1870. Uma forma anterior de dança similar, nascida em *guinguettes* e salões de dança, 50 anos antes, havia sido desenvolvida por alguns profissionais mais flexíveis (homens e mulheres) do Mabille, havendo se tornado, por fim, um ato de contorcionismo apresentado em vários palcos de *music halls* de Paris e Londres. Tudo sem nenhuma anágua de renda à vista. Mas, graças a uma dançarina britânica, Kate Vaughan (Fig. 24), o cancã sobreviveu. Vaughan havia criado um novo tipo de dança, conhecido como *skirt dance*, já mencionado anteriormente, e foi, indubitavelmente, a primeira dançarina a mostrar as anáguas de renda no palco. Embora a turnê de Vaughan em Paris, em fevereiro de 1876, não tenha sido bem-sucedida (ela foi vaiada até se retirar do palco), estrelas parisienses como Finette e, especialmente, as de uma geração um pouco mais jovem – por exemplo, La Goulue e Grille d'Égout – copiaram de Vaughan as roupas e a maneira de manipular as saias. E foi combinando isso com os altos pontapés do cancã "ginástico" que elas, por sua vez, criaram o cancã francês.

Kate Vaughan, assim como Finette, havia treinado técnicas de balé; no caso de Vaughan, o treino foi com madame Conquest, professora de balé do Grecian Theater, de cuja orquestra seu pai participava. Kate e sua irmã Susie compunham a Troupe Vaughan, juntamente com duas outras dançarinas com especialização em "dança afro-americana", ou seja, as "danças nacionais do Negro", do tipo que Juba (William Henry Lane) havia apresentado no Vauxhall em 1848: "Virginny Breakdown", "Alabama Kick-up" e "Tennessee Double-Shuffle".[46] A trupe se apresentava nos Cremorne Gardens no final da década de 1860, quando o onipresente E. T. Smith era o seu arrendatário.

A pista de dança dos Cremorne Gardens havia presenciado as primeiras experiências de Londres com o cancã, em 1852; Vaughan agora incorporava pontapés no ar em suas apresentações habituais, que incluíam o cancã, sob o rótulo de "quadrilha parisiense". Ela chamou a atenção de Hollingshead, que a levou para o Gaiety, onde se tornou a primeira de uma série de "Garotas Gaiety", a partir de 1877, apresentando-se junto com Nellie Farren em um novo quarteto, com os comediantes e arlequins burlescos Edward Terry e Teddy Royce. Essa trupe era o maior sucesso do Gaiety até 1883, quando Vaughan tomou a insensata decisão de deixar a dança para se dedicar ao teatro.

Figura 24 – William Downey, Kate Vaughan como Lalla Rookh no Novelty Theatre, 1884

O seu estilo consistia em realizar movimentos de danças tradicionais, geralmente da valsa, com ambas as mãos segurando e movendo a saia de acordo com a música. O fato de a saia ser longa facilitava esses passos, mas também revelava o que Vaughan estava usando por baixo: várias anáguas com barras de renda por cima de calças justas de malha preta com brilhos dourados, que desciam até encontrar botas de couro na altura dos tornozelos.[47] Vaughan também usava luvas pretas compridas sobre braços nus e adotava uma expressão vaga, sem dúvida com a intenção de seduzir. Assim como Finette, Vaughan posou para muitas fotografias de publicidade, inclusive uma em que estava recostada, parecendo ainda um pouco menos animada que uma arara empalhada olhando amorosamente para ela. Mesmo que não esteja claro se ela própria inventou a *skirt dance* ou se foi instruída por John D'Auban, o mestre de balé do Gaiety, o fato é que Vaughan conquistou muitos fãs. O crítico de arte John Ruskin era fascinado por ela. Ele e o pintor pré-rafaelita Edward Burne-Jones ficaram deslumbrados quando descobriram que compartilhavam uma grande admiração por Vaughan.[48]

Não parece que a dançarina tenha levantado muito a saia ou dado altos pontapés no ar, mas ela, nitidamente, deu a impressão de que faria isso a qualquer momento. A sua expressão distante ou, talvez, reservada e os seus movimentos relativamente lentos pareciam dividi-la em duas metades. Rigolboche e outras dançarinas de cancã podem ter se referido ao espírito da dança como algo que invadia o corpo e tomava conta, mas no caso de Vaughan o conflito era exteriorizado. As audiências ficavam atraídas não porque ela estava levantando a saia, mas porque ela parecia estar lutando, em vão, para manter a roupa no devido lugar. Mas a saia parecia ter vontade própria. Como o título do seu primeiro número de *skirt dance* – "Ela não é mesmo tímida?" – indica, Vaughan e seus empresários estavam bastante cientes desse seu poder de sedução. Ao contrário de Finette, ela aparentava ser uma artista sem entusiasmo, relutante ou mesmo arrependida. Isso – assim como as rápidas visões da renda, que não revelavam nada e sugeriam tudo – causava *frisson* nos espectadores do sexo masculino.

Não há imagens disponíveis de Vaughan dançando, mas existem figuras que mostram suas (menos talentosas) imitadoras levantando as saias até acima da cabeça. A sua parceira, Nellie Farren, era famosa por inclinar o tronco para trás quando dançava a valsa. Nessa posição, não era necessário levantar muito as pernas para mostrar as anáguas rendadas. As sucessoras de Vaughan no Gaiety – Connie Gilchrist, Lettie Lind e Alice Lethbridge – provavelmente não faziam nada muito diferente disso, mesmo considerando que outros palcos mostraram bailarinas de *skirt dance* mais exuberantes, como Sally Collins, conhecida como "Wiry Sal" [Sal Vigorosa ou "Sal the Kicker" [Sal do Pontapé]. Em 1891, Lottie Collins fez a sua estreia no show "Ta-Ra-Ra-Boom-Di-Ay" (mesmo nome da canção que ela apresentou). O pontapé no ar que Collins executou no "B" de "Boom" e a sua projeção vocal teriam chocado Vaughan (que não tinha uma voz excepcional); no entanto, Collins se ateve ao espírito da *skirt dance* e dividiu o número em duas partes: "recatada" (refrão) e "selvagem" (coro).

Antes de Kate Vaughan, o cancã havia sido uma dança solo para artistas masculinos ou femininos que envolvia contorções desafiadoras, sendo que as que exigiam maior esforço (os pontapés altos e a abertura das pernas no solo) eram realizadas por dançarinos – como os *Clodoches* – ou por dançarinas vestidas como rapazes. Nas fotografias de Rigolboche e Finette, elas raramente estão usando saias, e quando estão, está claro que por baixo há apenas calças justas brancas, sem anáguas, rendas valencianas ou qualquer outra peça. A invenção da *skirt dance* – e, em particular, a aparentemente fracassada turnê de Vaughan em Paris – inspirou a geração de dançarinas parisienses posteriores a Finette a se vestir de forma diferente, bem como a segurar as saias e movê-las no ar. Fotografias de La Goulue (Louise Weber) e de Grille d'Égout, da década de 1880, mostram trajes impressionantemente diferentes: as dançarinas estão levantando as saias e fazendo uma exibição, bem mais atraente, de anáguas brancas, ou *jupons*.

As pernas estão cobertas por calças justas de seda preta, mas as canelas são visíveis até um pouco abaixo dos joelhos, onde os *pantalons* (basicamente, shorts curtos) cheios de babados começam. Fotos posteriores da dupla, com Nini Pattes-en-l'air e Sauterelle, mostram as dançarinas calçando sapatos leves e vestindo *pantalons* que terminam logo acima do joelho (Fig. 25). Ainda que seja difícil imaginar o cancã sem pensar em cintas-ligas, aqui elas não estão presentes.[49]

Durante a década de 1870, enquanto Finette e os Clodoches estavam brigando com os tribunais e Vaughan estava desenvolvendo a sua *skirt dance*, "*le musique hall*" chegou a Paris. Novos tipos de teatro surgiram na capital francesa, bem parecidos com o Alhambra, de Londres, enquanto os salões de dança, como o Mabille e o Casino-Cadet, fecharam. Em maio de 1869, o Folies Bergères foi aberto, em um antigo depósito de móveis, na Rue Richer, conhecido como Les Colonnes d'Hercule. Inicialmente, teve de lutar para não falir e, na verdade, só foi em frente depois da Guerra Franco-Prussiana, quando Léon Sari assumiu a administração, já tendo, anteriormente, gerenciado o Théâtre des Délassements Comiques. Em 1875, ele aumentou o espaço do Folies, acrescentando um espaço aberto – ou um *promenoir* – no estilo londrino. Pinturas como *Bar no Folies Bergères*, de Manet, demonstram a riqueza de efeitos possíveis através da justaposição de locais para beber, cobiçar, circular e atuar. Poucas partituras sobreviveram, mas o título das canções da época, popularizadas por Yvette Guilbert, por exemplo, falava de questões semelhantes às abordadas nos *music halls* de Londres: "Ah, qu'c'est drole um amoureux" ("Oh, como é engraçado um amante"), "Je suis pochard" ("Estou embriagado"), e assim por diante.[50]

Figura 25 – Artista desconhecido, Nini Pattes-en-l'air, La Sauterelle, Grille d'Égout e, na frente delas, La Goulue no Moulin Rouge, 1900

Por algum motivo desconhecido, no final da temporada de 1880, Sari decidiu demitir os funcionários e transformar o Folies em um lugar para concertos, mas voltou atrás quando o *concert de grand musique* não foi bem-sucedido; a essa altura, já havia, inclusive, declarado falência. Foi somente com os novos arrendatários, M. e Mme. Allemand, que o Folies, como *music hall*, apresentou um novo programa de variedades.

Em outubro de 1889, o Moulin Rouge foi inaugurado por Charles Zidler e Joseph Oller, em um local ao pé de Montmartre, anteriormente ocupado por um salão, o La Reine Blanche. Tratava-se de um amplo salão de baile feito de ferro, com um espaço para a orquestra, em uma das extremidades, e um segundo palco, em um pequeno jardim do lado de fora, dominado pelo gigantesco elefante de madeira (exibido na Exposição

Universal havia pouco tempo), local em que apresentações privadas de dança do ventre eram feitas por "La belle Fathma".[51]

A influência de Londres no Folies Bergères e no Moulin Rouge era óbvia, tanto em relação aos artistas apresentados quanto no que dizia respeito ao ambiente, como mostram os trabalhos de Henri de Toulouse-Lautrec (que se mudou para Montmartre em 1886) e os relatos escritos por Symons e Huysmans.[52] A litografia de Lautrec *O homem inglês no Moulin Rouge* (1892) (Fig. 21) mostra um cavalheiro de bigode flertando com duas mulheres. Huysmans foi ao Folies Bergères em 1879 e, no ano seguinte, descreveu essa visita, em seus *Parisian Sketches* [Relatos parisienses]. Ele admirou o teatro, por sua atmosfera de bulevar, e o avaliou como feio e, ao mesmo tempo, esplêndido, "combinando um bom gosto primoroso com um mau gosto ultrajante". Além disso, divertiu-se com o humor inglês na comédia de dois personagens da companhia Hanlon-Lees. Little Tich (Harry Relph) também fez palhaçadas no Folies Bergères. E, na verdade, ele fez tanto sucesso que foi nomeado *officier* da Academie Française em 1910.[53] Enquanto isso, no Moulin Rouge, "Les Ecossais" [Os escoceses] alegravam as audiências femininas: vestiam *kilts* e se balançavam em trapézios altos.[54]

No Moulin Rouge e no Folies Bergères, as apresentações de cancã não eram realizadas nos palcos – onde ele havia sido dançado por Vaughan e Finette, em Londres –, mas sim como no velho Mabille: na pista de dança, cercadas por rodas de espectadores e espectadoras. Tratava-se, agora, dos efeitos estonteantes e exaltados de saias e anáguas, um borrão multicolorido e nebuloso. Jane Avril desenvolveu um cancã com três etapas, que apresentava sozinha e como parte da trupe de mademoiselle Eglantine. A dança começava com "o moinho", e a bailarina levantava a saia e uma perna, saltando com a outra perna, enquanto girava o pé que estava no ar. Depois de trocar as pernas, a dançarina ajustava, sutilmente, a saia e fazia uma série de movimentos laterais que lembravam as *gambades* originalmente executadas por homens nos dias da Grande Chaumière. A etapa final consistia em pontapés altos e poses conhecidas, como a *porte d'armes* (com uma perna para trás, contra as costas, como se fosse um rifle), a *gitarre* (agora com a perna para frente, em diagonal com o tronco, como um violão) e a *grand écart* (a abertura total das pernas no solo).

Em maio de 1891, a revista masculina *Gil Blas* publicou um suplemento voltado às "excentricidades da dança", escrito por "Rodrigues", isto é, o bibliófilo e colecionador Eugène Rodrigues-Henriques. Ele fez uma descrição inebriante do cancã em seu auge, quando executado por La Goulue, dizendo que era como se a dança levasse a um orgasmo coletivo. Ele contou como "daquele pedaço de carne rosada" perto da cinta-liga "jorra aço derretido sobre os espectadores ofegantes", até que, finalmente, "uma mancha escura indica a mais íntima eflorescência, e uma mesma excitação se apodera de espectadores e espectadoras".[55]

A parceira de La Goulue, Grille d'Égout, interpretou a mesma dança de maneira muito diferente, oferecendo um olhar sobre a realidade mundana que estava por trás daquelas cortinas de renda: o mundo onde as dançarinas tinham de economizar seus ínfimos salários para manterem as roupas de baixo muito caras que estavam gradualmente encobrindo a sua individualidade. Quando a *Gil Blas* lhe pediu para falar sobre o cancã, ela escreveu o seu próprio artigo:

> É necessário ter calções bonitos. Eles são indispensáveis. Sem calções bonitos, não há cancã. Pessoalmente, prefiro calções brancos, anáguas compridas com rendas finas e *pantalons* cheios de babados. É possível usar calções coloridos, mas as cores devem ser claras. As calças justas devem ser pretas, para contrastar com o branco... Se você está vestida assim, pode levantar as pernas tranquilamente. Devo acrescentar, entretanto, que nunca danço sem antes prender com alfinetes a borda inferior dos *pantalons* às meias finas. Mulheres que mostram a sua carne são repugnantes.

Assim como o de Finette, parece que esse relato traz uma verdade que está totalmente ausente no que foi escrito por "Rodrigues". Ainda que haja evidências fotográficas de que La Goulue realmente mostrava um "trecho da pele", tudo indica que, de fato, isso era raro antes de 1914 e, sem dúvida, antes de 1900. "Certo, chamam-me de Grille d'Égout [Grade de Esgoto] – não sou uma duquesa –", o seu artigo continua, "mas não gosto de coisas escandalosas – não sou uma pessoa rude ou agressiva, oh, não."[56]

Gay Paree

Na década de 1890, Charles Godfrey estava no auge da carreira como artista de variedades. Nascido em 1851, seu nome real era Paul Lacey, e ele havia acabado de adotar a profissão de ator, quando trocou o teatro pelo *music hall*. Aos 40 anos de idade, Godfrey estrelava o "Grand Christmas Programme" do teatro de variedades Tivoli, na Strand. Seu nome apareceu ao lado de celebridades como Arthur Lloyd e Lottie Collins, já mencionada neste capítulo. Embora ele nunca tenha alcançado uma fama similar à dessas estrelas, Godfrey garantiu uma posição segura, havendo se especializado em canções sobre homens urbanos elegantes. Obteve um sucesso considerável com "The Masher King" [O rei conquistador] e outros números semelhantes que celebravam um modo de vida em que se esbanja dinheiro e que já havia sido muito louvado por George Leybourne.

Outro grande sucesso de Godfrey foi a canção *Gay Paree* – composta por Edward Jonghmans, com letra de Richard Morton –, que descreve uma viagem a Paris com três amigos (Tom, Dick e Harry). Depois de encher um baú com as suas roupas, os quatro partem e logo estão caminhando na avenida "Shongs Elizer". Dick avista quatro garotas que ele afirma conhecer e as convida para se juntarem ao grupo. Os quatro seguem provocando as suas atraentes companhias, fazendo referências a sapos [termo depreciativo usado para se referir a pessoas francesas] e comentários arrogantes sobre a Torre Eiffel, que havia sido inaugurada em março de 1889. Uma das garotas "apetitosas" se ofende quando um dos rapazes toca em seu queixo e a chama de "a mais gostosa das delícias!". Nesse momento, policiais intervêm. Uma briga e uma breve perseguição pela "Rue de Qualquer Coisa" terminam com os quatro pagando fiança e sendo mandados "*Back again to London town!*" [De volta para a cidade de Londres!].[57]

Canções sobre gangues de homens perambulando pelas ruas londrinas, embebedando-se, atormentando mulheres, envolvendo-se em complicações com a polícia não eram nenhuma novidade na década de 1890. Comparadas às ações dos "Champanhe Janotas" de George Leybourne, os supostamente inofensivos atos grotescos do "conquistador" das décadas de 1880 e 1890 tinham uma natureza mais violenta. Canções como "Come Along, Boys, Let's Make a Noise" [Venham, rapazes, vamos criar confusão] quase promoveram vandalismo. "Bill Smith, Tom Jones e Johnson e eu mesmo saímos ontem à noite para uma farra", Charles Waterfield cantou em "We All Had One" [Todos nós bebemos], que terminava, como de costume, com uma briga.[58]

Enquanto os conflitos podiam ser facilmente encontrados em qualquer lugar, Godfrey cantava sobre uma cidade com muito mais a oferecer. Como dizia o estribilho:

> Na Gay Par-ee! Gay Par-ee!
> Quatro britânicos bobos na farra!
> Passeando – boulevardiando,
> Simplesmente na farra!
> Donzelas bonitas e delicadas, senhoritas gostosas,
> Posso te beijar? – Oui!
> Eu e Tom, e Dick, e Harry,
> Fora de casa, em Par-ee, a velha e boa Par-ee![59,60]

Femmes fatales, flâneries, franceses pouco confiáveis e remorso (simulado), tudo isso está presente nas canções Gay Paree da década de 1890 e do início da de 1900. Outros "Quatro ingleses felizes, com uma grande quantidade de L.S.D. [libras, xelins e pence]" chegam a "Pareé" [*sic*] na canção "Four Englishmen in Paree" [Quatro ingleses em Paree], de Charles Deane; eles perambulam pelos bulevares "procurando alguma coisa muito boa". O resto da viagem é exatamente igual ao da que fizeram Tom, Dick e Harry, exceto pelo fato de que eles conseguiram melhores resultados com as garotas e o garçom, aquele "sapo tolo".[61]

As pessoas que ouviam Godfrey no Tivoli não precisavam ir muito longe para obter informações sobre como proceder para fazerem a sua própria farra: as companhias ferroviárias South East e Chatham divulgaram, no próprio programa da apresentação, o pacote "Paris – ida e volta por 30 xelins". Trinta xelins garantiam uma viagem na terceira classe, com retorno em aberto durante 14 dias, passando por Folkestone e Bolougne. (O retorno na primeira classe custava 58 xelins.) Os passageiros podiam escolher entre duas partidas por dia, e a viagem durava apenas nove horas. Valendo cerca de 85 libras no dinheiro de hoje, o preço era consideravelmente menor que um retorno flexível no Eurostar (250 libras).[62] Mesmo antes de começarem a cobrar pela acomodação e por outros custos, 30 xelins era uma soma de dinheiro significante, e a maior parte da audiência de Godfrey teria de se contentar em conhecer a *Gay Paree* pelas canções ou por apresentações de cancã nos palcos de Londres.

Quando o cancã voltou à capital inglesa, em 1896, novamente transformado, as reações foram diversas. Nini Pattes-en-l'air [Nini Pés no Ar] estava se apresentando no Alhambra e em outros *music halls*, como integrante da trupe Eglantine. Quem conhecia o cancã percebeu que, dessa vez, as visitantes parisienses estavam vestidas de maneira diferente, usando saias em lugar de shorts. Mas havia também a sensação de que não estavam oferecendo nada de novo para o público londrino. Como observou o correspondente do *music hall* para a revista semanal *St Paul's*, "Powder-Puff" [Pompom]: "Quando Nini Patte en l'Air [*sic*] veio até aqui pela primeira vez, seu estilo de dança era novidade para nós, que não conhecíamos a nossa Paris. Mas, depois que ela esteve aqui, danças acrobáticas deixaram de ser estranhas para nós".[63]

Ainda que Arthur Symons tivesse observado, um tanto admirado, a respeito do *chahut*, que "até em Paris é preciso ser, de algum modo, ultramoderno para apreciá-lo", na verdade, em meados da década de

1890, o cancã havia deixado de ser considerado escandaloso.[64] Isso não ocorreu devido à falta de supostos censores. A reformadora social inglesa Laura Ormiston Chant e seus lobistas estavam atormentando o recentemente estabelecido London County Council para exercer um papel mais ativo no controle dos palcos da cidade. Porém, os membros desse conselho estavam mais preocupados com as letras sugestivas das canções dos *music halls* e, especialmente, com as *poses plastiques*: espetáculos em que mulheres – totalmente envoltas em uma roupa de malha aderente ao corpo e da cor da pele – posavam em silêncio, com o corpo imóvel.[65]

Enquanto isso, em Paris, o sucesso do *music hall* gerava oposição por parte daqueles que temiam que ele acabaria ofuscando o estilo de música e de apresentações encontrado nos cabarés e *cafés-concerts* (ou *caf'concs*), os acolhedores refúgios de verão que assumiram o papel levemente desmoralizado das *guinguettes* como locais onde os boêmios podiam se juntar à classe trabalhadora.[66] Enquanto estabelecimentos como o Mabille e a Grande Chaumière haviam, inicialmente, servido paladares semelhantes, na década de 1860 eles passaram a atender um público mais refinado – inclusive os turistas –, que demandava uma comida e um programa melhores, bem como uma separação mais clara entre os profissionais que se apresentavam e os espectadores, que simplesmente assistiam.

Na década de 1880, os cabarés haviam se tornado uma alternativa considerada contracultural ao *music hall*, que parecia, por outro lado, demasiadamente apegado ao dinheiro, comercial e de gosto duvidoso. Em 1869, o jornal musical *Le Calino* registrou a tendência a fazer do Eldorado e afins um bode expiatório. O público não deveria, o artigo continuava, ser julgado tolo por trocar locais mais antigos por novos palcos de variedades, cujo único pecado era tentar acompanhar o tempo, em vez de oferecer entretenimento que lembravam as *parades* (apresentações precárias, no estilo das que eram vistas nas feiras) da Champs Elysées no século anterior.[67]

Essa divisão traçou uma linha nítida entre *chanson* e variedade e, sem dúvida, condenou-as, igualmente, a uma morte em vida. Mais do que gerar novos desenvolvimentos, o estilo combativo com que o cantor Aristide Bruant se apresentava foi cuidadosamente protegido como uma arte parisiense mais "genuína" do que o *music hall*, embora o *cabaret artistique* de Bruant, Le Chat Noir, estivesse apenas a uma pequena distância do Moulin Rouge.[68] Toulouse-Lautrec conseguiu encontrar dinamismo em ambos, mas, para uma geração mais jovem, o espetáculo elétrico e brilhante do *music hall* era mais atraente; sim, era comercial, mas representava um abraço caloroso à modernidade, no lugar de uma camisa de força, proporcionada pela nostalgia. Quando chegou a Paris, em 1900, Picasso inicialmente frequentou o cabaré Lapin Agile, mas logo o trocou pelo *music hall* Olympia, como indicam seus primeiros trabalhos cubistas de colagem.[69]

Na época, as celebridades do cancã, como uma espécie de classe, estavam nas últimas. Apresentações feitas por apenas um artista ou por trupes pequenas (de duas ou quatro pessoas) haviam sido ofuscadas por grupos maiores que viriam a fazer do cancã um sinônimo de sorrisos artificiais e coreografias monótonas. Os passos e pontapés aparentemente arbitrários podem ter tornado isso inevitável, por implicarem uma separação entre a metade de cima do corpo e a de baixo, como se os movimentos do cancã representassem o colapso espasmódico e confuso de uma máquina dançante. Na década de 1830, dançarinos de cancã haviam celebrado seus passos como reflexos da sua própria individualidade. Infelizmente, jornalistas e profissionais como Rigolboche tendiam a usar os termos "histeria", "hipnose", ou "eletrificação" para descrever o "seu" cancã, como se dançarinos individuais estivessem "fora do controle", agindo como autômatos desgovernados.[70]

As trupes maiores entraram em cena, vindas tanto de Londres (como as Tiller Girls), quanto, e cada vez mais, dos Estados Unidos (por exemplo, as Sherry Girls e as Barrison Sisters). Isso significava que artistas individuais poderiam ser incluídos ou excluídos quase que à vontade, sem que a apresentação fosse modificada ou prejudicada, em qualquer sentido.[71] O foco do espectador parece haver mudado do rosto para as pernas. La Goulue (cujo nome pode ser livremente traduzido por "glu-glu") e Bouffe Toujours [Sempre mascando] tiraram esses nomes da fase semiamadorística do cancã, quando as dançarinas, ao se sentarem com os clientes, tinham de beber ou comer sempre e depressa, antes que os homens que estavam pagando a conta perdessem o entusiasmo. Os nomes de Grille d'Égout [Grade de Esgoto] e Nini Belle Dents [Nini Belos Dentes) foram inspirados em suas arcadas dentárias.

Na década de 1890, apelidos como Peau de Satin [Pele de Cetim] ou Nini La Belle En Cuisse [Nini das Belas Coxas] se tornaram mais comuns. O foco havia mudado dos hábitos ou das características faciais para partes do corpo recentemente mais visíveis devido aos pontapés cada vez mais altos. Pelo que nós e os seus contemporâneos pudemos saber, Nini Belle Dents provavelmente possuía coxas bonitas também. Mas, supostamente, ninguém as teria visto quando ela estava dançando, muito antes, na década de 1860. A partir do momento em que as dançarinas de cancã passaram a se mostrar mais, elas perderam a identidade, tornando-se apenas elementos em uma fileira daquilo que as audiências parisienses do século XX chamavam simplesmente de *les girls*. Em 1900, a dançarina célebre não existia mais. E em 1902, o Moulin Rouge foi fechado.

Entretanto, esse local icônico foi reaberto na década de 1920, criando uma combinação de jantares e espetáculos que permanece até o século XXI. Ele passou a apresentar uma nova versão do espetáculo de teatro de revista, do qual o Folies Bergère havia sido pioneiro bem antes, em 1886, mas que, até 1902, não havia se tornado uma apresentação habitual da casa. Espetáculos desse tipo, com os nomes de *Place aux jeunes* [Espaço para jovens] (1886), *Plaisirs de Paris* [Prazeres de Paris] (1889), *Vive Paris!* [Viva Paris!] (1906) e *Paris qui danse* [Paris dança] (1919), foram rapidamente reduzidos a apresentações estereotipadas que persistem até os dias de hoje, muito apreciadas por turistas e por pessoas modernas que visitam a capital a negócios.

Mitos patrióticos têm nos levado a negligenciar o papel do diálogo Inglaterra-França na criação do "cancã francês". Estereótipos morais e um olho comercial para o "exótico" levaram ambos os lados a negarem que haviam aprendido qualquer coisa um com o outro. Administradores de teatro de Londres, como Hollingshead, e defensores da decência, como Lady Ormiston Chant, concordaram em um ponto: os britânicos nunca, jamais, teriam criado alguma coisa tão imoral, ou tão fascinantemente sedutora, como o cancã. Em 1874, o editor da *Vanity Fair*, Thomas Gibson Bowles, foi longe a ponto de afirmar que "a palavra cancã não pode ser traduzida para o inglês sem ficar indecente [...] a dança sugere os mais indecentes atos".[72] Por sua vez, os parisienses eram alegres o suficiente para estabelecer um negócio que proporcionava uma renda estável, ou até mesmo lucro, em Montmartre, com a certeza de que a assim chamada *vieux Montmartre* [Montmartre antiga] de Bruant estava lá, preservada, sem nenhuma alteração por um tempo muito longo, atrás do clarão elétrico da Place Blanche.[73]

O fato de os parisienses continuarem a se referir ao cancã como "*French cancan*" e não como "*cancan français*" serve para ressaltar o quanto é complicado definir a origem real dessa dança que é a mais parisiense de todas, assim como o que distingue Paris de *Paree*. O cancã é *French*, não é *français*. Parece que esse rótulo é usado por e para não parisienses. Portanto, Londres e Paris se culparam mutuamente: Paris errou ao influenciar mal a juventude londrina, com sua "dança de prostitutas"; Londres pecou ao transformar a "dança nacional francesa" em atração turística barata e de baixa qualidade. Ambos estavam certos. Em apenas 50 anos, haviam construído uma cidade invisível, uma cidade que era sedutora, glamorosa e romântica, e, ao mesmo tempo, mecanizada, comercial e tecnológica. *Paris Qui Danse – Gay Paree*.

Figura 26 – Fotógrafo desconhecido, Cais do Ourives/Rue de Jerusalém, c. 1900

Capítulo 5

O submundo

Em 1878, Henry Vizetelly voltou a Londres, depois de uma temporada memorável em Paris como correspondente do jornal *Illustrated London News*. Vizetelly havia se tornado uma autoridade em vinhos franceses e optado por permanecer na capital francesa durante a Guerra Franco-Prussiana, recorrendo ao "correio por balões" para enviar as suas estórias, uma vez que Paris estava sitiada. Vizetelly, que vinha de uma família de tipógrafos londrinos, já tinha feito um grande sucesso como editor de jornais e romances na década de 1850.

De volta a Londres, ele lançou, em 1880, uma nova série de "Romances Franceses Populares" que havia traduzido, com a ajuda do filho. Henry fez questão de informar aos leitores, antecipadamente, que, além de selecionar os melhores e mais recentes romances franceses, tomaria o cuidado de incluir na série "somente os trabalhos de caráter irrepreensível".[1] Como vimos no Capítulo 1, as traduções que Vizetelly fez de obras de Zola em 1888 lhe causariam problemas, mas dessa vez ele se restringiu a romances policiais franceses.

Uma tradução do livro *Le Drame de la Rue de la Paix*, escrito por Adolphe Belot em 1868, foi publicada por ele em 1880. O romance de Belot tem início com a descoberta de um assassinato violento, uma esposa suspeita e Vibert, um secretário do comissário de polícia, que está convencido da inocência da tal mulher. Vibert estava cansado do serviço de escritório e queria que o seu protetor, o marquês de X, o transferisse para o "departamento de investigações". Ele se imagina nas ruas, perseguindo e prendendo criminosos, usando um disfarce, levando no bolso um par de algemas. "Eu corro, subo, caio, ando em carruagens, ou atrás delas, caminho 10 léguas em qualquer direção, fico parado no mesmo lugar por 12 horas seguidas, com os olhos fixos em uma porta de frente para a rua. Ah, que alegria incomparável!"[2]

Havendo investido algum dinheiro no treinamento de Vibert para que este conseguisse uma profissão honrosa, o marquês ficou decepcionado com o protegido. Em seu modo de pensar, a única razão para alguém desejar ser um detetive seria encontrar no trabalho uma maneira de praticar um vício enquanto, hipocritamente, fingisse combatê-lo.[3] Assim mesmo, intercedeu por ele junto a uma autoridade policial, que concordou em transferir Vibert. O marquês não recebe nada a título de agradecimento, e, mesmo havendo conseguido instalar Vibert na Rue de Jérusalem, onde ficava o quartel-general da polícia de Paris, sua máscara de altivez aristocrática sofre, com isso, pequenos danos. E ele quer ser constantemente informado a respeito do desenvolvimento do caso da Rue de la Paix. "Adeus, morador da Rue de Jérusalem!", o marquês se despede. "Descubra a verdade. Apresse-se para encontrar as pistas. Estou aguardando o seu relatório."[4]

Belot era um dos muitos autores de romances policiais publicados em Paris na década de 1860. Sendo um dramaturgo que passou a escrever ficção no final da sua carreira, ele não se especializou no gênero, como fizeram, por exemplo, Émile Gaboriau e Fortuné du Boisgobey (pseudônimo de Fortuné Hippolyte Auguste Abraham-Dubois). Foi, sobretudo, Gaboriau que fez do romance policial o seu gênero, havendo criado os detetives fictícios Tabaret e *monsieur* Lecoq, em *L'Affaire Lerouge* [O caso Lerouge] (1863). Lecoq continuou estrelando vários outros romances.

Escritos em um ritmo alucinante, os livros de Gaboriau fizeram um sucesso extraordinário. Embora a Guerra Franco-Prussiana representasse um golpe duro para ele, na década de 1860 seu nome estava por toda a cidade de Paris – principalmente devido a uma campanha agressiva, sem precedentes, criada por seu editor. Com o auxílio de Vizetelly, Lecoq chegou a Londres em 1881, como protagonista de uma nova série de "Romances Sensacionais de Gaboriau", posteriormente expandida para "Romances Sensacionais de Gaboriau e Du Boisgobey".

Ao preço de um xelim, romances como *The Slaves of Paris* [Os escravos de Paris] e *The Severed Hand* [A mão decepada] eram "ficção popular", com capas vermelhas brilhantes, trazendo um retrato de Gaboriau e um (encorajador?) aval do príncipe Bismarck. O jornal *The Standard* elogiou entusiasticamente: "Os romances de Gaboriau e Du Boisgobey retratam o admirável Lecoq e sua maravilhosa perspicácia, reunindo detalhes minuciosos para desvendar os casos mais complicados, da mesma forma que o professor Owen, a partir de um pequeno osso, foi capaz de reconstruir os mais extraordinários animais".[5]

O nome de Gaboriau se tornou sinônimo de um novo gênero: "ficção policial".[6] Entre os fãs de Gaboriau estava um médico escocês que fazia esforços para atrair clientes na cidade de Portsmouth. No início de 1884, Arthur Conan Doyle fez uma pequena pesquisa a respeito dos livros de suspense mais vendidos, para determinar o que o mercado estava querendo, antes de oferecer a sua própria contribuição para a literatura. O mercado queria um Lecoq inglês. Assim, em 1886, na revista *Beeton's Christmas Annual*, surgiu Sherlock Holmes.

Holmes é, sem dúvida, muito mais que um personagem fictício. Na verdade, muitos dos seus fãs insistem – porque sabem ou, "ironicamente, acreditam" – em que ele não é, de maneira nenhuma, um personagem fictício.[7] Ele é sinônimo de Londres, uma cidade que o detetive deixava, sempre relutante, nas raras ocasiões em que o seu inseparável companheiro, Dr. Watson, o convencia a passar o verão no campo, pelo bem da sua saúde. Fora da capital, Holmes não era ele mesmo. Nem Londres era Londres, sem o seu detetive consultor residente.

Contudo, a figura do detetive fictício apareceu primeiro do outro lado do Canal: no início, a partir do jornalismo e da escrita de Rétif de la Bretonne, assim como de trabalhos de escritores medíocres que publicaram as sensacionais memórias de Vidocq, um criminoso e, ao mesmo tempo, chefe da polícia secreta francesa. A metodologia e as idiossincrasias de Holmes, bem como muitas das convenções observadas nos relatórios de casos escritos pelo Dr. Watson, foram marcadamente influenciadas por esses precedentes parisienses, que eram tanto científicos quanto literários.

Explorando o nascimento da ficção policial nas cidades de Paris e Londres dos séculos XVIII e XIX, este capítulo reconecta a máquina de calcular – no caso, Holmes – com o que Watson chamou de "alma boêmia".[8] Além disso, trata da transformação da noite na cidade: de uma atmosfera desagradável e ameaçadora, assombrada por prostitutas, estudantes e outros seres indesejados, para um mundo de encantamento e aventuras emocionantes.

O Espectador-Coruja

Nunca existiu o cargo de "detetive" na polícia francesa. A palavra entrou no francês (veio do inglês) somente na década de 1870.[9] Todavia, há boas razões para buscar as origens das histórias de detetive na Paris do século XVIII, em Rétif de la Bretonne, um notável jornalista político, cujo trabalho, assim como o de Gaboriau, está quase completamente esquecido nos dias de hoje.¹⁰ Em 1788, às vésperas da Revolução, Rétif publicou *Les Nuits de Paris, ou le spectateur nocturne* [As noites de Paris, ou o espectador noturno], uma série de relatos curtos das aventuras do narrador durante 363 noites. Cada capítulo traz uma descrição detalhada das suas andanças pela cidade, com pormenores suficientes para traçarmos o percurso exato seguido pelo "Espectador-Coruja" (Fig. 27). Noite após noite, ele perambula ao acaso, registrando observações que lentamente, mas apenas parcialmente, transformam-se em histórias de crime, perturbação da ordem, crianças errantes e intrigas amorosas. Posteriormente, Rétif acrescentou, aos 14 já existentes, mais dois volumes, intitulados *La Semaine nocturne: sept nuits de Paris* [A semana noturna: sete noites em Paris].¹¹

Como o nome "Espectador" indica, Rétif era um anglófilo que conhecia bem o *Spectator* de Addison e outras obras da literatura inglesa, um gênero que era altamente apreciado nas décadas que precederam a Revolução.¹² É possível que *Les Nuits de Paris* tenha sido publicado em Londres.¹³ A ideia de usar noites numeradas para organizar o texto é um reflexo do poema de Edward Young *The Complaint: or Night-Thoughts on Life, Death and Immortality* [A queixa: ou pensamentos noturnos sobre a vida, a morte e a imortalidade], cuja tradução para o francês foi feita por Pierre Le Tourneur e publicada em 1769. Contudo, *Les Nuits de Paris* era em prosa, em lugar de verso, e apesar de, algumas vezes, haver discorrido longamente sobre a mortalidade, também abordou, com riqueza, vários outros temas.

Como a Introdução deixou evidente, o Espectador-Coruja se considerava um guardião público, vagando sozinho pelas sombras da cidade imensa, um protetor irreconhecível do interesse comum. Ainda que o narrador seja, certamente, um detetive de polícia, trata-se da "polícia" no sentido que essa palavra possuía no século XVIII, como vimos na Introdução.

Há discursos inflamados contra coletores de impostos, carruagens, falta de sanitários públicos e contra os efeitos desmoralizantes das garotas jovens das *parades*. Mas o autor se surpreende com a diversidade da vida urbana, com o tamanho da cidade e sua influência sobre a população rural, com os efeitos da iluminação e a maneira como uma observação feita em uma noite esclarece outra, realizada várias noites depois – tudo isso cria uma atmosfera de mistério urbano que é inteiramente nova. Embora o Espectador-Coruja demonstre uma postura de burguês indiferente, existe a possibilidade de que o próprio Rétif tenha sido um espião da polícia (ou *mouchard*). Seja como for, do mesmo modo que Mercier, e, mais tarde, Holmes, o Espectador-Coruja é um observador ao extremo, um "intrometido", um "abelhudo".¹⁴

Figura 27 – Anônimo, folha de rosto de Rétif de la Bretonne, *As noites de Paris*, 1789

Há uma espécie de sofrimento "emprestado" em todos os detetives. O detetive confronta-se com cenas com as quais achamos que, por direito, também deveríamos nos confrontar, porque reconhecemos que tais cenas representam o lado obscuro, ou lado noturno, da rede de trocas que atende todas as nossas necessidades.[15] Pelo menos, admitimos que, por sermos concidadãos, compete a nós fazer alguma coisa a respeito do mal que ameaça os nossos semelhantes. Quando nós mesmos deveríamos agir, mandamos o detetive observar e agir por nós. Essas são facetas da vida urbana que, como o já cansado marquês de Vibert, evitamos, por serem moral ou fisicamente prejudiciais. Mas ficamos ansiosos para saber, antes de todos os outros, a verdade que está por trás do mistério.

Em Rétif, esse sofrimento "emprestado" está imbuído do idealismo iluminista dos três primeiros anos da Revolução. Ele apela para nós como concidadãos. Portanto, o autor argumenta que seria melhor se os residentes locais cumpridores das leis se responsabilizassem por suas próprias patrulhas noturnas, em vez de deixar a cidade à mercê de criminosos, prostitutas e policiais profissionais corruptos.[16] Ele pode confiar em nós, como bons burgueses, mas, por outro lado, estamos no topo de um vulcão perigoso – a classe social mais baixa. O Espectador-Coruja conhece essa classe melhor que ninguém. Enquanto seus patrões só os veem em público, "eu vivo entre eles e os ouço exatamente como falam uns com os outros. Portanto, sei o quanto é importante reprimir qualquer manifestação de entusiasmo, por mais inocente ou nobre que a sua causa possa parecer, e nunca deixar o povo agir".[17] *Les Nuits de Paris* foi impresso no início de novembro de 1788. Em menos de um ano, a Bastilha seria invadida.

Como Mercier havia comentado espirituosamente em seu *Parallèle*, o parisiense nunca gostou do debate político – que, no entanto, ocupava um espaço tão grande na cultura dos cafés de Londres –, porque sempre suspeitava de que havia um *mouchard* por perto, escutando e anotando o que ele dizia.[18] A figura do espião policial assombrou Paris nas três décadas que antecederam a Revolução. Embora fossem bem mais organizadas e militarizadas que a miscelânea de comitês paroquiais de vigilância que mantinham a ordem pública em Londres, as forças militares comandadas pelo tenente-general da polícia e por seu sucessor, Lenoir (no cargo de 1759 a 1774 e de 1774 a 1790, respectivamente), não eram muito poderosas. Espiões como Jean-Baptiste Meusnier certamente existiram, mas estavam longe de ser tão importantes como se imaginava.[19]

Assim como na República Democrática Alemã, na França do Antigo Regime as pessoas nunca sabiam se o indivíduo que travava uma conversa com elas em um cabaré ou em uma *guinguette* era um espião, ou, ainda, se a sua correspondência estava sendo interceptada. Tentativas feitas pela polícia de Paris para organizar a prisão de um diplomata inglês inescrupuloso na França, em 1768, comprovaram que a polícia de Paris e a prisão da Bastilha gozavam, na capital inglesa, de uma reputação quase tão terrível quanto a que tinham na francesa.[20] Em vez de reprimir tal alarmismo, Lenoir admitiu que, na realidade, o incentivava.[21] *Mouchards* fantasmas eram um suplemento bem-vindo ao seu contingente policial: não recebiam salários e não podiam ser subornados.

A curto prazo, essa vigilância contribuiu para manter Paris estável. Porém, a longo prazo, o medo das pessoas em relação aos espiões, à Bastilha e às *lettres de cachet* (mandados reais que ordenavam o exílio ou a prisão de indivíduos) minaram o regime. Até mesmo tentativas genuínas de reforma da monarquia foram amplamente mal interpretadas, como resultado da desconfiança semeada por essas medidas. Assim, um plano de liberalizar o comércio de grãos gerou rumores sobre um suposto "pacto de fome", com o qual o rei deixaria seus próprios súditos morrerem de inanição. Em um clima desses, era impossível para o Espectador-Coruja de Rétif apresentar-se aos leitores como um verdadeiro membro da polícia secreta de Lenoir. Foi só depois da Revolução que os habitantes da cidade puderam se imaginar apoiando alguém da polícia francesa. Mesmo assim, essa aprovação aconteceu de uma maneira muito estranha.

Tornando a noite visível

Entretanto, em termos de estética, Rétif estava à frente do seu tempo na maneira como celebrou a noite na cidade. Ele observou como as luzes – ou *réverbères* – recém-instaladas nas ruas "moldam, mas não eliminam as sombras; fazem com que fiquem ainda mais impressionantes: é o contraste entre luz e sombra dos Velhos Mestres!"[22] Representações literárias ou artísticas das ruas da cidade à noite no século XVIII são muito raras. Havia queimas de fogos de artifício, claro, mas elas eram restritas às festividades reais ou eclesiásticas até a década de 1760, quando os "Wauxhalls" descritos no capítulo anterior os apresentaram a um novo público.[23]

Incêndios acidentais de teatros ou outras grandes construções eram outro tipo de espetáculo, mas não menos memoráveis ou merecedores de descrição, como, por exemplo, o que ocorreu no Hôtel-Dieu em 1772.[24] Mas esses eram desastres e eventos excepcionais. Em sua maioria, a noite urbana não era exatamente tenebrosa, era invisível. Não se pode dizer que os habitantes da cidade temiam o intervalo entre o anoitecer e o amanhecer (embora alguns, de fato, temessem); esse espaço de tempo simplesmente não existia para eles. Era um período morto, um nada. Uma das grandes histórias não contadas da vida metropolitana é a sua colonização das horas de escuridão, uma história que pode ser mencionada aqui apenas de passagem.[25] Não se tratava, como Rétif reconheceu, de melhoras na iluminação das ruas, eliminando a escuridão. Muito pelo contrário.

A iluminação fez com que a noite se tornasse visível pela primeira vez, e não apenas para *flâneurs* e detetives. Em 1710, Steele já podia ver como a noite londrina estava sendo apropriada pelo mundo "elegante" – com grandes festas, bailes de máscaras, jardins de lazer brilhantes –, ainda que as pessoas tivessem medo de ser atacadas por bandidos ou pelos *mohocks*[26.] na volta para casa.[27] Dois anos depois, *The Spectator* apresentou um longo relato de uma *flânerie* com duração de 24 horas realizada por Mr. Spectator. Em 1738, William Hogarth publicou uma série de gravuras com o título de *Os quatro períodos do dia* (Fig. 28), celebrando Londres como uma cidade que nunca dorme.[28] Os parisienses, ao contrário, não estavam muito interessados em retratar as ruas – pelo menos em 1738.[29] O fato é que ilustrações desse tipo não teriam sido possíveis sem as luzes que começaram a ser instaladas nas ruas no final do século XVII e que foram gradativamente melhoradas no decorrer do século XVIII.

Se as melhorias na iluminação das ruas fizeram com que a noite urbana se tornasse visível e prazerosa, no lugar de invisível e assustadora, esse efeito foi parcialmente inesperado. A iluminação nas ruas de toda a cidade visava, originalmente, a facilitar a patrulha da vigilância noturna e a assegurar o cumprimento da lei que determinava que as pessoas se recolhessem às 21 horas (no verão, 22). Esse dever vigorava, no mínimo, desde o século XIII; na Idade Média, tanto em Londres como em Paris, o toque de um sino indicava que estava na hora de voltar para casa, e, naquele momento, as tabernas e os cabarés deveriam ser fechados. Nas noites sem lua do inverno, os chefes de família tinham o dever legal de pendurar uma vela acesa dentro de uma espécie de lanterna (*lanthorn*) perto da porta (em Londres) ou acima das janelas do primeiro andar (em Paris).[30] Essas lanternas não eram de vidro, e sim de chifre (*horn*), como o próprio nome sugere. Elas emanavam pouca luz, e apenas por algumas horas. Nem precisavam permanecer acesas por mais tempo, pois sua função era ajudar as pessoas a encontrarem o caminho de casa entre o crepúsculo e o toque de recolher.[31]

Figura 28 – William Hogarth, Noite, em *Os quatro períodos do dia*, 1738

Anteriormente, a noite na cidade havia sido dos estudantes, dos aprendizes e das prostitutas, sendo que os dois primeiros grupos representavam a maior parte da clientela do terceiro.³² A atividade noturna desses rapazes confirmava a sua posição à margem da sociedade que, não fossem eles, seria disciplinada. As horas de escuridão podiam parecer mais tolerantes, ou mesmo democráticas; no entanto, essa distinção era marginal, e "andanças noturnas" eram tidas como crime. Sempre havia o risco de se deparar com a vigilância, que muito provavelmente prenderia qualquer indivíduo encontrado nas ruas fora do horário permitido, sem uma lanterna e uma boa história para contar.³³ Enquanto os caminhantes noturnos do sexo masculino podiam achar uma maneira de se explicar e ficar livre do problema, as mulheres encontradas nas ruas à noite eram consideradas prostitutas. Era quase certo que fossem levadas até uma autoridade judicial para maiores esclarecimentos e, possivelmente, encarceramento: na prisão de Châtelet, em Paris, ou em uma das cinco prisões noturnas de Londres.[34]

Apesar de as regras serem similares, a maneira como eram cumpridas era diferente nas duas capitais. Em Paris, a vigilância – o *guet* – era realizada por uma força paramilitar armada que, em 1719, era formada por 139 arqueiros (100 a pé e os restantes a cavalo). A Guarda de Paris (43 cavalos, ao menos inicialmente) foi criada em 1666 e também era responsável pela patrulha nas ruas à noite.[35] A vigilância noturna de Londres era feita por uma força civil a pé e desarmada, exceto por algumas alabardas enferrujadas, que poucos possuíam.[36] O *guet* era financiado pelo rei, ao passo que a vigilância noturna de Londres era realizada pelos chefes de família, de acordo com uma escala: toda noite, cidadãos se encontravam em um local predeterminado, vestidos com as próprias roupas, para patrulhar as próprias vizinhanças. Além de prender caminhantes noturnos, a vigilância conferia se as portas das casas e das lojas estavam fechadas e, ainda, gritavam as horas.

O contraste entre a cidade de Paris, militarizada, e a de Londres, livre, parece bastante nítido. Se, por um lado, o horário estabelecido para a população se recolher permaneceu em vigor em Paris durante o século XVIII, por outro, em Londres essa regra era amplamente desrespeitada. Em 1660, muitas lojas ficavam abertas até as 22 horas e várias tavernas só eram fechadas ainda mais tarde.[37]

Todavia, um exame mais atento mostra um quadro mais complexo. As autoridades parisienses experimentaram o uso de uma guarda à paisana. Em 1740, o tenente da polícia, d'Argenson, criou patrulhas de 15 homens à paisana liderados por um inspetor; em 1775, foram introduzidas as *patrouilles grises* [patrulhas cinza], formadas por um sargento do Châtelet e por guardas em trajes civis.[38] Longe de serem "cidadãos-modelo", a grande maioria dos londrinos do final do século XVII pagava substitutos para desempenharem suas funções por eles. Em 1696, só um dos grupos de vigilância da cidade podia afirmar que tinha o número estipulado de homens em serviço. No mais, os que haviam se apresentado eram "miseráveis decrépitos e inúteis" (de acordo com Daniel Defoe), que logo seriam descartados.[39]

Embora os decretos de 1735-1736 – que afetavam as cidades de Londres e Westminster – tenham elevado os níveis de remuneração, a imagem comum do vigilante noturno, ou *charley*, como um velhote pateta permaneceu até a criação da Polícia Metropolitana, em 1829. No livro *Life in London* [A vida em Londres], de Piers Egan, publicado em 1821, os jovens cavalheiros da Regência parecem haver descoberto que derrubar os postos de vigilância noturna (com o *charley* dentro) era tão divertido quanto o que os *mohocks* haviam feito no século anterior.[40]

Quebrar a iluminação das ruas era outra maneira popular entre esses dândis de aproveitar a noite, uma fonte de diversão noturna que existe desde que surgiram os primeiros sistemas de iluminação das cidades. Em 1667, a lei que estabeleceu a Lieutenance de Police em Paris ordenou que fossem colocadas três mil lanternas a vela. Isso foi financiado pela *taxe des boues et lanternes* [imposto de lamas e lanternas] (que, além da iluminação, também financiou a limpeza das ruas). As novas luzes eram suspensas por cordas sobre a rua e eram baixadas, com um sistema de polias para serem acesas, apagadas e limpas. Deveriam permanecer acesas até as 2 horas da manhã, entre os dias 20 de outubro e 31 de março (isto é, mais ou menos do Michaelmas Day, o Dia de São Miguel Arcanjo, ao Lady Day, o Dia da Anunciação de Nossa Senhora). Em 1729, o número de lanternas já havia aumentado para mais de 5.700, e eram pouco menos de sete mil em 1770.[41]

Todavia, as velas iluminavam pouco e geralmente se apagavam.[42] Desde a década de 1670, "projetistas" como Richard Reeves e Samuel Hutchinson vinham anunciando modelos de lâmpadas a óleo mais poderosas. Em 1695, a Corporation of London concordou em vender à Royal Light Company, por uma quantia de 600 libras, direitos exclusivos para instalar lâmpadas a óleo dentro da Cidade de Londres, por 21 anos. As lâmpadas não deveriam ficar mais do que a 30 jardas de distância [aproximadamente 27 metros] uma das outras nas ruas mais importantes, e 35 jardas [aproximadamente 32 metros] nas de menor circulação.

A Companhia estava autorizada a cobrar multas dos chefes de família que não acendessem a luz. Aproximadamente mil lâmpadas dessas foram instaladas na Cidade de Londres, o que encorajou os vizinhos de Westminster a adotarem lâmpadas similares. Em 1736, o Lighting Act criou um sistema de classificação com base na avaliação do valor de todas as casas, aumentando o número de horas em que as lâmpadas deveriam permanecer acesas e diminuindo a distância prescrita entre as lâmpadas.[43] Em 1739, havia 4.825 lâmpadas – mantidas por 17 fornecedores – nas 26 divisões administrativas da Cidade.

Durante os 20 anos que se seguiram a 1765, Paris trocou a cera pelo óleo, com a introdução das *réverbères* (lâmpadas refletoras a óleo), uma das mais comentadas melhorias municipais da capital no século XVIII.[44] Alimentadas por um óleo de origem animal malcheiroso, e colocadas sobre as ruas, com a distância de cerca de 61 metros entre uma e outra, as lâmpadas hexagonais possuíam de dois a quatro pavios. Havia um comissário e um inspetor em cada *quartier* para verificar se elas estavam funcionando bem, o que não era muito frequente.[45] Em 1790, já existiam 3.783 dessas lâmpadas, número que aumentou lentamente para 5.123 em 1828.[46] Tanto em Londres como em Paris, garotos (chamados de *link-boys* ou *porte-falots*) ainda ganhavam dinheiro carregando tochas ou lanternas acesas, com as quais iluminavam a volta dos habitantes para casa. O fato de que eles continuaram a trabalhar nessa função já no século XIX sugere que a iluminação das cidades estava longe de ser completa.[47] Contudo, as *réverbères* inspiraram as primeiras representações – de todos os tempos – feitas da cidade à noite.

Duas pinturas que mostram as ruas de Paris iluminadas durante as horas de escuridão, do artista de Lille Henri Joseph van Blarenberghe, permitem-nos ver alguns dos efeitos das lâmpadas. Uma delas mostra uma batida policial em um bordel situado em uma rua sem lâmpadas; a outra (incompleta) exibe uma cena na Rue St Honoré, iluminada, onde há prostitutas nos passeios. As pinturas são quase do mesmo tamanho e podem ter sido concebidas como um comentário irônico a respeito do efeito (ou melhor, da falta de efeito) da nova iluminação sobre o comércio sexual parisiense. Na cena da batida (Fig. 29), vemos poucas pessoas além dos arqueiros da polícia, dos oficiais e dos cocheiros. Está tão escuro que o único outro veículo (vagamente visível ao fundo) é precedido por um homem carregando uma tocha (praticamente fora do alcance da vista), que conduz um dos dois cavalos pela rédea. Se não fosse pela batida policial, não haveria o que ser visto.

Nada tão dramático aconteceu na cena com as *réverbères* (Fig. 30), e, ainda assim, muita coisa está se passando; as pessoas e os veículos estão circulando, em vez de estarem parados ao redor de uma rara e surpreendente interrupção da quietude urbana noturna. Muitos dos residentes dos apartamentos da rua ainda estão acordados (na cena da batida policial, eles foram despertados pelo tumulto do lado de fora e nem tiraram os gorros de dormir). Homens e mulheres caminham pela Rue de St Honoré, e nada menos que quatro carruagens estão em movimento; está claro o suficiente para os cavalos não precisarem ser conduzidos. Os prédios nas duas cenas pouco diferem uns dos outros, mas houve uma mudança na cidade. Mesmo que ninguém pare para observar, a noite de Paris se tornou visível pela primeira vez.

Figura 29 – Henri Joseph van Blarenberghe, *Batida policial noturna*, c. 1780

A chegada da iluminação a gás em Londres, em 1807, gerou muitas reações semelhantes às provocadas pelo aparecimento das lâmpadas a óleo; admiração, assim como reclamações irônicas, dizendo que ela seria prejudicial às prostitutas. "Se não pararem com essas luzes", lamenta uma prostituta em uma gravura de 1809, *A Peep at the Gas Lights* [Uma espiada nas lâmpadas a gás], de Thomas Rowlandson, "vamos ter de desistir do nosso negócio. Talvez tenhamos também de fechar o estabelecimento."[48] Infelizmente, Rowlandson não tentou representar os efeitos da iluminação, como havia feito Blarenberghe. Ao contrário, ele mostrou as luzes durante o dia, quando, é claro, não estavam acesas. Com a notável exceção dos jardins de lazer, existem poucas representações de Londres à noite naquela época.

Com o aparecimento do gás, as ruas de Londres ficaram mais claras; em 1815, havia mais de 30 milhas [aproximadamente 48 quilômetros] de tubulações de gás. A primeira tentativa comercial de instalar luzes a gás em Paris, em 1819, foi um fracasso; foi só 10 anos depois disso que a Rue de la Paix e a Rue de Castiglione se tornaram as primeiras a serem iluminadas com o uso de gás.[49] Entretanto, como vimos, a percepção e o uso da noite na cidade tiveram, admiravelmente, pouco a ver com o nível real de luminosidade alcançado em qualquer ponto no tempo. Quase um século se passou antes que qualquer pessoa tentasse fazer algo parecido com as escapadas para andanças noturnas de Mr. Spectator e do Espectador-Coruja.

Em 1851, George Augustus Sala escreveu *The Key of the Street* [A chave da rua], que apareceu no periódico de Dickens, *Household Words*, popular entre a classe média. O relato de Sala sobre como passou as horas entre meia-noite e oito da manhã em Londres lançou a sua carreira como jornalista e inspirou trabalhos posteriores a respeito da cidade à noite, tais como *Twice Round the Clock* [Duas voltas no relógio], de 1858, e *Gaslight and Daylight* [Luz a gás e luz do dia], de 1859.

Em Paris, Gérard de Nerval decidiu ver o que aconteceria se tentasse passar a noite nas ruas, se poderia escrever sobre a sua própria cidade, assim como Sala havia feito a respeito de Londres. Publicado como *Les Nuits d'octobre* [As noites de outubro], o experimento ficou longe de ser bem-sucedido. O narrador e um amigo se esforçam para encontrar um lugar que esteja aberto até tarde. Os dois começam a relembrar o esplendor das noites de Londres e a se perguntar por que a sua capital não pode ser mais parecida com a colega. "Mas por que", o narrador pergunta desesperado, "aqui não é como em Londres? Uma grande capital nunca deve dormir, certo?"[50]

Figura 30 – Henri Joseph van Blarenberghe, *Cena de rua*, c. 1780

Vidocq, o espião policial francês

Eugène-François Vidocq nasceu em Arras, na França, em 1775, filho de um padeiro. De acordo com as suas memórias, desde jovem Vidocq mostrou uma propensão para roubar e enganar; financiava orgias absurdas com dinheiro roubado do caixa da humilde padaria da família. Confinado por um breve período de tempo, a pedido do seu pai, na prisão de Les Baudets, Vidocq (pelo menos aquele das suas *Mémoires*) não usa essa oportunidade para refletir e mudar o seu comportamento. Já livre, ele inventa um pretexto para sua mãe sair de casa, rouba a família e foge. Seu plano é navegar até o Novo Mundo, mas, dessa vez, é ele quem é roubado.

Sem nenhum centavo, Vidocq se junta a um circo. Inicialmente, trabalha como um mero acendedor de lampiões e, posteriormente, obtém permissão para treinar acrobacias. Porém, quando demonstra que não possui aptidão para saltos e cambalhotas, é contratado para fazer o papel de um "canibal do Mar do Sul". Vidocq se recusa a realizar a cena final da apresentação – na qual o "canibal" come um frango vivo – e é demitido. A essa altura, o Filho Pródigo volta para casa e, surpreendentemente, tem uma acolhida calorosa.

Entretanto, é difícil perder velhos hábitos. Depois de muitas farras, Vidocq se une ao Regimento Bourbon e luta nobremente, sob o comando do general Dumouriez, contra os austríacos, na Batalha de Jemappes (6 de novembro de 1792). Ele então deserta, muda para o lado austríaco, finge uma doença e, considerado inválido, vai para Louvain (Bélgica), onde se torna um mestre de esgrima. Posteriormente, Vidocq retorna a Arras, naquele momento uma cidade tomada pelo sangrento fervor patriótico da Revolução. Encarcerado em Les Baudets pela segunda vez, ele se vê na companhia de aristocratas e de suspeitos de serem cúmplices dos austríacos. Afinal, Arras é perigosamente próxima da linha de frente. Parece que a carreira de sorte e otimismo de Vidocq está chegando ao fim, mas ele sobrevive. A vida agora o leva a uma turnê por diversas prisões, começando pela Torre de São Pedro, em Lille, e terminando em La Force (Paris), passando pelo navio encostado em Brest e usado como presídio. Repetidas vezes, ele escala, salta, cava túneis, sempre a caminho da liberdade. Na marinha holandesa, Vidocq é, em um primeiro momento, acusado de tramar um motim e, no momento seguinte, promovido a bombardeiro. Depois de fugir das galés, ele atravessa – vestido de freira – com sucesso uma terra marcada pela batalha.

Esse relato simplificado dá uma ideia do caráter extravagante de Vidocq, ainda que muitos detalhes soem falsos. Na ausência de documentos ou da atenção dos estudiosos, nossa principal fonte sobre a vida de Vidocq são as suas *Mémoires*, em quatro volumes, publicadas em 1828-1829.[51] Os detalhes não são claros, mas o editor de Vidocq, Tenon, havia pedido a outro escritor, Émile Morice, para aperfeiçoar o primeiro volume, a partir de notas e informações fornecidas por Vidocq.[52] O Vidocq de Morice raramente faz uma pausa para refletir sobre as suas ações; ele e todos os outros personagens são pouco profundos.

Morice estava, notavelmente, usando elementos de tradicionais romances picarescos; o leitor inglês é repetidamente lembrado das aventuras igualmente inacreditáveis de heróis de Tobias Smollett, tais como Roderick Random e o capturador particular de criminosos, na vida real, Jonathan Wild.[53] Precedentes franceses podiam ser encontrados para os contos sobre assaltos ousados que surgiram a respeito do assaltante de estradas, Cartouche, e de Louis Mandrin, que liderava um pequeno exército de contrabandistas na década de 1750. Contudo, enquanto Wild foi enforcado, e tanto Cartouche como Mandrin foram torturados publicamente até a morte, Vidocq morreu em sua cama, em 1857, aos 82 anos.

Louis-François L'Héritier assumiu os volumes que se seguiram. Escritor medíocre, que criou um romance e adaptou peças de teatro, além de escrever trabalhos de história militar e revolucionária, L'Héritier fez das memórias de Vidocq um verdadeiro sucesso.[54] Todavia, as *Mémoires* apresentam certa desarticulação. Nos 15 primeiros capítulos, muitas coisas diferentes acontecem em ritmo acelerado, com mudanças de cena constantes.

Mesmo formando uma parte significante das *Mémoires*, na verdade essas aventuras são anteriores à sua carreira na Sûreté, onde ficou conhecido como alguém que costumava fazer coisas ilegais e não obedecer às autoridades, mas que depois mudou completamente e assumiu, ele próprio, uma posição de autoridade, fazendo com que os outros respeitassem as leis. Estabelecida oficialmente como um departamento da Préfecture de Police (criada em 1800), a Sûreté foi renomeada um ano depois, por Napoleão, como Sûreté Nationale. Entre 1812 e 1827, Vidocq liderou uma equipe de detetives ex-presidiários na Sûreté, que funcionava na Rue de St-Anne, número 6, um prédio atrás, mas independente, da Préfecture, na Rue de Jérusalem. Em 1832, ele retornou, para chefiar o que era, naquele ano, conhecido oficialmente como a Brigade de Sûreté.[55]

Não obstante, Vidocq não estava acima da lei e foi preso várias vezes. Apenas alguns meses após o seu retorno, em 1832, foi obrigado a renunciar ao cargo, e a Sûreté foi reorganizada. Entre agosto de 1842 e julho de 1843, ele ficou na cadeia da Conciergerie, acusado e condenado por extorsão, tendo sido preso durante uma rigorosa batida policial no quartel-general da Sûreté (a condenação foi anulada em recurso, após um julgamento que durou apenas alguns minutos). Esse episódio parece não haver afetado a sua reputação, e Vidocq ainda é celebrado como o primeiro detetive, o pai da criminologia moderna, imortalizado ainda em vida por seu amigo Honoré de Balzac como Vautrin, no romance *O pai Goriot* (1834-1835). O próprio Vautrin protagonizou um melodrama em 1840, encenado no Boulevard du Temple, apenas um de uma série de melodramas centrados em contos sangrentos de assassinatos, cuja popularidade ajudou a transformar a avenida em "Boulevard du Crime". Vidocq até escreveu, ele mesmo, um melodrama.

Em contraste com a sua fraca caracterização no primeiro volume, o Vidocq de L'Héritier dos volumes seguintes é, de alguma forma, um personagem mais agradável, equilibrado e completo. Havendo fugido de ainda outra prisão (em Douai), Vidocq vai trabalhar em uma loja em Paris, onde se vê forçado a negociar bens roubados para seus amigos do submundo, que, aparentemente, o estavam chantageando. Arrastado de volta para uma vida de crimes, Vidocq se esconde, ainda na capital, mas é dramaticamente preso em um telhado na Rue Tiquetonne, o que o leva a mais uma estada em La Force. Ele então se torna um informante, tirando proveito da sua considerável fama e da sua grande popularidade entre os presos das cadeias de Paris, assim como nos antros de ladrões nas Barrières de la Courtille, du Combat e de Ménilmontant.

Nas palavras que L'Héritier pôs na boca de Vidocq, é possível reconhecer a voz do Espectador-Coruja de Rétif. A cena em que Vidocq descreve a forma como se infiltrou nos mais frios e úmidos covis de criminosos é característica, enaltecendo a sua própria habilidade para conquistar a confiança desse "bando de desgraçados". Eles o informam sobre os seus planos com antecedência, possibilitando que Vidocq prepare a sua captura.[56] Inicialmente, o detetive trabalhava sozinho. Entretanto, impressionados com os seus resultados, em 1812 alguns comissários de polícia designam três inspetores para trabalharem sob o seu comando. Vidocq começa, assim, a ir atrás dos "chefões". No último volume das *Mémoires*, ele adota uma abordagem mais científica, usando os frutos dos seus anos de experiência para classificar os criminosos em categorias distintas.

Até mesmo quando o número de homens sob o seu comando aumenta (chegou a 12 em 1817) Vidocq continua a apoiar ambos os lados, disfarçando-se regularmente de ladrão para se juntar a criminosos em suas ações noturnas. O texto é permeado com diálogos cheios de gírias usadas pelos ladrões, o que os leitores, sem dúvida, achavam fascinante. Dicionários dessas gírias para leitores burgueses surgiram logo após as *Mémoires* de Vidocq, assim como havia acontecido na sequência de *The Beggar's Opera* [A ópera dos mendigos], de John Gay, um século antes. Felizmente, um dicionário de gírias de ladrões (com dois volumes) escrito pelo próprio Vidocq trazia duas versões, isto é, francês-gírias e gírias-francês.[57] De posse desse conhecimento, os leitores podiam se imaginar fazendo amizade com um grupo de criminosos em uma *guinguette*, tão à vontade como Vidocq faz em suas *Mémoires*, amaldiçoando os "porcos" em gíria fluente.[58]

Como acontece com Rétif, a posição de Vidocq, como narrador e detetive, é ambivalente. Considerados criminosos, ambos ficam profundamente chocados e ofendidos com as calúnias contra eles, mas também não querem ser associados às autoridades. Na realidade, os dois homens descrevem as autoridades como lentas, preguiçosas e pactuadas com os políticos. Mesmo reclamando disso (e, de fato, o fazem), eles preferem caçar sozinhos. Como já foi observado, essa tendência confirmou a tradicional associação da polícia de Paris com a Bastilha, com a repressão política no Antigo Regime, sob o Terror, o Império e a Restauração pós-1815. Quase um século depois de Mercier, o parisiense de Gaboriau ainda imagina o espião policial, ou *mouchard*, sentado por um longo período de tempo, meio adormecido, no canto de um café, ouvindo as conversas a seu redor.[59]

Muito do trabalho de Vidocq nas *Mémoires* não é, estritamente falando, trabalho de detetive, uma vez que o herói onisciente sabe os detalhes do crime antes de ele ser cometido, em lugar de ter de entendê-lo posteriormente.[60] Quando ele realmente se defronta com um crime cujas origens não conhece, os métodos e as ferramentas de Vidocq são surpreendentemente rudimentares, considerando a sua reputação de pai da criminologia. Por exemplo, ele captura o ladrão Hotot pelas suas botas, relacionando-as com as pegadas encontradas na cena do crime.[61] No entanto, esses atos são excepcionais. Os poderes extraordinários de Vidocq são produto da própria coragem e da habilidade para se disfarçar de bandido. Obviamente, é possível concluir, também, que o seu talento para esse disfarce não era nada parecido com isso; que a máscara que ele usava era a do detetive, e não a do criminoso. Com o aumento da sua fama, um número cada vez maior de pessoas passou a procurá-lo para pedir conselhos, a tal ponto que, após a segunda demissão, em 1832, Vidocq abriu um escritório de investigações particulares, o Bureau des Renseignements Universels.[62]

Uma tradução das memórias de Vidocq para o inglês apareceu em 1828, mesmo ano em que foram publicadas em francês. Foram traduzidas por William Maginn, um jornalista irlandês sem muitos recursos, propenso à bebida e panfletário do Partido Conservador (Tory).[63] Em 1828, Maginn estava em Paris, trabalhando como correspondente para *The Representative*, um jornal – que teve curta duração – do Tory; estava, também, escondendo-se de credores. Apesar de ter ficado na capital por apenas alguns anos, Maggin envolveu-se profundamente com a vida literária da cidade e, além da obra de Vidocq, traduziu o livro *La Physiology du goût*, o famoso trabalho de gastronomia escrito por Jean-Anthelme Brillat-Savarin, discutido no Capítulo 3.

O jornalista orgulhava-se de haver aprendido as gírias dos ladrões parisienses durante a sua estada, e o seu interesse pelo crime abrangia tanto Londres quanto Paris. No mesmo ano (1828) em que traduziu Vidocq, Maginn escreveu *The Red Barn* [O celeiro vermelho], um relato "anônimo" do assassinato, em 1827, de Maria Marten, cometido por seu marido (por um casamento consensual, sem formalidade civil ou religiosa), William Corder. Esse caso ficou célebre porque a localização do corpo ocultado de Marten (no celeiro) foi, supostamente, revelada através de um sonho recorrente.[64]

Casos célebres como o assassinato de Marten foram muito úteis para a literatura londrina da década de 1820, em que pequenas (oito a 16 páginas) "histórias reais" de crimes, encharcadas de sangue, possibilitavam que aspirantes a jornalistas ou escritores, como George Augustus Sala, ganhassem a vida. A tradução que Maginn fez de Vidocq e o *Red Barn* eram trabalhos bem mais longos, mas estimularam o mesmo apetite pelo horror. Ainda que o público londrino estivesse ávido por um herói capaz de investigar e prender aqueles que estavam por trás daquelas atrocidades, era difícil imaginar essa pessoa agindo em sua cidade. É fato que havia os "Bow Street Runners",[65] instituídos pelo magistrado Henry Fielding, no inverno de 1748/1749, que recebiam uma pequena quantia de financiamento fornecida pelo governo. Sob o comando de John, sucessor e meio-irmão de Henry, na década de 1770, os Bow Street Runners reuniram e distribuíram informações sobre os criminosos e seus antros em toda a capital e grande parte da Grã-Bretanha.

Os Runners continuaram seu trabalho até 1839, mas formavam um grupo pequeno, com seis a 12 voluntários: *freelances* e ex-criminosos. Nos primeiros anos, eles tiveram de fazer um grande esforço para se diferenciar dos capturadores particulares de ladrões, como Jonathan Wild, que tinha a má fama de denunciar "colegas" criminosos para embolsar a recompensa de 40 libras (por volta de 3.000 libras, atualmente) oferecida pela condenação de assaltantes, falsificadores de dinheiro e salteadores de estrada.[66] Em 1829, um decreto criou a Polícia Metropolitana, mas não houve ninguém equivalente a Vidocq na força londrina, que era constituída de cinco divisões com 144 policiais em cada uma. Só em 1842 foi criado um "Departamento de Detetives", com dois inspetores e seis sargentos, sob o comando do comissário Sir Richard Mayne e reforçado por homens da classe trabalhadora que haviam ascendido socialmente. Esses detetives tinham pouca visibilidade até a década de 1890, quando vários publicaram suas memórias.[67]

Portanto, o detetive foi, primeiramente, um personagem parisiense. A tradução de Maginn gerou dois melodramas que celebravam Vidocq. Em 1829, o de Douglas William Jerrold, *Vidocq! The French Police Spy* [Vidocq! O espião policial francês], foi encenado no Coburg Theater, do qual Jerrold era o dramaturgo. Esse melodrama de dois atos competia com a produção do Surrey Theater: *Vidocq, the French Police Spy*, de J. B. Buckstone. Ambos exibiam coros de pessoas condenadas a remar nas galés, rapazes sofrendo por amores não correspondidos e cenas de fim de ato impressionantes, em que todos no palco estão enfurecidos uns com os outros. Os melodramas apresentam Vidocq como um equivalente francês de Macheath, o herói de *The Beggar's Opera*, de Gay – um aventureiro adorável e um bígamo indeciso.[68] O sucesso desses dramas foi tão grande que Vidocq foi a Londres para se exibir – em pessoa, levando uma coleção de correntes e outros objetos que faziam parte das suas memórias – no Cosmorama (Regent Street), em 1845-1846.[69]

Anatomia do crime, segundo Cuvier

Na obra *Les Nuits d'octobre*, um dos poucos locais em que Nerval consegue encontrar companhia em suas andanças noturnas é Montmartre. Ali, bem depois de os cafés haverem fechado lá embaixo na cidade, ele acha antigos trabalhadores de pedreiras reunidos em volta de uma fogueira. Eles falam sobre como ajudaram o cientista de história natural Georges Cuvier nas pesquisas geológicas, sobre as misteriosas criaturas fossilizadas que tiraram das entranhas da terra, testemunhas silenciosas de "revoluções" passadas.[70] Autor do *Discours sur les révolutions de la surface du globe* [Discurso sobre as revoluções da superfície terrestre] (1825), Cuvier havia sido nomeado professor do Musée d'Histoire Naturelle, em 1802, no Jardin des Plantes. Lá, ele se ocupou em reconstruir mamíferos a partir de fósseis. Com o aparecimento dessas criaturas encontradas nas escavações das pedreiras locais, seu trabalho se tornava cada vez mais desafiador. Como aquelas vítimas primitivas deveriam ser classificadas em espécies, gêneros e todas as outras categorias e subcategorias no sistema criado por Lineu? Como introduzir ordem nessas catacumbas tão antigas e caóticas?

Cuvier observou que os paleontologistas haviam deixado de lado os quadrúpedes fossilizados, dando preferência à classificação de criaturas com carapaça e de peixes, porque eles tendiam a ser preservados em sua totalidade nas camadas de fósseis. Os ossos de mamíferos quadrúpedes, ao contrário, geralmente estavam espalhados, como consequência desses animais haverem sido comidos por predadores ou necrófagos. Diante de um conjunto de ossos misturados, os paleontologistas nunca tinham certeza se ali havia um esqueleto completo. Uma maneira que Cuvier encontrou para simplificar a sua tarefa foi partir do princípio de que a natureza não era uma nuvem de vida sem estrutura nenhuma; ao contrário, havia um número limitado de organizações básicas. Havia criaturas com o corpo em torno de uma espinha dorsal (*vertebrata*), ou em torno de um plano circular ou radial (*radiata*, como as anêmonas), e assim por diante. Cada grupo classificatório possuía uma forma central, ou arquétipo.

Acreditava-se que nenhuma criatura podia estar muito além dessa forma ideal. Embora esse arquétipo pudesse ou não estar presente em uma espécie real, como planetas orbitando em torno de um sol, todas as criaturas estavam, supostamente, no eixo gravitacional do "seu" arquétipo. Aquela força misteriosa e inquietante que multiplicava as formas da natureza, a origem de novas espécies, estava confinada dentro de certos limites. Esse equilíbrio aparente se tornaria difícil de ser mantido, uma vez que algumas criaturas desenterradas não se encaixavam em suas órbitas. Rejeitados como formas mutantes, esses cometas passavam velozmente sobre as bem-ordenadas constelações da anatomia comparada defendida por Cuvier. Charles Darwin escreveu os primeiros esboços da sua teoria sobre a formação das espécies através da seleção natural em 1838, mas tamanha era a força da visão estática da natureza, desenvolvida por Cuvier, que o naturalista britânico absteve-se de publicar suas "heresias" até 1859.

Além dos arquétipos, Cuvier também facilitou o trabalho classificatório com o postulado de que os órgãos, os ossos e a musculatura de qualquer criatura estavam conectados de várias formas. Isso permitia que o todo fosse reconstruído a partir de qualquer parte. Em 1825, ele apresentou aos colegas o "princípio da correlação de formas" como um instrumento muito útil, que ajudaria a desvendar o mistério relativo às complexas formas de vida já extintas.[71] O princípio de Cuvier e seus poderes de reconstrução imaginária de formas de vida extintas muito anteriormente estabeleceram sua reputação. Dizia-se que ele era capaz de reconstruir uma criatura inteira partindo de um único osso ou dente. Quando faleceu, em 1832, Cuvier era considerado um dos maiores cientistas da Europa, apesar do fato de que sua abordagem da história da vida na Terra estava sendo contestada pelo biólogo Geoffrey Saint-Hilaire e pelo geólogo Charles Lyell. Qualquer que fosse a posição das pessoas a esse respeito, estava claro, na década de 1820, que Paris era o centro da anatomia comparada e da paleontologia.

Comparados ao Musée d'Histoire Naturelle, o empoeirado acervo do Museu Britânico (BM) e a caótica coleção do Museu Hunterian no Royal College of Surgeons (RCS) eram um horror. Frente a uma campanha liderada pelo radical editor de *The Lancet*, Thomas Wakley, o RCS começou a pôr sua casa em ordem. Em 1827, contratou um dos seus membros mais jovens, Richard Owen, de apenas 23 anos, para completar o muito aguardado catálogo da sua coleção.[72] Durante a década seguinte, Owen se estabeleceu como anatomista comparativo, abandonando gradualmente os planos originais de trabalhar no mar como cirurgião naval ou praticar medicina como autônomo. Em 1836, o Museu Hunterian o nomeou professor de Anatomia Comparada. Vinte anos depois, Owen foi trabalhar no BM, assumindo o novo posto de superintendente das coleções de História Natural. Naquele ponto, o status de Owen como "o Cuvier inglês" era inegável.

Essa discussão sobre anatomia comparada pode parecer tangencial. No entanto, a anatomia comparada de Cuvier e, particularmente, o princípio da correlação entre as partes forneceram a base para a ciência da elucidação de crimes, na forma como ela foi desenvolvida por

Vidocq, Gaboriau e, por fim, Conan Doyle. "Tem sido frequente o caso", Vidocq comentou, "de, inspecionando uma única peça de roupa, eu ser capaz de saber como é a aparência do bandido, da cabeça aos pés, mais rapidamente do que o nosso celebrado Cuvier reconheceria um animal antediluviano (até um homem fossilizado), a partir de dois maxilares e meia dúzia de vértebras."[73]

Como *The Standard* observou, o Lecoq de Gaboriau reconstituía crimes "da mesma forma que o professor Owen, que, tendo o menor osso como base, podia devolver a forma original aos mais extraordinários animais".[74] Indiscutivelmente, Holmes também está familiarizado com o trabalho de Cuvier e outros cientistas franceses.[75] Em um determinado ponto, ele expõe uma teoria do desenvolvimento humano similar a outra desenvolvida pelo embriologista Étienne Serres, na década de 1820.[76]

Todas as vezes que Lecoq ou Holmes identificam um criminoso através da sua pegada, eles estão usando o método de Cuvier. Em suas *Recherches sur les ossemens fossiles* [Estudos sobre ossadas fossilizadas] (1812), Cuvier, inclusive, descreveu como o anatomista comparativo podia reconstituir uma criatura inteira partindo de nada mais que uma pegada; isto é, sem possuir nem mesmo o proverbial único dente ou osso.[77] Essa ciência da elucidação de crimes pode ter sido transmitida através de Owen, em Londres, ou do professor de Conan Doyle na Universidade de Edimburgo (o cirurgião Joseph Bell), mas o certo é que ela é originalmente parisiense.[78] Essa é a razão de Edgar Allan Poe haver situado seu detetive fictício, C. Auguste Dupin, em Paris, uma cidade que ele próprio nunca visitou, em vez de Londres, que conhecia bem.

Dupin é apresentado em *Os assassinatos da Rua Morgue*, de 1841, como um homem jovem, de hábitos reclusos e literários, com uma renda privada, sendo o último de uma linhagem que já havia sido muito rica. O narrador propõe que ele e Dupin aluguem quartos em Faubourg St Germain, onde passam os dias lendo e conversando atrás de persianas fechadas. Só se aventuram pelas ruas à noite, em longas caminhadas, "buscando, entre as luzes e sombras solitárias da cidade populosa, aquela infinitude de agitação mental que a observação tranquila pode proporcionar".[79] Dupin não faz parte da polícia, embora o chefe de polícia, de fato, o consulte. Aparentemente, também não trabalha por dinheiro. Poe, que, com certeza, havia lido as memórias de Vidocq, faz Dupin gentilmente desdenhar dele, quando o detetive o descreve como "um bom adivinhador e um homem perseverante".[80]

Ainda que a metodologia desenvolvida por Dupin seja fascinante, a estruturação dos contos é fraca, e a cidade que serve de pano de fundo para esses contos não recebe destaque. Mais ou menos na mesma época, escritores franceses como Eugène Sue e Paul Féval eram mais bem-sucedidos, criando a imagem de uma cidade marcada por conspirações secretas que transcendiam as fronteiras de profissão e classe. *Les Mystères de Paris* [Os mistérios de Paris] (1842-1843), de Sue, foi a mais vendida dessas obras, gerando uma grande quantidade de imitações. Uma delas foi *Les Mystères de Londres* [Os mistérios de Londres] (1844), de Féval, que cria, com habilidade, um clima de ameaça urbana, apresentando a cidade como uma vastidão espreitada por desbravadores: um empréstimo consciente de *O último dos moicanos* e outros romances populares sobre "Índios Vermelhos".[81]

Essas obras não apresentavam detetives, profissionais ou amadores; na verdade, elas criaram certas metáforas narrativas que sobreviveriam até a metade do século, assim como determinaram a forma como a cidade, em si, seria representada nos trabalhos de Gaboriau e Conan Doyle. A atmosfera reinante é capturada pela ilustração colocada na folha de rosto da edição inglesa, em 1845, de *Les Mystères de Paris*, com um mago idoso abrindo a cortina para revelar uma metrópole iluminada pelo luar. Certamente, há paralelos entre os personagens apresentados pelos escritores franceses Féval, Sue e Alexandre Dumas, em seu *Mohicans de Paris* [Moicanos de Paris] (1854), e aqueles encontrados em trabalhos da mesma época, escritos por Reynolds e Dickens.[82] Em todos esses romances, os habitantes do submundo urbano estão, *grosso modo*, divididos em três categorias. De um lado, está a redimível elite, que muito frequentemente se torna vítima de sequestros. Do outro, encontra-se uma irredimível minoria má, que raramente é descrita em detalhes, mas que pode, em alguns casos, ter uma vida própria, como nos casos de Daniel Quilp, de Dickens, e do marquês de Rio-Santo, de Féval.

O terceiro grupo é formado por personagens estereotipados. A sua redenção é possível, mas a consistência com a qual eles, como parasitas, prosperam às custas de cidadãos respeitáveis lhes confere tal charme que o narrador se contenta em deixá-los da maneira como os encontrou. La Chourineur, de Sue, se encaixa nessa categoria. Os enredos não são regidos pelos personagens. Em vez disso, os personagens são manipulados conforme ditam as circunstâncias (e as exigências da escrita em capítulos, com as reações da audiência trazendo resultados "em tempo real"). As histórias foram descritas, acertadamente, como contos de fadas urbanos, e o leitor contemporâneo não pode deixar de ficar impressionado com sua insipidez.[83] Heranças fabulosas perdidas, garotos de rua alegres e ativos e perseguições por ruas escuras, tudo isso encontraria lugar no mundo de Holmes e, antes disso, no de Lecoq – junto com, felizmente, um material ainda mais promissor.[84]

"Monsieur Lecoq!"

Na quarta-feira, 15 de abril de 1868, pôsteres chamativos começaram a aparecer nos muros de Paris. Eles traziam o nome "Monsieur Lecoq!" repetido três vezes; em cada repetição apresentava um ponto de exclamação a mais. Na terça-feira seguinte, anúncios grandes começaram a aparecer em jornais, com a mesma inscrição estranha. Desde a década de 1840, canções com uma invariável sílaba final em cada verso vinham perturbando os parisienses continuamente. A sílaba repetida, *"scie"*, doía nos ouvidos; era oca, desprovida de qualquer sentido, similar aos sons emitidos por um bebê. Em maio, surgiu uma canção sobre Lecoq, que apresentava o som "*-oq/oc*".

Quel est donc ce Monsieur Lecoq?	Quem é afinal esse Senhor Lecoq?
Dit le buveur devant son bock	Pergunta o bêbado com sua cerveja
Ou le laboureur sur son soc	Ou o camponês atrás do seu arado
Le matelot sur son grand foc	O marinheiro sentado sobre a vela
Ou le capucin sous son froc...	Ou o capuchinho sob o seu hábito...[85]

Monsieur Lecoq era um detetive fictício, e os pôsteres, o anúncio e a canção eram parte de uma campanha sem precedentes com o objetivo de criar um alvoroço a respeito das aventuras de Lecoq, que logo seriam publicadas em série em um jornal de Paris. A data prometida para o primeiro capítulo chegou e foi embora sem que Lecoq aparecesse. O suspense ficou ainda maior. Era tudo uma artimanha, claro, para vender mais cópias do jornal em que o romance de Gaboriau seria publicado.

Nascido em 1832, Émile Gaboriau (Fig. 31) trabalhou como funcionário administrativo e teve uma breve carreira militar antes de se mudar para Paris e se sustentar através da escrita. Como secretário de Féval, Gaboriau teve seu aprendizado com um mestre da escola dos *mystères*, mas, ao contrário da geração anterior de escritores, optou por colocar um detetive no coração das suas histórias.[86] Seu primeiro romance, *L'Affaire*

Lerouge, apresentou dois detetives: o mais velho, Tabaret, um consultor autônomo, e o outro, seu discípulo de 25 anos: Lecoq, um oficial iniciante da polícia, cujos métodos inusitados fazem dele o alvo constante do humor condescendente dos colegas. Escrito em 1864, *L'Affaire Lerouge* foi publicado sob a forma de série no jornal diário francês *Le Soleil*, de Moïse Millaud, entre abril e julho de 1866.

Figura 31 – Gillot, *Émile Gaboriau*, 1873

Todos os cinco romances de Gaboriau que se seguiram tiveram o jovem Lecoq como herói, a começar por *Le Crime d'Orcival* [O crime de Orcival], uma história de mistério que se passava em Auvergne e que foi publicada, também em série, entre o fim de outubro de 1866 e fevereiro de 1867. O terceiro romance, *Le Dossier No. 113* [O dossiê n. 113], começou a aparecer no dia seguinte àquele em que *Le Crime d'Orcival* acabou. O quarto romance, *Les Esclaves de Paris* [Os escravos de Paris], teve início no *Le Soleil*, em julho de 1867. Composto de três partes, a terceira teve fim em março de 1868. Atormentado pela pressa de Millaud, em 24 meses Gaboriau havia escrito quatro romances, sendo três em dois volumes e um em três. E, em 1869, ele escreveu *Monsieur Lecoq*. Era um ritmo realmente assustador.

Millaud era um homem de negócios talentoso e, em 1869, vendo que Lecoq havia conquistado muitos admiradores, aproveitou a oportunidade para editar novamente, em forma seriada, *L'Affaire Lerouge*, dessa vez em *Le Petit Journal*, e com ilustrações. A circulação chegou a 470 mil, um recorde para o *Journal*. Isso é ainda mais impressionante considerando-se que *L'Affaire Lerouge* já havia sido publicado – por Edouard Dentu – como livro. Da mesma forma que Doyle faria posteriormente, Gaboriau valeu-se da fama da sua ficção policial para persuadir o editor a publicar trabalhos seus anteriores, que ele próprio achava que possuíam um mérito literário maior. Porém, ele acabou ficando tão farto do tormento constante de Millaud que é provável até que tenha recebido bem a Guerra Franco-Prussiana, pois a série teve de ser suspendida.

Àquela altura, romances protagonizados por Lecoq já haviam sido traduzidos para o alemão e publicados em Viena e Berlim. Um contrato para a tradução para o inglês foi redigido, mas não foi assinado; há suspeitas de que o motivo, de novo, tenha sido a Guerra. Ainda assim, quando morreu, em 1873, Gaboriau deixou muitos trabalhos apenas manuscritos, como *La Corde au cou* [Corda no pescoço] (em que o detetive, Manuel Fougat, é um advogado) e vários outros, em diversos gêneros. Muitos trabalhos mais curtos foram publicados em 1876, dentre eles *Le Petit vieux des Batignolles* [O velhinho de Batignolles].[87] Lecoq sobreviveu ao seu criador, com o surgimento de *La Vieillesse du M. Lecoq* [A velhice de M. Lecoq], em 1878, escrito por Fortuné du Boisgobey e, de novo, publicado por Dentu.

Na prática, a habilidade de Lecoq para reconstituir eventos na cena do crime é extraordinária. Em *Monsieur Lecoq*, o oficial iniciante é deixado a sós em um cabaré vulgar no campo, depois da Barrière d'Italie, onde uma patrulha de segurança havia se deparado com a cena de um crime – uma briga entre homens armados havia deixado três mortos. É inverno, e Lecoq tira proveito da neve para identificar quem mais estava no cabaré. Para ele, a manta de neve é uma página em branco onde os culpados escreveram os seus crimes. Pelas pegadas de um homem, Lecoq determina a sua idade, as suas roupas, e conclui que ele usa uma aliança de casamento.[88] Ao tomar conhecimento dessas deduções e de outros exemplos da sua "longa lista de associações e observações sutis", os colegas do detetive ficam incrédulos, mas depois se sentem perplexos. Lecoq sempre aparece solitário, como quando contempla do alto a cidade de Paris, cheia de vida, "e, sob uma névoa leve, iluminada pelo clarão vermelho das luzes das ruas".[89]

À medida que sua fama se espalha, Lecoq se torna mais dependente do talento que possui para o disfarce.[90] Isso possibilita a Gaboriau criar sequências fantásticas, nas quais os criminosos subitamente se dão conta de que Lecoq descobriu tudo. Assim como *L'Affaire Lerouge*, *Les Esclaves de Paris* gira em torno das trágicas consequências da troca de filhos – legítimo e ilegítimo – de um aristocrata. O filho ilegítimo, Paul Violaine, foge do orfanato provincial em que foi colocado e vai a Paris, com a esperança de trabalhar como professor de piano. Abrigado em quartos miseráveis na Rue de la Huchette, ele une forças com Mascarot, cuja agência de empregos serve de fachada para uma quadrilha de chantagistas. Mascarot possui segredos criminosos da cidade inteira, registrados cuidadosamente em pequenos cartões de papel, e, juntos, ele e Paul conspiram para destruir o herdeiro legítimo, um pintor chamado André. Apesar de Lecoq não aparecer no livro até a página 187, ele estava no encalço dos chantagistas e descobre que um banqueiro respeitável, monsieur Martin-Rigal, o chantagista Mascarot e Tantaine, um velho inofensivo que mora acima de Paul, são uma só e única pessoa.

Martin-Rigal/Mascarot/Tantaine está prestes a matar as suas várias identidades falsas e escapar com os seus ganhos ilícitos, quando o encontro final da gangue em sua bem-equipada casa é bruscamente interrompido por batidas violentas do lado de fora. O perverso mentor vai ver do que se trata; então, fica paralisado, com os braços estendidos.

> À sua frente, viu um cavalheiro de aparência muito respeitável, portando óculos com armação de ouro; atrás dele, estava o comissário de polícia, usando o cachecol oficial; atrás do policial, o homem viu meia dúzia de agentes. O mesmo nome saiu da boca dos três associados: "Monsieur Lecoq!" E, naquele instante, esta certeza tomou conta deles: "Estamos perdidos!".

Lecoq avança, curioso para inspecionar o local. Sua expressão pode ser comparada à de um dramaturgo assistindo à cena – que ele criou tão carinhosamente – ser representada no palco pela primeira vez.[91] Um dos cúmplices de Mascarot ataca outro, acusando-o de ser um informante. Um terceiro discretamente engole uma pílula letal. Mascarot é condenado e jogado na prisão, onde enlouquece. André recupera o seu ducado e vive feliz para sempre.

Ainda que haja um elemento típico de contos de fadas na ficção de Gaboriau, isso permanece como pano de fundo, sendo o foco principal o detetive e, de certa forma, a própria Paris. A cidade de Gaboriau é um turbilhão, no meio do qual os infelizes desaparecem, aparentemente sem deixar vestígios, e onde os maus vêm para assumir novas identidades e continuar praticando os seus crimes.[92] Como o Dr. Watson observaria posteriormente sobre sua própria capital, era "aquela grande fossa para a qual todos os desocupados e os vadios da cidade são irresistivelmente drenados".[93] Se, por um lado, os casos de Sherlock Holmes são descritos a partir da perspectiva desse gentil médico veterano do exército, os de Lecoq são narrados por uma terceira pessoa anônima. Gaboriau não presenteou o seu detetive com um parceiro para quem ele pudesse explicar os seus métodos — exceto uma vez.

Em junho de 1870, enquanto a Guerra se aproximava rapidamente, uma segunda série de pôsteres apareceu em vários locais de Paris. Neles, havia um pedido a certo M. J.-B. Casimir Godeuil que se apresentasse nos escritórios do *Petit Journal*. Quem era esse Godeuil? Obviamente, havia alguma coisa importante por trás do mistério, pois os pôsteres continuaram a ser pregados durante todo o mês. Finalmente, no dia 3 de julho, o *Petit Journal* divulgou que tinha "boas notícias para transmitir aos seus leitores. J.-B. CASIMIR GODEUIL FOI ENCONTRADO!!". Era Millaud novamente, com seus velhos truques, anunciando a primeira parte das memórias de um grande detetive. Embora Gaboriau houvesse abandonado Lecoq, Millaud tinha conseguido persuadi-lo a começar outra série de histórias policiais, dessa vez protagonizada pelo detetive fictício Godeuil.[94]

A primeira parte da série foi publicada no *Journal* entre 8 e 19 de julho, dia em que a França declarou guerra contra a Prússia. Com o título de *Le Petit vieux des Batignolles: un chapitre des memoires d'un detective* [O velhinho de Batignolles: um capítulo das memórias de um detetive], a história começa com Godeuil sendo apresentado como um estudante de Medicina de 23 anos de idade, residente à Rue Monsieur-le-Prince, perto da École de Médecine. Ele fica fascinado por monsieur Méchinet, cujo apartamento fica do outro lado do corredor. Por se tratar de um prédio de apartamentos parisiense, ele tem muitas oportunidades para reparar nos horários estranhos em que seu vizinho entra e sai, sempre usando disfarces originais. Uma noite, Méchinet bate à porta de Godeuil e pede a ele que limpe uma ferida. Inicia-se uma espécie de amizade. Quando Méchinet é convocado por uma mensagem misteriosa, em meio a um jogo de dominó com Godeuil, este pede para acompanhá-lo, mudando para sempre o curso da sua própria vida.

Os dois chegam à cena de um assassinato, onde Méchinet abre caminho na multidão de curiosos tolos que rodeia um corpo estirado no chão, sobre uma poça de sangue. A palavra "MONIS" está rabiscada com sangue em uma das tábuas do assoalho. O comissário responsável pelo caso pede desculpas por ter chamado Méchinet e diz que já prendeu o culpado, o sobrinho da vítima, um homem chamado Monistrol (identificado pelo rabisco e por sua própria confissão). Quando Méchinet se recusa a aceitar essa explicação "perfeita" como conclusiva, o comissário zomba da sua suposta rebeldia.[95]

Obviamente, o rabisco é uma evidência forjada, a confissão é falsa e, no final, fica provado que Méchinet estava certo. Graças a uma tradução para o inglês, publicada por Vizetelly, no início de 1886, Méchinet entrou em cena a tempo de ajudar Arthur Conan Doyle, que criou o manuscrito de *Um estudo em vermelho* em março daquele ano. Como em *Le Petit vieux des Batignolles*, faz o assassino escrever uma palavra enganadora com o sangue da vítima. Mais uma vez, o oficial de polícia, confiante, relata para o detetive o que aconteceu, e este, por sua vez, recusa-se a aceitar tal explicação. *Um estudo em vermelho* pode carregar a marca registrada de Doyle, mas há sinais de Gaboriau nesse mistério. Ainda que a morte de Gaboriau o tenha impedido de narrar as aventuras seguintes de Méchinet, de alguma forma Doyle as tornou desnecessárias, ao assumir a tarefa de Gaboriau.

Nascido em Edimburgo, em 1859, Arthur Ignatius Conan Doyle era um dos nove filhos do artista Charles Doyle. O dinheiro da família estava acabando devido ao alcoolismo do pai de Arthur, que por fim já estava bebendo verniz para móveis ou roubando dos próprios filhos para alimentar o vício. Felizmente, os tios de Arthur lhe proporcionaram meios de estudar em vários internatos, especialmente na academia jesuíta Stonyhurst. Em 1876, ele entrou na escola de Medicina de Edimburgo, havendo visitado, rapidamente, Londres e Paris, durante os dois anos anteriores. Doyle fez vários pequenos trabalhos como médico aprendiz em Sheffield, Aston e Plymouth, antes de se mudar, em 1882, para Bush Villas, na cidade de Portsmouth. Ele já vinha enviando contos para o *Chamber's Journal* e para outros periódicos havia alguns anos, tendo obtido resultados diversos.

Dispondo de tempo em Portsmouth, enquanto aguardava clientes para aquela sua primeira experiência como clínico geral independente, Doyle resolveu escrever um romance. No início de 1884, confinado na cama por causa de uma infecção, começou a ler *best-sellers* com o intuito de entender o que os editores queriam. Na época, *Gaboriau's Sensational Novels* [Romances Sensacionais de Gaboriau] (Fig. 32) já estavam vendendo muito bem (por três anos).[96] Havia um precedente para a tradução de Gaboriau para um contexto inglês, nos moldes de James Hain Friswell, jornalista e ensaísta do grupo de G. A. Sala. Em 1884, Vizetelly publicou um plágio de *L'Affaire Lerouge*, em brochura, bem a tempo de Doyle ler.[97]

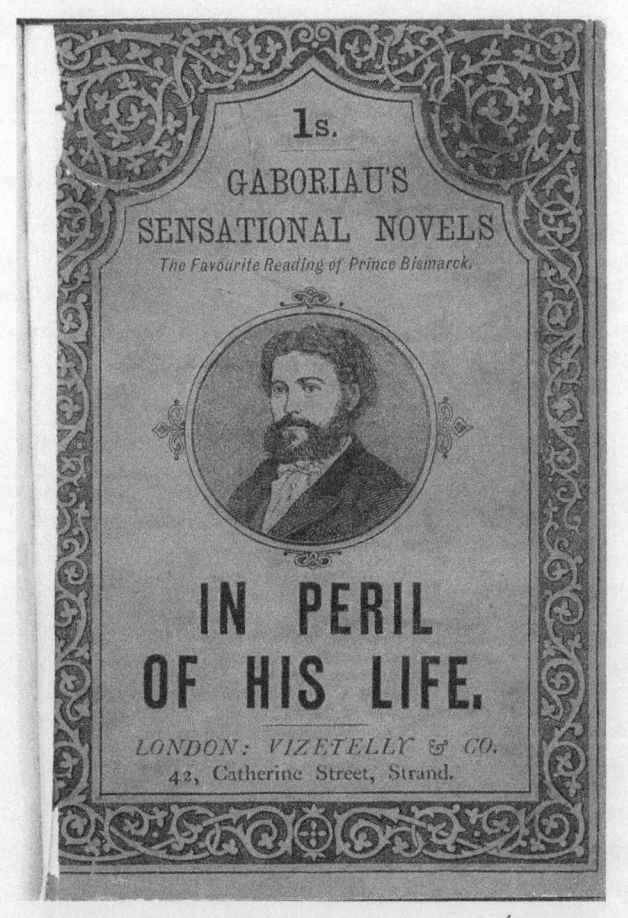

Figura 32 – Capa da edição de Vizetelly da obra de Émile Gaboriau *In Peril of His Life*, 1884

Diante da cena do crime, tanto Lecoq, de Gaboriau, quanto Holmes, de Doyle, estão ansiosos para se livrar dos arrogantes e vaidosos Gévrol/ Lestrade, para que tenham território livre para trabalhar. Esse trabalho envolve a entrada em um estado próximo ao transe, apesar de uma atividade incontrolavelmente intensa.[98] Quando chegam à conclusão final, os dois detetives saem desse estado, tão repentinamente como entraram, e declaram que elucidaram o mistério. No entanto, eles não compartilham a explicação com a polícia nem com seus companheiros, tampouco conosco.

Como Lecoq e Méchinet, Holmes passa regularmente por longos períodos de tempo sem comer e sem dormir, amaldiçoa a polícia oficial com elogios baratos e é capaz de se desconectar totalmente de um caso quando maiores cogitações são inúteis. Lecoq, Méchinet e Holmes trabalham por amor à sua missão, e não pelo dinheiro. Eles fazem alusões ocasionais aos grandes criminosos que poderiam ter sido, uma hipótese irreal fantástica, que por si mesma nos leva a crer que lhes falta uma concepção moral mais abrangente, isto é, que permanecem indiferentes às repercussões mais amplas do trabalho que fazem.[99] Tabaret, aquele mentor mais velho de Lecoq, a certo ponto lamenta que "a estirpe de grandes criminosos está em extinção", deixando "uma multidão de infratores fajutos que não valem nem mesmo o couro do sapato que é gasto em sua perseguição [...] Isso chateia muito um detetive, podem acreditar." Holmes diria "amém" a isso.[100]

Isso não quer dizer que Doyle tenha plagiado Gaboriau de qualquer maneira que pudesse ser sequer semelhante àquilo que Friswell havia feito.[101] Com exceção de três histórias mais longas, os contos protagonizados por Holmes são notavelmente concisos, com atalhos pouco sutis em alguns pontos, para economizar palavras. Ainda que escritos com a mesma rapidez, os trabalhos de Gaboriau eram romances de mais de um volume, com longas histórias secundárias, do tipo que Doyle se arriscou a fazer apenas uma vez, em *Um estudo em vermelho*, onde, subitamente, nos vemos transportados para a sinistra teocracia mórmon de Utah.[102] Lecoq tem um passado romântico, e Méchinet é casado, enquanto Holmes não está interessado em amor e deixa as mulheres, que ele considera incompreensíveis (com uma exceção), para Watson. Doyle usou por empréstimo o Dupin de Poe e, também, Gaboriau.[103]

Mesmo tendo uma dívida considerável com Vidocq e Gaboriau, Holmes foi, de certa maneira, ingrato. Nas páginas de abertura de *Um estudo em vermelho*, Watson, assim como os narradores de *L'Affaire Lerouge* e de *Le Petit vieux de Batignolles*, anteriores a ele, esforça-se para entender que profissão ou atividade poderia explicar os hábitos curiosos de Holmes. Fica claro que Watson leu Vidocq e Gaboriau. Porém, quando ele revela a Holmes as suas conjecturas sobre este último ser um detetive *à la* Lecoq, Holmes toma isso como um insulto. Ao se referir a *Monsieur Lecoq*, Holmes é sarcástico, dizendo que ele teria solucionado o caso muito mais depressa. "Eu poderia ter feito isso em 24 horas. Lecoq precisou de seis meses, ou coisa parecida. Deveria haver um manual para detetives que ensinasse a eles o que evitar."[104]

Como Lecoq, Holmes sente um prazer similar ao de um mestre de cerimônias ao fazer a repentina "revelação". Essa vaidade narrativa é tão comum na ficção policial do século XX que se torna desnecessário citar exemplos individuais de detetives como Hercule Poirot e Miss

Marple, de Agatha Christie, ou Father Brown, de G. K. Chesterton. Até a irritação dos personagens convocados para observar a tal cena se tornou parte do esquema ("Por que você chamou todos nós aqui, Poirot?").

Esses momentos eram um presente para o ilustrador de Doyle, Sidney Paget, um verdadeiro *tableau vivant* similar aos exibidos no *music hall* Oxford e em outros do West End de Londres, nas décadas de 1880 e 1890. Quando o cocheiro que está levando a bagagem de Holmes para a sua sala de estar, em *Um estudo em vermelho*, é identificado pelo detetive como o assassino Jefferson Hope, o grupo reunido age como uma trupe bem treinada de artistas de *music hall*. "Por um segundo ou dois, parecíamos um conjunto de estátuas", Watson lembra. "E então, com um horroroso rugido de fúria, o prisioneiro se liberta violentamente das mãos de Holmes e se atira pela janela."[105]

Um recurso fundamental que Doyle e seus sucessores tomaram por empréstimo de Gaboriau foi a tensão entre magia e realidade. Por um lado, o leitor tem um desejo "hesitante" de acreditar em um detetive onisciente. Nós não apenas encontramos segurança e conforto em nossa fé no detetive; nós sentimos um verdadeiro prazer. No contexto teológico tradicional, a fé é algo concedido ou negado por um poder divino. Ela não depende do poder dos mortais. Aqui, nesse contexto específico, entretanto, buscamos, conscientemente, sujeitar-nos à desejada crença em um ser com poderes "milagrosos". Queremos ficar nesse estado de imaturidade, mesmo sabendo que existe nele, como observa Watson, "um toque de charlatanismo".[106] Porém, outra parte de nós quer o "truque" explicado e, portanto, desmistificado. Como Lerouge, Holmes se mostra relutante em oferecer tais explicações, sabendo muito bem que elas podem fazer com que ele pareça "um indivíduo totalmente comum".[107]

Embora as evidências que ligam um chapéu surrado a um ousado roubo de joias sejam superficiais, "escondidas à vista de todos", elas podem ser notadas com o olhar apenas brevemente, até mesmo por um detetive com poderes de clarividência. Como Dupin afirma, "esses fatos são percebidos mais claramente se olhados de soslaio, "com o rabo do olho", em lugar de observados de frente.[108] "As coisas que nos encaram", Méchinet explica, "são aquelas que mais frequentemente escapam à nossa visão".[109]

Assim, a ficção policial envolve todos os aspectos da vida diária com uma aura mágica, que pode ser enxergada por um segundo, de passagem, como seria vista por um *flâneur*. Mesmo que a fonte daquele entusiasmo e aquele significado sejam obscuros, a desordem mundana da cidade moderna se torna emocionante e profundamente significativa no processo. A viagem entre o "Espectador-Coruja", de Rétif, e Holmes, de Doyle, abrangeu não apenas duas cidades, mas também um século. Considerando a reputação que o *mouchard* possuía em Paris, no final do século XVIII, é impressionante o fato de essa noção tranquilizadora de castigo merecido haver surgido na capital francesa, e não na britânica, que, por fim, adotou o *bobby* (o policial inglês) londrino como uma figura patriótica. Para a força policial parisiense, foi uma história notável de redenção – o espião político disfarçado do Antigo Regime, tornou-se o protetor da burguesia honesta e dos segredos da cidade.

Na ficção policial, a metrópole é um pergaminho cujo manuscrito foi raspado para ser substituído por outro texto. À primeira vista, é incompreensível. Se examinada a certa distância, é impossível entendê-la senão como uma "megacidade", formada por várias cidades diferentes, cada uma com os próprios hábitos morais, estilos arquitetônicos e de vestuário, e sua própria língua. Como um dos detetives de Gaboriau observa, o que é considerado infame na Rue de Lécluse é bastante adequado na Rue Vivienne.[110] Como nosso *alter ego* nas histórias de Holmes, Dr. Watson, o leitor da classe média se sente em casa em apenas uma dessas cidades. Sabemos da existência das outras cidades, mas apenas vagamente, através de terceiros. Uma parte de nós tem dificuldade para imaginar como a vida pode ser tão diferente em lugares que, em termos de distância em quilômetros, não estão muito separados.

A revista *Blackwoods* registrou, em 1825, a seguinte observação a respeito das favelas nos arredores da Webber Row, no distrito de Lambeth: "quem pode ser esse povo – de que ordem ou classe – que reside aqui? É fato que quem reside a duas milhas de distância não sabe mais que o habitante de Kamchatka!".[111] A indiferença mútua entre estranhos sempre foi, é claro, parte da vida urbana, mas permanece profundamente inquietante e torna-se tanto mais perturbadora quanto maior fica.

Somos fascinados por detetives, porque eles decifram a metrópole, entendendo-a como um todo coerente, localizando as conexões ocultas que unem vizinhanças, posições sociais, profissões diferentes. Apesar de haver uma rede de crimes violentos, é, no entanto, tranquilizador saber que "existe a linha escarlate do assassinato na meada incolor da vida", precisamente porque quando encontramos e desembaraçamos essa linha, estamos trazendo a justiça para combater a maldade.[112] Há algo de reconfortante em entender que as trivialidades mundanas do nosso dia a dia possuem um sentido, que há um sinal no ruído branco que compõe, constantemente, o pano de fundo da vida urbana.

Da mesma maneira que o *flâneur* de Baudelaire "destila o eterno do transitório", o detetive chama a atenção para "as grandes questões que podem estar em um simples cadarço de bota".[113] Como diz Holmes, "passo a vida toda me esforçando para escapar dos lugares-comuns da existência".[114] Longe de desvendar os mistérios da cidade através da investigação científica, o detetive a (re)encanta para nós. Ele cria mistério.

Figura 33 – Charles Heath a partir de A. C. Pugin, *Vista geral de Paris*, em *Paris and Its Environs* [Paris e arredores], 1830

Capítulo 6

Mortos e enterrados

Em 1863, Charles Dickens fez uma visita ao cemitério Kensal Green, localizado a uma milha a noroeste de Paddington, entre a Harrow Road e o canal Grand Union. Como ele observou em um relato no seu periódico *All the Year Round*, os franceses acreditavam que os ingleses eram guiados por melancolia e raiva, pois faziam dos cemitérios os seus "lugares de passeio prediletos". Dickens, por sua vez, concordava, confessando que gostava de caminhar entre os túmulos nos terrenos de igrejas. Lá, o opressor e o oprimido, o criado e o patrão, o grande e o pequeno estavam juntos, unidos pela morte. "Do cemitério inglês, no entanto, eu não sabia nada, até que, em uma tórrida tarde de julho, fui a Kensal Green."[1]

Ao contrário do terreno com túmulos próximo à igreja de cada paróquia, no coração da cidade, os cemitérios ficavam fora das fronteiras e não eram necessariamente associados a uma comunidade paroquial específica. Embora Kensal Green houvesse sido inaugurado em 1832 – como o primeiro cemitério de Londres –, para Dickens, tanto o conceito quanto a própria palavra eram novos. É fato que a Londres romana possuía três cemitérios, todos acima da margem norte do rio, localizados perto de ruas principais. O cemitério leste ficava perto de onde está hoje a Prescot Street, no distrito de Tower Hamlets. Contudo, após o século IV, sepultamentos fora dos muros da cidade haviam dado lugar ao costume cristão pouco saudável de enterrar os fiéis perto das igrejas ou dos santuários. Acreditava-se que a proximidade de lugares sagrados podia beneficiar a alma do fiel que havia partido; porém, a longo prazo, essa prática criou um risco à saúde pública.

Como resultado, por volta do início da era moderna, a simples ideia de criar territórios para sepultamento dentro de terrenos com outros fins era inquietante, assim como era o fato de essa prática ser realizada com fins comerciais. Os arquitetos Christopher Wren e Robert Hooke haviam insistido na criação de áreas de sepultamento fora dos muros da cidade, como parte dos planos para a reconstrução de Londres depois do Grande Incêndio de 1666. Uma epidemia mortal de cólera havia atingido a cidade no verão anterior, aumentando ainda mais a ocupação das áreas de sepultamento perto das igrejas paroquiais. Graças a um membro da Royal Society, John Evelyn, foi possível conectar, de uma nova maneira, esses surtos e o problema da superlotação das áreas de sepultamento. As epidemias eram tidas como a causa dessa superlotação, mas, por outro lado, a superlotação também poderia ser vista como a causa das epidemias.

Em 1661, a obra *Fumifugium: or the Inconveniencie of the Aer and Smoke of London Dissipated* estava entre os primeiros trabalhos a considerarem a circulação do ar como um problema urbano; ela explicitamente associou os odores dos locais de sepultamento às más condições de saúde pública. Graças às descobertas de William Harvey a respeito da circulação do sangue, o ar estagnado, que não fluía, era agora visto como prejudicial à saúde. Mas como um ar limpo e saudável poderia circular dentro da cidade, sem levar junto as emanações nocivas provenientes dos matadouros, das fábricas de sabão e dos corpos em decomposição? A solução proposta por Robert Hooke era levar tudo isso para fora dos muros da cidade.

Os cemitérios eram parte do plano de Wren para a reconstrução de Londres depois do incêndio, assim como as avenidas largas, as praças amplas e os mercados bem-arejados. No entanto, poucos desses planos foram concretizados. A devastação havia sido tão grande que as autoridades temiam que a reconstrução fosse desencorajada por trocas de terra e disputas legais sobre a compensação pelas propriedades confiscadas para a criação de novas ruas. Ninguém queria uma cidade-fantasma, mesmo que bem-planejada. Naquele momento, Londres deixou escapar sua última grande oportunidade de fazer uma pausa, examinar a sua forma e então moldar os padrões para o desenvolvimento futuro.

Kensal Green e os outros seis cemitérios-jardim criados em Londres nas décadas de 1830 e 1840 – geralmente chamados de Magnificent Seven – copiaram o modelo parisiense de áreas para sepultamento distantes do centro da cidade estabelecido sob o regime de Napoleão e foram influenciados, também, pelas catacumbas no sul de Paris, que haviam sido abertas ao público em 1815. Dickens, em seu periódico *All the Year Round*, apresenta "um homem francês, com esposa e família, conversando, comendo bombons e olhando para o cemitério com um ar crítico, como se estivessem comparando-o aos cemitérios da sua terra".

Embora essa associação com Paris tenha trazido uma sugestão de sentimento anticlerical, em todos os outros aspectos os benefícios provenientes da relação entre os cemitérios de Londres e o Père Lachaise de Paris foram extremamente positivos. Localizado onde anteriormente havia sido o jardim do padre confessor jesuíta de Luís XIV (François de La Chaise), o cemitério foi inaugurado em 1804. Uma década depois, estava firmemente estabelecido como uma das atrações da cidade. A cerca de 2,5 quilômetros a leste de Notre Dame, no Mont Louis, o "Cemitério do Leste" (como era conhecido oficialmente) proporcionava vistas excelentes da metrópole. Muito antes da construção da basílica de Sacré Cœur, e antes também da Torre Eiffel, Père Lachaise era o lugar que os turistas, bem como os próprios parisienses, visitavam para examinar a capital como um todo.

Os guias turísticos insistiam nessa visita, e as imagens de Paris chamavam a atenção para os seus encantos. O *Imperial Paris Guide* [Guia Imperial de Paris], de Charles Cole, publicado para a Exposição de 1867, destacava a vista como imperdível.[2] O artista japonês Yushio Markino incluiu a vista nas ilustrações criadas para *The Colour of Paris* [A cor de Paris], em 1914.[3] Uma pessoa essencialmente importante no estabelecimento do cemitério como um panorama e, por si mesmo, uma atração foi Augustus Charles Pugin.

De ascendência suíça, Pugin nasceu na paróquia parisiense de St Sulpice. Na década de 1790, mudou-se para Londres, onde frequentou as escolas da Royal Academy e trabalhou no estúdio de John Nash, o arquiteto que estava por trás da criação da Regent Street e das novas casas e mansões nos arredores do Regent's Park na década de 1820. Desenhista talentoso, Pugin foi trabalhar para o maior vendedor de gravuras da cidade, Rudolph Ackermann. Juntos, eles publicaram *The Microcosm of London* [O microcosmo de Londres], em 1808, uma série de imagens de construções públicas, acompanhadas por pequenos textos descritivos.

Com o fim das Guerras Napoleônicas, em 1815, Pugin pôde restabelecer relações com seus contatos franceses e retornar à sua cidade natal, agora acompanhado de seu filho, também chamado Augustus, que havia nascido em sua residência na Keppel Street, em Bloomsbury, em 1812. Visitas regulares a Paris inspiraram Pugin (pai) a produzir uma obra francesa equivalente à muito bem-sucedida *The Microcosm of London*. Em

1830, surgiu *Paris and Its Environs*, uma obra de dois volumes, formados por gravuras baseadas em esboços de Pugin, com textos explicativos breves, escritos por L. T. Ventouillac.

Apesar de as ilustrações representarem uma impressionante variedade de locais, inclusive o necrotério e o matadouro de Montmartre, 10 das 200 gravuras foram dedicadas ao Père Lachaise. O segundo volume incluiu uma "Vista geral de Paris" (Fig. 33), que era, na época, a vista clássica da cidade: a de quem estava olhando de Père Lachaise. De fato, tamanha era a fama do cemitério que Ventouillac sentiu necessidade de se desculpar pelo excesso de louvor a um local com o qual achou que as pessoas já estariam familiarizadas. "Temos receio de ser entediantes para alguns dos nossos leitores, com relação a esse cemitério", ele escreveu, pois "quem é o inglês que não conhece o cemitério de Père La Chaise?". E prosseguiu, citando um relato anônimo de um viajante inglês sobre a sua própria reação ao cemitério, onde ele observava como os parisienses haviam "salpicado doces sobre a morte [...] fizeram da sepultura um jardim".[4]

As paisagens de Pugin (pai) focavam grupos específicos de monumentos, como os túmulos dos generais Foy, Masséna e Lefebvre. Árvores, trilhas surpreendentemente difíceis, mulheres com para-sóis e parisienses mais humildes fazendo suas preces enfatizavam o charme informal do lugar. Esperava-se que os visitantes admirassem a maneira como podiam, inesperadamente, encontrar um recanto com sombra ou, de repente, vislumbrar a Notre Dame ou o Panthéon. Algumas imagens continham cruzes toscas de madeira, em meio a obeliscos e colunas enormes, apresentando o cemitério como um espaço sem distinção de classes, no qual ricos e pobres repousavam lado a lado. Na verdade, entretanto, os pobres eram relegados a uma região muito pouco visitada, o noroeste do terreno.

Mas, sem dúvida, *Paris and Its Environs* acertou quando afirmou que os parisienses haviam feito "da sepultura um jardim" e a livrado dos horrores associados à alta densidade de túmulos dentro dos muros da cidade. O cemitério que tantos londrinos reverenciaram e buscaram criar em sua própria capital teve suas origens em uma série de jardins criados por aristocratas franceses nas décadas de 1770 e 1780. O fato de que essas mesmas áreas de lazer haviam sido inspiradas nos jardins ingleses do início do século XVIII – como o Stowe – e nos versos de Thomas Gray e Edward Young acrescenta um aspecto ainda mais interessante a esse exemplo de permuta anglo-francesa.

Na ocasião, foi necessário refletir sobre uma questão importante de saúde pública e estabelecer a quem caberia lidar com ela. Como veremos, a criação dos cemitérios mudou o tradicional controle que a igreja possuía sobre os mortos. Mas era possível confiar na iniciativa privada para assumir essa responsabilidade? Se não, isso caberia a novos órgãos do governo central ou ao antigo sistema paroquial? A questão também envolvia refletir sobre como acomodar os mortos de forma decente e respeitosa, perto o suficiente dos vivos para serem visitados com facilidade, mas não tão perto a ponto de se tornaram um risco para a saúde.

Parece que Dickens achou Kensal Green bastante satisfatório. Ficou admirado com a gestão cuidadosa da General Cemetery Company (GCC) que o administrava, como era testemunhado pela grande quantidade de livros de registro, com descrições de cada sepultamento que havia sido feito lá, e pelas medidas de segurança, que incluíam um vigilante noturno armado. Todavia, ele também, com certeza, achou ridículas as normas comerciais, havendo comentado que a cobrança de um guinéu por uma pequena placa nas Monumental Chambers[5] (acima das filas principais de catacumbas) "estranhamente me lembrara dos custos de anúncios, e dos painéis cheios de propagandas que desfiguram nossas ruas". As coroas de vidro ou as flores de porcelana (chamadas "imortais") à venda nas lojas locais fizeram Dickens pensar sobre "tantas alianças de casamento nos dedos de gigantes falecidos".[6]

Dickens, que havia escrito sátiras a rituais fúnebres minuciosos, criticou duramente o modo como os agentes funerários exploravam os enlutados em uma série de artigos criados para seu outro periódico, *Household Words* [Palavras Domésticas], em 1850-1851. Esses agentes faziam pressão para acrescentar coisas inúteis aos caixões e contratar acompanhantes de enterro, transporte funerário e coisas afins. Além de representarem um desperdício, um embuste sem propósito, esses ritos possuíam um efeito igualmente prejudicial, que era suscitar nos pobres o desejo de realizá-los também, o que só era possível afundando-se em dívidas ou economizando através de um "Clube Funerário".

O clube oferecia um único tipo de seguro, que se resumia a pagar à família do falecido uma quantia fixa de dinheiro. Entretanto, os fundos do clube eram frequentemente mal administrados, além de, supostamente, haverem levado alguns pobres a envenenar os próprios filhos para garantir o recebimento do dinheiro do seguro; uma história chocante e infundada na qual Dickens parece haver acreditado.

Dickens também atacou o comércio das relíquias do duque de Wellington, que chegou a virar uma febre na época da sua morte, em 1852. Isso se estendia, ainda, ao aluguel de cômodos que davam vista para o caminho por onde o famigerado veículo funerário superlotado passaria. O modo inglês de tratar a morte era representado por uma cena de "degradação quase inacreditável".[7] Em seu âmago, estava um desejo burguês de ostentar grandeza.

Como se temesse desafiar esses costumes sagrados, Dickens escreveu vários artigos como se tivessem saído do bico de um corvo – eram discursos convidando os humanos a provarem a sua superioridade em relação aos outros animais e abandonarem práticas irracionais. Porém, mesmo percebendo que se trata de verdades incontestáveis, o "corvo" tem de admitir que é inútil esperar que seus ouvintes mudem. Os londrinos continuarão a defender esses costumes abusivos, "porque os respeitáveis bem-nascidos ESTARÃO envolvidos nisso até a morte".[8] Como veremos, uma combinação de visão comercial prática e determinada a um instinto inconsciente de repulsa e sentimentalismo estava por trás da construção desses novos territórios destinados aos mortos de Londres e Paris.

Elegias e Elysiums

A propriedade Monceau (hoje Parc Monceau, no oitavo *arrondissement* de Paris), pertencente ao duque de Chartres, é um bom lugar para buscar o surgimento do cemitério moderno. Ao mesmo tempo que imitava os jardins paisagísticos ingleses, o Parc Monceau também desenvolveu esse estilo, criando um novo tipo de jardim que, por sua vez, serviu de modelo para os cemitérios da Paris napoleônica. Louis Carrogis criou os jardins de Monceau entre 1773 e 1778. Eles apresentavam um *bois des tombeaux* [bosque de túmulos]: uma pequena floresta "natural", com urnas funerárias sobre pedestais e pirâmides rústicas. Embora haja caminhos tortuosos na gravura feita por Lesueur (Fig. 34), os visitantes bem-vestidos que admiram o bosque estão fora dessas vias, aceitando o convite tácito de andar entre os monumentos, guiados apenas por suas fantasias.

O estilo formal francês dos jardins de Versalhes, projetados por Le Nôtre, no século XVII, possuía uma riqueza de detalhes alegóricos que seriam "perdidos" se o visitante se desviasse do itinerário predeterminado por Luís XIV, que escreveu vários guias para as visitas aos jardins.[9] No Parc Monceau, ficar perdido *era* o itinerário predeterminado, destinado a criar um clima de melancolia agradável, em vez de transmitir mensagens codificadas sobre o poder absolutista.

Figura 34 – Carmontelle, *Bosque de Túmulos*, em Jardim de Monceau, 1779

Os monumentos espalhados no *bois de tombeaux* visavam a lembrar os túmulos egípcios ou, no caso das urnas, os mausoléus romanos usados para o depósito do que restava das cremações. Na verdade, não havia corpos ou cinzas enterrados no solo. Isso estava de acordo com o modelo inglês desenvolvido nas décadas de 1720 e 1730, no jardim e na gruta de Alexander Pope, à margem do rio, em Twickenham; no jardim de William Shenstone, em Leasowes; e em parques aristocráticos como o Stowe e o Castle Howard. No jardim de Pope (que ele alugou a partir de 1719, pois, como um católico romano, não podia possuir propriedades), havia um obelisco em memória a sua mãe, que, de fato, estava enterrada na igreja paroquial de St Mary.

O jardim de Shenstone era cheio de monumentos que aludiam à perda da juventude e da vida. Ele continha uma urna dedicada ao irmão falecido de Shenstone, que, também nesse caso, estava enterrado em outro lugar. Os Campos Elíseos do Stowe apresentavam um "Templo de Personalidades Ilustres" mais ambicioso, projetado por William Kent, assim como monumentos separados dedicados a William Congreve e, posteriormente, ao general Wolfe. Esses jardins emprestavam às combinações "naturais" de bosque e gramado, associadas ao estilo das paisagens inglesas, uma atmosfera elegíaca, uma surpreendente postura deliberada de informalidade.

Havia um clima evidente de oposição ao Estado em jardins como o Stowe, onde um "Templo da Virtude Moderna", em ruínas, representava uma espécie de ataque político ao regime venal do primeiro homem a ser primeiro-ministro, Robert Walpole. Como Pope era católico romano, com laços estreitos com os rebeldes jacobitas (como Francis Atterbury), seu jardim também representava um local de exílio autoimposto, um lugar para refletir sobre o poderia ter acontecido. As opiniões políticas hereges e a paranoia do filósofo Jean-Jacques Rousseau, um protestante na França católica romana, levaram-no a buscar exílio na Suíça.

Quando Rousseau faleceu, na propriedade Ermenonville, do marquês de Girardin, em 1778, o corpo foi enterrado em seu próprio "túmulo-floresta" de álamos em uma ilha de um lago. Essa sepultura se tornou um lugar de peregrinação para seus seguidores iluministas, de tal forma que as trilhas do jardim em estilo inglês que ficava ao seu redor (e que continha monumentos em homenagem a William Penn, Isaac Newton, René Descartes e Voltaire), assim como as margens do lago, ficaram totalmente pisoteadas. Um turista inglês achou tão insuportável ficar distante do túmulo de Rousseau que nadou até a ilha para poder derramar suas lágrimas diretamente sobre a sepultura.

Apesar de uma geração anterior de poetas, inclusive Pope e Shenstone, haver preparado o terreno, foram a *Elegy Written in a Country Church-yard* [Elegia escrita em um cemitério de igreja no campo], de 1751, criada por Thomas Gray, e *The Complaint: or, Night Thoughts on Life, Death and Immortality* [A queixa: ou divagações noturnas sobre a vida, a morte e a imortalidade], de 1742, com autoria de Edward Young, que mais encorajaram esse comportamento na França. O poema original de Young foi seguido por *Night the Second. On Time, Death, Friendship* [Segunda noite. Sobre o tempo, a morte, a amizade] e, depois, *Night the Third. Narcissa* [Terceira noite. Narcissa]. Os poemas foram traduzidos para o francês (em versos), com o título de *Les Nuits d'Young* [As noites de Young], em 1769 (havia traduções anteriores, em prosa). O episódio *Narcissa* foi o que gerou impacto maior. Falava do enterro às pressas, à meia-noite, da bela noiva Narcissa, em um "túmulo roubado" (isto é, já ocupado). A jovem tuberculosa não pôde ter um enterro apropriado, no cemitério de uma igreja, devido à sua fé protestante. A Narcissa da vida real era Elizabeth Temple (enteada de Gray), que morreu em Lyons, em 1736, com apenas 18 anos de idade, e pouco depois do seu casamento com Henry Temple; foi enterrada às 23 horas, em um cemitério de hospital.

A recusa em conceder uma sepultura a Elizabeth/Narcissa provocou o protesto de Gray contra o fanatismo impiedoso da Igreja Católica Romana. "Enquanto a natureza se comoveu, a superstição delirou"; ele escreveu, "aquela chorou a morte; e essa negou um túmulo." Pensadores iluministas e membros da elegante elite aristocrática que queriam aparecer como tal ficaram muito felizes em se juntar a Gray, desaprovando "a maldita impiedade do zelo". Narcissa passou a fazer parte da família Calas, por ser vista como um símbolo da virtude inocente submetida a um castigo desumano pela superstição católica romana.

Uma *Caverne d'Young*, ou "Caverna de Young", foi criada no solo de um jardim em Franconville-la-Garenne, na década de 1780, por seu proprietário, Claude-Camille-François, conde d'Albon, ao lado de uma pirâmide para os ancestrais do conde e um monumento para William Tell. O parque Maupertuis, projetado por Alexandre-Théodore Brongniart para o marquês de Montesquiou, possuía um monumento para outra vítima da violência católica romana: o almirante Gaspard de Coligny, um herói de guerra protestante, assassinado por católicos romanos no dia de São Bartolomeu, em 1572. Aristocratas franceses elegantes estavam, sem dúvida, desejando mergulhar profundamente no passado da sua nação (bem como no passado britânico), em busca de personagens históricos para impressionar seus convidados.[10]

A *Élégie écrite dans un cimetière de campagne*, de Gray, apareceu pela primeira vez em francês na edição de abril de 1765 da *Gazette Littéraire de l'Europe*, em uma tradução em verso feita por Jean-Baptiste Suard.[11] De acordo com a *Elegia*, as lápides modestas e as inscrições funerárias simples dos mortos da aldeia constituíam uma homilia sobre a vaidade. Embora confinados a um cenário humilde, "os anais curtos e simples dos pobres" tinham suas próprias histórias de ambição e heroísmo para contar, que pareciam ainda mais comoventes por serem celebradas "com rimas fracas e esculturas disformes enfeitadas".[12]

Ainda que sua popularidade não nos pareça merecida hoje, a *Elegia* encorajou a tendência a considerar cemitérios como lugares para lamentar a maneira injusta com a qual a incompreensível Posteridade conferia fama para um indivíduo e esquecimento para outro, sem nenhuma relação aparente com os verdadeiros méritos de cada um. Por outro lado, temas como Deus, a alma, a promessa da ressurreição e o temor da condenação eterna foram totalmente ignorados. "Deus" pode ser a última palavra da *Elegia*, mas, exceto por isso, Ele está ausente. O efeito igualador da morte está lá, mas é resultado do nosso próprio esforço sentimental, e não do imensurável poder de Deus.

Os jardins (no estilo inglês) de Monceau e Ermenonville eram muito diferentes dos cemitérios de Paris do século XVIII. Nessa capital, como em Londres, os mortos eram apertados nos terrenos das igrejas. Porém, ao contrário de Londres, a maior parte deles era enterrada em valas comuns. Foi em 1186 que o cemitério Les Innocents (próximo à atual região de Les Halles) foi cercado por muros, e em 1765 nada menos que 18 paróquias ainda faziam uso dele.

A cada seis meses, outra cova com 50 metros de comprimento era aberta, e a antiga era totalmente coberta. Sendo assim, os mortos permaneciam meses com apenas uma fina camada de cal sobre si. Após haver passado tempo suficiente, cada vala comum era reaberta; as caveiras e os ossos eram removidos e depositados (seguindo padrões geométricos) em um dos ossários que circundavam o local; na verdade, estes eram pouco mais que galpões de madeira com portas projetadas de modo que os visitantes pudessem enxergar o lado de dentro.

Quando parte do espaço disponível foi perdida para o alargamento de ruas, sob o reinado de Luís XIV, a acomodação ficou ainda mais apertada, e a presença de mercados próximos ao outro lado do muro gerava preocupações a respeito dos efeitos que tanta matéria fétida comprimida em um só lugar poderia ter sobre a saúde pública.[13] Mercier foi uma das pessoas que protestou contra isso. Entre as melhorias que ele prescreve em seu *Parallèle* está a demanda por uma transferência de Les Innocents para uma área ao oeste, distante como St Eustache, pela purificação do solo e pela construção de um grande mercado sobre o terreno.[14]

O fechamento de Les Innocents tinha sido decretado pelo parlamento de Paris em 1765, mas nada havia sido feito. Em novembro de 1785, o parlamento fez uma nova tentativa, dessa vez com sucesso. Durante mais de 15 meses, carregamentos de restos mortais foram desenterrados e levados para a Porte d'Enfer, no sul da cidade, onde foram depositados em um conjunto de pedreiras abandonadas. Em 1787, os restos mortais que estavam em St Eustache e St Étienne-des-Grès também foram transferidos para lá. Somente depois de Père Lachaise haver alcançado o seu objetivo pensou-se em transformar esses locais em atrações turísticas, como são hoje as catacumbas de Paris.

O romancista sentimental *cult* Bernardin de Saint Pierre foi o primeiro a sugerir, em seu livro *Études de la nature* [Estudo da natureza] (1784), um túmulo-jardim inglês, no estilo de Monceau, como uma solução para a superlotação dos cemitérios. Um capítulo da obra insistiu na criação de um "Elysium" em Paris. Embora ele não tenha proposto nenhum local ou projeto específico, sua visão desse "jardim" antecipa Père Lachaise, sobretudo na ênfase em atrair turistas. "Eles já vêm a Paris para viver", ele observou, "certamente viriam morrer aqui." O "Elysium" também serviria para manter a coesão social, pois não faria distinção de classes.[15]

Saint Pierre lamentou o fato de os jardins "públicos", tais como Tuileries e Arsenal, serem, na verdade, inacessíveis a muitas pessoas, que eram simplesmente barradas por guardas suíços que patrulhavam as entradas. Antecipando críticas de que a ideia de acesso universal era utópica, de que as massas iriam estragar ou destruir monumentos, Saint Pierre insistiu em que, a partir do momento em que essas massas fossem levadas a acreditar que o "Elysium" era propriedade "delas", todos se comportariam adequadamente. "Eles policiarão seu próprio comportamento muito melhor que qualquer guarda suíço seria capaz de fazer."[16] Foi sugerido que, como no caso dos "Wauxhalls", um novo tipo de espaço público inspiraria nas pessoas formas de comportamento novas e melhores, ou seja, baseadas na vigilância de si mesmas; a solução não estaria em delegar mais responsabilidades a um regime absolutista.

Esse ideal patriótico prenuncia o rigor das autoridades revolucionárias depois de 1789. E até mesmo mostra as aspirações de fazer dos cemitérios de Paris a capital europeia da virtude. As togas romanas, as donzelas coradas e as piras – tudo planejado como parte do culto de Robespierre ao Ser Supremo – fizeram as grandes festividades públicas parecerem parte desse "Elysium" igualitário. No entanto, parece que os ideais de 1789 ignoraram as propostas relativas a cemitérios, como a desenvolvida pelo arquiteto Antoine-Laurent-Thomas Vaudoyer, que pedia a transformação da Champs Elysées em uma *voie d'honneur*: uma "avenida nobre", nos moldes da Via Appia, a estrada nacional que saía da Roma antiga e era ladeada por túmulos.

Em abril de 1791, a igreja de St Geneviève, no Mont St Geneviève, projetada pelo arquiteto Soufflot, tornou-se o Panthéon, uma espécie de Valhala para heróis nacionais. Embora as janelas fossem vedadas para criar uma atmosfera mais fúnebre, propostas apresentadas por Quatremère de Quincy e Maille Dussaussoy para cercar o Panthéon com *bois des tombeaux* não foram concretizadas.[17] A construção permaneceu abandonada em um terreno árido, sem nada que sequer lembrasse um jardim.

Embora a prática religiosa tradicional de enterrar os corpos tenha passado à clandestinidade ou realmente diminuído no final da década de 1790, os mortos continuaram a ser descartados em cemitérios provisórios – em Montparnasse, Montmartre, La Marguerite, no hospital Charité, em Vaugirard, Clamart e em uma área em Monceau próxima ao parque.

Nesses locais, eles eram despejados em valas comuns, cada uma contendo entre 1.200 e 2 mil corpos. Algumas pás de cal virgem serviam como repelente – nem sempre eficaz – de cães selvagens. Apesar dos ideais republicanos e do culto aos líderes perdidos, parece que a Revolução fez as condições de sepultamento para a maioria dos parisienses ficarem ainda piores do que já eram.[18]

Ao que tudo indica, foi feita uma exceção para os que perderam a vida em combates revolucionários. Após as rebeliões do *Réveillon* (que, na verdade, ocorreram vários meses antes da Revolução), dos Massacres de Setembro (1792) e de outros conflitos, os mortos foram levados às catacumbas, onde primeiramente foram expostos (para que as famílias pudessem identificar os desaparecidos) e depois foram emparedados. Mesmo que isso não pudesse ser considerado "sepultamento", era mais parecido com um lugar de descanso do que uma pedreira abandonada, aquela de Montmartre (onde é hoje a Rue Coulaincourt), cujo local de enterro era a céu aberto e especialmente horrendo. Quando o arquiteto Pierre-Louis Roederer fez a inusitada sugestão de que Paris construísse dois cemitérios, sendo um "Elysium" para os bons cidadãos e covas para os criminosos condenados, ele presumivelmente estava pensando em Montmartre para estes últimos. Como observou o prefeito do primeiro *arrondissement*, "isto não é um cemitério, é um abismo".[19]

Père Lachaise

A mudança veio por volta de 1799, quando Napoleão derrubou o Diretório e se proclamou, a princípio, "primeiro cônsul"; depois, "primeiro cônsul vitalício" e, finalmente, em 1804, "imperador dos franceses". As esperanças de 1789 haviam se desintegrado, com o regicídio, a guerra civil, o Terror de 1793 e, por fim, a guerra europeia. A população de Paris diminuiu sensivelmente durante esses anos; não só como resultado dos Massacres de Setembro ou da guilhotina, sangrentos como foram; é mais provável que isso tenha ocorrido, sobretudo, porque a imigração acabou ou se inverteu, com imigrantes fugindo da fome, do medo e da incerteza que tomavam conta das ruas da cidade.

Além de trazer estabilidade política, o acordo diplomático que Napoleão fez com o papa em 1801 ajudou a diminuir as tensões entre a Igreja e o Estado. A partir da Páscoa daquele ano, o Sabá foi restabelecido. Ao contrário de Robespierre, Napoleão não tinha nenhuma intenção de criar sua própria religião.

Em 1799, o Institut National des Sciences et des Arts anunciou que o Grand Prix de Arquitetura daquele ano seria concedido ao melhor projeto para a criação de um "Elysium, ou cemitério público". Entre os concorrentes estavam os projetos de Étienne-Louis Boullée, caracterizados por um classicismo austero, quase brutal, em proporções excepcionalmente grandiosas. Entretanto, esses projetos incentivaram o prefeito de Paris, Nicolas Frochot, a agir. Eleito para os Estados Gerais em 1789, Frochot foi preso durante o Terror e libertado com a queda de Robespierre. Foi eleito novamente, para a Assembleia Nacional, mas renunciou, porque foi nomeado como primeiro prefeito do Sena e de Paris, por Napoleão, em 1800. Nesse posto, Frochot serviu o Consulado e o Império até 1812, época em que providências em relação à situação confusa e repugnante dos cemitérios da cidade já haviam sido tomadas.

Em 12 de março de 1801, Frochot ordenou a criação de três cemitérios: ao norte, ao sul e a leste de Paris. Também propôs ao ministro do Interior, Chaptal, que o parque em Monceau (confiscado pelas autoridades revolucionárias em 1793) fosse apropriado como um verdadeiro *bois de tombeaux*. Embora esse plano não tenha sido realizado, o governo regional para o *département* do Sena designou Montmartre e a Charité (isto é, a área de sepultamento do hospital de mesmo nome) como cemitérios públicos, em dezembro de 1802 e março de 1803, respectivamente.

Em março de 1804, Frochot adquiriu uma área no Mont Louis e começou a modificá-la, mas a moradia de La Chaise no século XVII permaneceu lá, embora em ruínas, até 1819; e a capela só foi construída em 1825. Um pequeno cemitério em Passy, no oeste, foi aberto em 1820, e outro, bem maior – o "Cemitério do Sul" (ou seja, Montparnasse) – passou a existir em 1825. Porém, nunca houve dúvida de que, entre todos, o Père Lachaise era o mais importante. O Decreto Imperial sobre Sepultamentos, de 12 de junho de 1804, consolidou esses avanços e proibiu as valas comuns e os enterros dentro das fronteiras das cidades.

O terreno do Père Lachaise é inclinado, chegando a 27 metros de altura em relação ao Boulevard de Ménilmontant, em direção ao topo do Mont Louis. Embora o seu lado oeste se eleve suavemente e fique plano no topo, o restante da área é irregular, uma mistura desafiadora de pequenos cumes e declives. O projeto foi confiado ao arquiteto Alexandre-Théodore Brongniart, na época com 65 anos de idade, que já havia planejado o parque (no estilo inglês) de Maupertuis, e que, posteriormente, projetou as instalações da Bourse de Paris (bolsa de valores da cidade).

Os planos de Brongniart para uma entrada grandiosa e uma capela piramidal foram considerados proibitivamente caros; foram executados apenas parcialmente, e após a sua morte, em 1813. Com relação ao paisagismo, Brongniart manteve as fontes e outras características que o local já possuía no tempo dos jesuítas e criou espaços isolados, que ficaram conhecidos como Bosquet Clary e Bosquet Du Dragon. O arquiteto criou avenidas em linha reta e *rond-points*, ou rotundas, mas resistiu à ideia de pôr no local uma grade vasta, parecida com aquela que o grande Étienne-Louis Boullée havia defendido em seu não publicado *Essai sur l'art*.[20] Apropriadamente, tanto Brongniart como Frochot (que morreu em 1828) foram sepultados em Père Lachaise.

Sendo a parte de trás e a região oeste destinadas ao túmulo de pobres e indigentes (sepulturas individuais, em vez de valas comuns), o caminho estava livre para a cidade vender parcelas da parte restante do cemitério a pessoas importantes do círculo de Napoleão, a líderes militares, a personalidades literárias e artísticas, assim como a homens de negócios bem-sucedidos. Muitos dos túmulos dos pobres e indigentes foram vendidos por subscrição pública, com um espírito patriótico que Saint Pierre teria aprovado. Esses monumentos eram obeliscos egípcios e sarcófagos romanos, cuidadosamente dispostos em agrupamentos distribuídos de forma a sugerir *quartiers* – ou vizinhanças – distintos, onde espíritos semelhantes poderiam concordar eternamente. O obelisco para o marechal Masséna dominava uma elevação do terreno. Como outros líderes militares vieram, com o tempo, a descansar nas proximidades, a área ficou conhecida como Rendez-Vous des Braves [ponto de encontro dos bravos]. O túmulo do poeta Jacques Delille era o foco de um grupo de grandes personagens da literatura. Em 1817, Molière e La Fontaine foram transferidos para lá e colocados lado a lado.

Contudo, a grande atração era uma exceção gótica a esse complexo predominantemente clássico: um túmulo que unia novamente o teólogo Pedro Abelardo e a freira e erudita Heloísa, os amantes (que se amavam, mas não podiam ficar juntos) do século XII, cujo sofrimento proporcionou assunto para muito sentimentalismo na França do início do século XIX. O monumento foi recriado por Alexandre Lenoir, a partir dos fragmentos restantes da Abadia do Paracleto, que havia sido demolida durante a Revolução. Embora algumas pessoas ainda estejam especulando se realmente o infeliz casal está de fato reunido lá, a obra se destaca como uma relíquia do inovador Musée des Monuments Français, de Lenoir.

Em 1794, Lenoir tomou posse de um convento abandonado, recolheu monumentos e estátuas medievais (que, não fosse por ele, teriam sido destruídos) e expôs essas obras ao público. Começou com um "Elysée" no jardim do convento, criando, assim, algo equivalente ao *bois de tombeaux* do Monceau, só que em estilo medieval.[21] Montado em uma série de cômodos que possibilitavam ao público uma viagem sentimental regressiva no tempo, o Musée ensinou os parisienses a apreciarem a arte e a arquitetura medievais, anteriormente desprezadas como obras dos bárbaros. Ainda que os curadores se opusessem ao desejo de Lenoir de criar novas "obras originais", a partir de fragmentos provenientes de fontes diversas, a Restauração Gótica, posteriormente defendida por A. W. N. Pugin na Inglaterra e, logo depois, por Viollet-le-Duc na França, teve sua origem no romantismo nostálgico do tipo que Lenoir levou ao Père Lachaise.

Enquanto isso, ao sul do rio, Frochot e o inspetor-geral das pedreiras, Louis-Étienne-François Héricart-Ferrand, visconde de Thury, haviam estado ocupados, desde 1810, com a transformação das catacumbas em uma necrópole igualmente sentimental. Em 1815, Thury publicou uma *Description des catacombes de Paris* [Descrição das catacumbas de Paris], que documentou sua história e seu projeto, começando com a desocupação de Les Innocents, em 1785-1786. Caveiras e outros ossos foram cuidadosamente organizados, de acordo com modelos rígidos, levemente neoclássicos; o acesso foi melhorado, e um itinerário foi criado. As catacumbas de Roma foram um precedente óbvio, estreitamente ligado ao início da história da Igreja Cristã. As catacumbas de Paris haviam sido originalmente consagradas em abril de 1786 e possuíam uma capela, mas, com exceção disso, punham, ao estilo de Young, o sentimento à frente do dogma. Foram acrescentados trechos de poemas apropriados e etiquetas clássicas.[22]

Durante o meio século que separou a criação da propriedade Monceau, do duque de Chartres, em 1773, e a abertura do último dos quatro cemitérios nos arredores da cidade, o de Montparnasse, em 1825, Paris havia encontrado uma solução para os desafios estéticos, sociais, sanitários e sectários impostos pela necessidade de um lugar para depositar os mortos em uma metrópole. Esse problema havia existido por séculos, e a cidade provavelmente continuaria a usar valas comuns, se não fosse pelos parques aristocráticos de Monceau, Ermenonville e Gennevilliers. Esses jardins informais eram inspirados em modelos ingleses, como Stowe, assim como em obras sobre paisagismo de Horace Walpole e Thomas Whately. Dessa forma, faziam parte da mesma anglomania que inspirou os "Wauxhalls" da década de 1770 e as arcadas do Palais Royal.

Na década de 1780, esses jardins foram além do sentimentalismo meio frágil de Gray e da postura melancólica de Young para produzirem algo mais concreto. Ao contrário dos Campos Elíseos de Stowe, o de Saint Pierre não tinha a ver com um refúgio para desiludidos com um Estado irremediavelmente corrupto. Era idealista, esperava que o Estado criasse cemitérios públicos como escolas de virtude cívica, onde o verdadeiro mérito e o serviço são honrados preferencialmente à família de origem. A Revolução Francesa não demorou a frustrar as esperanças que os aristocratas do Iluminismo possuíam de substituir suas patentes de nobreza em pergaminho por evidências mais substanciais do status de elite. Por vários anos, o ideal de cemitérios-jardim ficou esquecido em meio ao caos da Revolução, só ressurgindo como uma Valhala napoleônica através de Frochot e outros funcionários imperiais.

Uma ferrovia para o outro mundo

Foi uma iniciativa privada, e não o governo central, que trouxe um novo espaço urbano para Londres. O cemitério Kensal Green foi instituído pela GCC (já mencionada neste capítulo), uma sociedade anônima que até hoje o dirige. A GCC era fruto da imaginação do advogado George Frederick Carden. Entre os outros diretores, estavam o Membro do Parlamento (MP) e tipógrafo Andrew Spottiswoode, o banqueiro Sir John Dean Paul, assim como Augustus Charles Pugin.

Carden havia visitado o Père Lachaise em 1821, onde se inspirou a criar algo semelhante em Londres. Após várias tentativas que não foram adiante, um prospecto da companhia foi impresso em maio de 1830. Com o incentivo de líderes políticos como o Whig [membro do partido britânico que mais tarde se tornaria o Partido Liberal] marquês de Lansdowne, ações no valor de 25 libras, cada uma, foram vendidas, o terreno foi comprado e a competição arquitetônica foi anunciada, solicitando projetos para portões, pavilhões e capelas.

A superlotação de cemitérios estava se agravando rapidamente. A população de Londres cresceu aproximadamente 50 por cento entre 1801 e 1821, enquanto o espaço para acomodar os mortos praticamente não cresceu nada. As câmaras funerárias no interior das igrejas estavam cheias, e o solo dos espaços de sepultamento em seu exterior abrigava tantos corpos que estava alguns metros acima do nível das calçadas que o cercavam. Ainda assim, nas primeiras tentativas de Carden de concretizar seu projeto, em 1825, ele se deparou com a incredulidade de quem chegava a pensar que ele não estava falando sério. Naquele ano, Carden havia estabelecido a General Burial Grounds Association e publicado um prospecto; planejava arrecadar 300 mil libras em ações de 50 libras e usar esse dinheiro para criar um cemitério no estilo parisiense em Primrose Hill, no norte de Londres.

Porém, o financiamento desejado e o preço individual das ações se mostraram excessivamente ambiciosos e pareceram investimentos bastante imprudentes, em consequência da crise bancária de 1825. Mas o fracasso dessas primeiras tentativas foi também devido a um sentimento de que tratar a morte comercialmente era muito desagradável; algo como se o setor monetário do governo estivesse invadindo uma área muito delicada. A crise de 1825 havia provocado a rápida deflação de uma bolha especulativa, marcada pelo ceticismo em relação à mania de grandeza característica dos prospectos de companhias no início da década. É bem provável que o futuro romancista e político do Partido Conservador que se tornaria primeiro-ministro, Benjamin Disraeli, tenha adquirido muita experiência escrevendo esses prospectos.

A primeira tentativa de Carden foi satirizada por outro prospecto, criado por uma companhia rival, de nome "Life, Death, Burial and Resurrection" [Vida, morte, sepultamento e ressurreição]. Escrito em dísticos e atribuído a "Bernard Blackmantle,[23] o prospecto buscava investidores para um milhão de ações (1 libra cada) de um empreendimento que iria, conforme prometido, substituir cemitérios repugnantemente fétidos por idílio atraente e até mesmo aconchegante:

> We've a scheme that shall mingle the "grave with the gay",
> And make it quite pleasant to die, when you may.
> First, then, we propose with the graces of art,
> Like our Parisian friends, to make ev'ry tomb smart.[24]

O prospecto prometia trocar o sermão fúnebre por canções alegres e construir um hotel suntuoso, no qual os enlutados poderiam apreciar boa comida (ingerida com a ajuda de *vin de grave*) e dançar, duas vezes por semana, ao som valsas e quadrilhas tocadas por uma banda. E terminava com a afirmação absurda de que também pretendiam trazer de volta os que haviam morrido há muito tempo:

> That is, if the shares in our company rise,
> If not 'tis a bubble, like others, of lies.[25,26]

A implicação desse dístico final era óbvia. A ideia de atrelar interesses comerciais a uma alternativa mais saudável e decente para os cemitérios dentro das cidades era ofensiva e mercenária, uma aliança profana da obsessão inglesa pelos lucros com a *douceur de vivre* [doce vida] francesa – nenhuma delas possuía lugar algum entre os mortos.

Em 1843, o filho de Pugin, o grande projetista e arquiteto (também chamado Augustus), concordou com isso e ridicularizou o empreendimento do cemitério em sua obra *An Apology for the Revival of Christian Architecture* [Uma apologia ao renascimento da arquitetura cristã]. Juntamente a *Contrasts*, de 1836, a *Apology* era um manifesto pelo renascimento do estilo gótico, considerado tanto como um princípio moral quanto como um projeto estético.

Na década de 1820, Pugin (pai) havia publicado opiniões sobre a arquitetura gótica, chamando a atenção para um período e um estilo frequentemente associados a barbárie ou a "antiquarianismo" tedioso. Ele estava apelando para o (estabelecido) gosto pelo pitoresco. As publicações de Pugin (filho) traziam polêmicas anticlássicas que apresentavam o restabelecimento do estilo gótico inglês não como algo pitoresco e temporário, mas como uma forma de libertar a alma da nação do culto "pagão", por séculos, de ídolos estrangeiros, da Grécia, de Roma e da riqueza.

A gravura IV da *Apology* (Fig. 35) mostra a entrada, em estilo egípcio, de um "Novo Cemitério Geral para Todas as Denominações", uma paródia da entrada do Abney Park Cemetery, de William Hosking, completado em 1840. Havia obeliscos egípcios e urnas romanas ao redor da capela central. Esse ecletismo alegre era realmente típico de monumentos erguidos em cemitérios privados da cidade, os já mencionados Magnificent Seven (Abney Park, Brompton, Highgate, Kensal Green, Norwood, Nunhead e Tower Hamlets).

Essa mistura de estilos diferentes continuou por grande parte do século, embora os monumentos nos gêneros egípcio e grego tenham se tornado menos comuns depois da década de 1880, quando as cruzes celtas começaram a surgir. É essa variedade que dá charme a esses cemitérios – pelo menos para nós. Para um cruzado gótico como Pugin, isso cheirava a promiscuidade. Como as fachadas de palácio das casas no Regent's Park, de Nash, no General Cemetery, de Pugin, havia tijolos cobertos com estuque para parecerem pedras. Portanto, falta aquele uso de materiais autênticos que Pugin e, posteriormente, John Ruskin associaram à arquitetura gótica.

Com seu convite provocativo para que as pessoas "Observem os Preços!" e um Shillibeer (veículo fúnebre, puxado por cavalos, com assentos para os enlutados, na época recém-patenteado) estacionado do lado de fora, o General Cemetery é ecumênico em mais de uma maneira. "Todas as denominações" e todos os estilos de monumento são admitidos. Essa tolerância é – Pugin parece estar sugerindo – o produto de um espírito comercial, evidenciado por um lembrete em um dos muros de que o cemitério não possui "nenhuma conexão com aquela outra companhia". Em lugar de refletir história, crenças e valores compartilhados, o General Cemetery fez da morte uma questão de escolha do consumidor.

Figura 35 – A. W. N. Pugin, Novo cemitério geral para todas as denominações, em *Apology for the Revival of Christian Architecture*, 1843

Há várias opções disponíveis, com bons preços, mas, em última análise, elas são livres de critérios impostos por valores subjetivos ou normas; são puramente objetivas, permutáveis, insubstanciais. Em 1848, um panfleto anônimo vinculou a Cemetery Company à então recente bolha da bolsa de valores, chamando-a de "uma companhia ferroviária para o outro mundo".[27] Ele ligava a competição de estilos de monumento a uma vaidade parisiense, o que fez de Père Lachaise "um caos monumental".[28]

À medida que o século XIX progredia, o foco evangélico no renascimento e na salvação espirituais, comum nas décadas de 1810 e 1820, diminuía gradativamente. O Paraíso evoluiu de uma visão meio abstrata da bem-aventurada união com Jesus para um local mais doméstico de reunião familiar.[29] Na primeira metade do século XIX, no entanto, os londrinos ainda não estavam preparados para ver nem o cemitério nem o além-mundo como se fossem (na frase de Blackmantle) "uma alegre sala de visitas".

Da mesma forma, os arquitetos não estavam prontos para projetar tais cemitérios. Ainda que Sir John Soane, Sir Jeffry Wyattville e outros estivessem cientes do potencial romântico da arquitetura funerária medieval e egípcia, isso não significava que desejassem cooperar com a GCC ou participar de sua competição de projetos, parece não haver atraído nenhum candidato importante.[30] Wyattville recusou o convite de Dean Paul para ser consultor do Kensal Green, acrescentando que acreditava que "poucos arquitetos gostariam de interferir naquele projeto".[31]

Os cemitérios podem haver representado um novo tipo de comissão, mas também possuíam um ar de anticlericalismo; em parte, devido à sua associação com Paris, a cidade de livres-pensadores ateus e revolucionários encharcados de sangue. Entretanto, isso também era resultado de um receio de que a remoção dos corpos dos arredores da igreja paroquial para um cenário alegre – criado para (nas palavras de Carden) "tornar imperceptível [...] o apodrecimento na Natureza" – cortaria os laços que uniam os londrinos vivos a seus antecessores. Passar pelos cemitérios na ida e na volta da igreja ou no percurso habitual diário não só lembrava os vivos da sua imortalidade (e, portanto, da necessidade de se preocupar com o estado da alma), como também propiciava uma sensação reconfortante de ser parte de uma comunidade. Era agradável imaginar que aquela comunidade transcendia gerações, ainda que a imigração constante fizesse tal continuidade parecer um pouco frágil.

As taxas de sepultamento compunham uma parte significante da renda do clero paroquial; chegaram a representar 40 por cento da receita, no caso da paróquia de Marylebone. Por esse ângulo, os cemitérios significavam uma ameaça séria. Por outro lado, companhias como a GCC precisavam do apoio dos anglicanos e de outras igrejas, se pretendessem manter os costumes e, particularmente, se quisessem que a seção anglicana da sua propriedade fosse consagrada pelo bispo local. Uma tabela de taxas a pagar foi negociada com o bispo de Londres e com os responsáveis por paróquias específicas. O reitor de St Marylebone passou de oponente a adepto do projeto do Kensal Green, mas só após haver negociado um valor extra de dois xelins e seis pence por serviço fúnebre, além das taxas estabelecidas com o seu bispo.[32]

Hoje é difícil saber exatamente como foram calculadas as diferenças sectárias entre os protestantes: entre os anglicanos, que sepultavam seus mortos em solo consagrado, e os dissidentes, que não o faziam e ressentiam ter de pagar dízimos para sustentar o clero (anglicano) da sua paróquia. Estava entre os interesses de companhias como a GCC atender ambas as comunidades, se possível. Tudo indica que, originalmente, a companhia concluiu que eram necessários dois cemitérios separados e considerou vários locais ao sul do rio sobre os quais poderiam construir um cemitério para os dissidentes. Na verdade, um grupo de líderes congregacionalistas viria a estabelecer seu próprio cemitério dissidente em 1840, ao norte do rio, em Stoke Newington. O Abney Park Cemetery foi criado em um lugar com rica herança puritana, tendo sido, anteriormente, propriedade de um líder dessa doutrina, Charles Fleetwood, genro de Cromwell.[33]

Inveja e rivalidade haviam sido exacerbadas com a disputa – entre Carden e o arquiteto John Griffith de Finsbury – pelo controle da companhia. Carden e Griffith discordaram sobre o estilo em que o cemitério deveria ser construído: gótico ou do renascimento grego. Em março de 1832, Carden, Paul, Pugin e outros diretores haviam concedido o primeiro e o segundo prêmios da competição arquitetônica a Henry Edward Kendall, um arquiteto pouco conhecido que havia apresentado um projeto romântico, no gênero do renascimento gótico, e que parecia um tanto caro. Os planos incluíam uma represa no canal, o que permitiria funerais no estilo veneziano (com uso de um barco). Quando Griffith começou a defender um projeto alternativo, nos moldes do renascimento grego e mais acessível, Carden contra-atacou, espalhando rumores sobre a longa lista de demandas do clero anglicano, aumentando os temores de que os dissidentes seriam totalmente excluídos.

Então, um segundo terreno foi adquirido em Kensal Green, onde anteriormente havia um estabelecimento chamado Plough Inn. Duas partes contíguas – a dissidente e a anglicana – foram separadas por uma cerca de metal, e havia, também, entradas e capelas distintas. Na década de 1830, alguns bispos anglicanos se recusaram a aceitar capelas compartilhadas ou até mesmo a ideia de capelas separadas fazerem parte de uma só estrutura. Assim, as capelas do Cemitério de St James, em Highgate, projetadas por Stephen Geary, que ficavam uma de cada lado de uma portaria-escritório, eram um passo ousado da London Cemetery Company, que o abriu em 1839. Igualmente ousado foi o desejo da GCC de iniciar conversas com o Abbé de la Porte de Portman Square, com o intuito de vender a seu rebanho católico romano uma área por 600 libras.

Houve obstáculos financeiros e religiosos que a GCC teve de negociar, antes que pudesse dar o grande passo de garantir um decreto do Parlamento, em junho de 1832. A companhia foi incorporada, e lhe foi concedido o poder de arrecadar 200 mil libras em ações de 20 libras. Em janeiro de 1833, Charles Blomfield, bispo de Londres, consagrou a parte anglicana. O primeiro sepultamento foi em 31 de janeiro. Inicialmente, o pagamento integral das ações da GCC foi lento, tornando necessária a sua construção em partes. Blomfield teve de oficiar em uma capela anglicana temporária, feita de madeira. A capela (modesta) dos dissidentes ficou pronta em 1834, e a anglicana (mais ornamentada), em junho de 1837. Ambas ficavam sobre séries de catacumbas, suplementadas por uma terceira linha de sepulturas ao longo de parte do muro ao norte. Em 1835, os acionistas receberam os primeiros dividendos, quando o valor das ações estava 12 por cento mais alto.

Os ressurreicionistas

Apesar de lenta, essa mudança animadora na sorte desse cemitério "moderno" contou com o auxílio do sucesso de dois outros, em Liverpool e Glasgow, abertos em 1825 e 1832, respectivamente. Todos os dois se autopromoveram com o nome de "necrópole" (cidade dos mortos), que, presumivelmente, acharam que seria de mais fácil compreensão do que a palavra "cemitério". Um fator mais importante, contudo, foi o escândalo desencadeado em Edimburgo, que acrescentou mais uma palavra nova ao léxico relativo à morte: *burking* [ato de matar por sufocamento, de forma a não deixar marcas].

Em 1828-1829, William Hare e William Burke [daí o nome *burking*] foram acusados do assassinato de um número de convidados que estavam em sua casa de hóspedes e da venda dos corpos para dissecação nas escolas de medicina. O julgamento e a condenação desses homens atraíram muita atenção e revelaram que os dois haviam *burked* [ou seja, assassinado para vender os corpos] 16 indivíduos, a maior parte deles idosos, portadores de deficiência ou moradores de rua. De acordo com um decreto do Parlamento, em 1752, as escolas de medicina tinham direito, por lei, a receber cadáveres: os assassinos condenados estavam sujeitos a ser sentenciados pelos juízes à dissecação póstuma, em lugar da forca. Na prática, os cirurgiões raramente tinham acesso ao que lhes era devido. Acreditava-se, popularmente, que a dissecação privava o falecido da chance de ressurreição, e, por isso, os enlutados fariam qualquer coisa para salvar os corpos ainda quentes do alcance das autoridades, roubando-os à força, se necessário.

Com direito a seis cadáveres anuais, de acordo com o decreto de 1752, em 1828, as escolas de medicina de Londres estavam dissecando 592 corpos por ano.³⁴ A demanda estava excedendo, em altíssimo grau, a oferta. Um mercado negro surgiu e se desenvolveu rapidamente, com corpos exumados dos cemitérios paroquiais, sob a cobertura da escuridão, pelas gangues dos chamados "ressurreicionistas". Burke e Hare preferiram criar os próprios cadáveres à escavação noturna e quebra de caixões. Hare forneceu informações sobre outros criminosos em troca de uma pena menos severa, mas Burke foi condenado e enforcado em 1829. Seus restos mortais foram doados aos cirurgiões; entre 30 mil e 40 mil pessoas participaram de uma exibição pública especial do corpo de Burke parcialmente dissecado.

Os ressurreicionistas vinham exercendo o seu ofício macabro por mais de um século, criando um mercado para novas invenções – como caixões de metal e câmaras mortuárias – que proporcionava aos que possuíam boa situação financeira uma segurança relativa. Apesar de o escritor Laurence Sterne haver sido reconhecido em uma mesa de dissecação (e enterrado novamente, intacto), geralmente os ressurreicionistas davam preferência aos pobres e anônimos.

Em 1795, houve um tumulto em um cemitério paroquial na região de Lambeth, após uma série, particularmente fácil de ser notada, de casos de roubo de cadáver. Nessa situação, bem como em Greenwich, as multidões, alertadas para a atividade recente, marcharam para os cemitérios paroquiais e começaram a desenterrar os caixões dos seus mortos; e descobriram que estavam vazios.³⁵ Os assassinatos de Burke e Hare trouxeram uma mudança súbita e inesperada nesses temores, realçando a cumplicidade (para não usar uma palavra pior) dos homens da medicina, até então altamente respeitados.

Pouco tempo depois, Londres teve os seus próprios "Burke e Hare", um certo Mr. Bishop e seu sócio, Williams, que tiveram registrados 61 roubos de corpos e três *burkings* de mendigos, antes de serem detidos. Enquanto isso, Joshua Naples e Ben Crouch continuavam a roubar cadáveres, com o apoio e o estímulo de funcionários dos hospitais St Thomas e Guy's, respectivamente.³⁶

Por haverem atraído a atenção pública para os horrores aos quais as pessoas sepultadas nos cemitérios paroquiais estavam sujeitas, esses escândalos reforçaram bastante o apelo dos Magnificent Seven. Todas as companhias de cemitério fizeram demonstrações de segurança, com muros altos e resistentes, além de vigilantes noturnos. No Kensal Green, o vigilante noturno era armado com um bacamarte e foi instalado um mecanismo "avisador". O vigilante "acionava o mecanismo" em intervalos regulares e disparava o bacamarte, todas as noites, exatamente à meia-noite, para assegurar – a quem estivesse próximo o suficiente para escutar o tiro – de que estava à espreita de ressurreicionistas.[37] O mecanismo "avisador" foi orgulhosamente apresentado a Charles Dickens, quando o escritor visitou o cemitério em busca de informações para seu periódico *All the Year Round*.

As catacumbas ofereciam ainda mais segurança e estavam em alta em Paris. Sua popularidade era tanta que todos os Magnificent Seven investiram somas consideráveis nelas. Até em Abney Park, onde os administradores inicialmente desaprovaram esses luxos ostensivos, uma pequena catacumba foi feita, em 1840. Em 1832, um decreto chamado Anatomy Act ordenou que corpos não procurados de indigentes de asilos ou hospitais fossem usados para dissecação. Isso diminuiu muito o temor aos roubos de corpos, pelo menos nas classes mais altas. Quanto aos pobres, o decreto trouxe um novo motivo de vergonha para os asilos e, também, apreensão para os hospitais. Como um grupo de peticionários de Lambeth observou, o Anatomy Act introduziu "uma nova e refinada espécie de *burking*".[38]

Sem uma demanda contínua de catacumbas entre os clientes mais ricos, as companhias de cemitério tinham motivos para se arrepender do entusiasmo inicial, quando as criaram. A companhia West of London and Westminster Cemetery, que administrava o cemitério Brompton, havia pedido a seu arquiteto, Benjamin Baud, que projetasse três filas compridas de catacumbas, uma delas ao longo do muro a oeste, que ladeava o Canal Kensington (atualmente, a linha de metrô District). Os custos se revelaram insustentáveis, e Baud foi demitido, quando a companhia ainda lhe devia honorários. No Highgate, as catacumbas no final da famosa Egyptian Avenue não foram todas vendidas e, muito tempo depois, foram adaptadas para uso como um columbário (isto é, repositório de cinzas de cadáveres humanos cremados).

Já as catacumbas de Kensal Green foram um enorme sucesso. A demanda por espaços nas localizadas sob a capela anglicana foi impulsionada em 1843, quando o caixão de Sua Alteza Real Augustus Frederick, duque de Sussex, permaneceu lá por algumas semanas enquanto o local de sepultamento definitivo, na área central, estava sendo preparado. Como em Paris, o apoio de celebridades era muito importante como ferramenta de propaganda, e onde o futuro sepultamento de pessoas famosas não era garantido (o GCC tinha esperanças em relação ao ator Edmund Kean), as companhias criavam monumentos a autores de hinos e poetas famosos ou outras figuras históricas, talvez com a esperança de que o público não percebesse que, na verdade, aqueles indivíduos estavam enterrados em outro lugar.[39]

Depois de um começo incerto, as ações das companhias se valorizaram e começaram a pagar bons dividendos, embora os administradores não possuíssem um plano comercial a longo prazo. Em seu importante panfleto *On the Laying Out, Planting and Managing of Cemeteries* [Sobre a composição, o plantio e a gestão de cemitérios], de 1843, o arquiteto e paisagista John Claudius Loudon havia criticado a adoção de jardins pitorescos, similares a parques, como o de Norwood, considerando-os apenas um dos aspectos de um modelo comercial inadequado e insustentável a longo prazo. Loudon acreditava que, ao contrário de acabarem se transformando em ruínas abandonadas, os cemitérios deveriam ser, enquanto ainda era tempo, destituídos de monumentos e transformados em parques públicos, como convinha a um espaço destinado a beneficiar o público em geral.[40]

O médico e defensor de causas sociais George Alfred Walker se esforçou mais que qualquer outra pessoa para chamar a atenção para as condições repulsivas dos locais de sepultamento dentro de Londres na década de 1840. Para ele, os piores excessos estavam em criptas pequenas e de administração privada, sob a Enon Chapel e outras capelas dos dissidentes, que dispensavam a números inacreditavelmente enormes de corpos um tratamento horrível demais para ser descrito aqui.[41]

Ainda que algumas pessoas afirmassem que Walker estava sendo pago pelas companhias de cemitérios, o fato é que ele acreditava que cemitérios "*não* deveriam estar nas mãos de sociedades anônimas. Eles deveriam ser INSTITUIÇÕES NACIONAIS".[42] O médico insistia na estatização das companhias de cemitério e na adoção de um sistema de funerais a preço fixo, com o objetivo de acabar com o que ele entendia como exploração dos enlutados por agentes funerários gananciosos.

Em vez de representar uma profissão independente na Londres vitoriana, a maioria dos agentes funerários tinha essa função apenas como ocupação secundária; a principal era a de marceneiros ou estofadores. Muitas vezes, um determinado "trabalho" passava por uma sucessão de contratos e subcontratos, com todos os grandes acréscimos no preço final que isso implicava. Havia, também, comissões graúdas para aqueles (inclusive os médicos) que avisassem o agente funerário sobre uma morte próxima. O cálculo dos preços estava longe de ser transparente, e os clientes sofriam pressão constante para incluir "itens extras opcionais" caros, com o argumento de proporcionar aos seus entes queridos um funeral "decente". Para Walker, a solução seria substituir esse método confuso por algo semelhante ao sistema nacional de *pompes funèbres* encontrado em Paris e em toda a França: um sistema simples, com preços fixos e acessíveis.

Enquanto nenhuma dessas medidas era tomada para reduzir o que Dickens atacou como "comercialização da morte" por agentes funerários, as críticas à iniciativa privada em cemitérios se tornavam mais eficazes.[43] Nesse sentido, os esforços de Walker como escritor político eram reforçados pela dedicação investigativa de Edwin Chadwick, que encontramos no Capítulo 1. Em 1843, Chadwick publicou um relatório sobre locais de sepultamento urbanos no qual defendia a estatização dos Magnificent Seven e a instauração de funerais a preço fixo. Esse relatório mostrava a que ponto londrinos da classe trabalhadora chegavam para conseguir um funeral "decente". Corpos eram mantidos por dias apodrecendo em abrigos pequenos, pouco ventilados e já completamente cheios, enquanto economias eram juntadas – com dificuldade – para pagar o funeral.

Todo esse esforço e essa ansiedade eram gastos em nome daquilo que a pesquisa de Chadwick detectou como sendo, na verdade, uma paródia deturpada do sepultamento de um barão.[44] Infelizmente, a falta de habilidade política de Chadwick, associada ao desenvolvimento de outros acontecimentos – tais como o cartismo e a abolição das Corn Laws,[45] em 1846 –, impediu o governo de prestar atenção suficiente em suas descobertas.

Foi somente quando a cólera reapareceu na cidade, no final da década de 1840, e o General Board of Health foi criado (em 1848) que houve infraestrutura governamental e apoio público para que medidas fossem tomadas. Após o Metropolitan Interments Act, de 1850, o Board of Health foi autorizado a proibir novos enterros nas áreas de sepultamento dentro da cidade. Embora isso não tenha levado ao fechamento de todos os locais desse tipo, como fez o "Decreto Imperial" de 1804, em Paris, foi um passo significativo.

O Metropolitan Interments Act também criou o Metropolitan Burial District, com o poder de comprar e expandir cemitérios pertencentes a companhias como a GCC e a estabelecer outros, novos e próprios. Uma taxa de seis xelins e dois pence seria paga ao ministro (anglicano ou dissidente) que oficiasse um sepultamento nesses cemitérios. O governo realmente comprou as ações do Brompton Cemetery, mas a parcimônia do Tesouro não permitiu que o Board (cujo tempo de duração no poder era incerto) fizesse muito mais que isso.

Em 1852, um novo decreto aboliu o Metropolitan Burial District. A partir de então, os dirigentes de cada paróquia tinham o poder de estabelecer os seus próprios Conselhos de Sepultamento, capazes de comprar terras e estabelecer cemitérios paroquiais financiados por impostos locais. Para compensar o tempo perdido, paróquias como St Pancras e St Marylebone conseguiram adquirir terrenos, erguer capelas e abrir novos cemitérios já em 1854. Em 1856, foi aberto um cemitério particularmente esplêndido para a Square Mile ["Milha Quadrada", nome informal da "City of London"], em Wanstead Flats, Essex. Apesar de serem, em geral, menos teatrais que, por exemplo, o de Highgate, esses cemitérios estavam longe de ser mundanos.

Graças ao impacto de Pugin e outros góticos, os pavilhões, os portões e as capelas eram todos em estilo gótico, ainda que os monumentos erguidos por quem possuía melhores condições financeiras continuassem tão ecléticos quanto sempre foram. O apoio financeiro dos impostos locais garantiu que esses monumentos fossem poupados do vandalismo chocante que vitimou os monumentos dos Magnificent Seven durante o século XX.

Pode ser que Londres tenha se apropriado do cemitério de Paris, mas a cidade não fez isso sem usar o senso crítico. Houve dúvidas, que permaneceram, a respeito de enterros e monumentos ostensivos. Há uma visível ambivalência em *Paris and Its Environs* quanto ao cemitério ser um local para discutir as atitudes anglo-francesas em relação à vida e à morte. Na obra, o inglês que visita o cemitério pela primeira vez é descrito inicialmente como alguém encantado pela surpreendente atmosfera alegre, livre de árvores sombrias, caveiras esculpidas e esqueletos, itens que ele associa aos locais de sepultamento ingleses. "Receber pensamentos tristes e dominá-los, ou amenizá-los com outros, sublimes e ternos, está certo", ele escreve, "mas fugir completamente desses pensamentos, simular alegria durante um suspiro e abrandar as súbitas sensações de dor, o sofrimento interno, com a ajuda de algo que atrai o olhar e agrada os sentidos é algo que os ingleses não aprovam."

Nesse ponto, outra voz intervém, entre parênteses: "então, um francês sensato poderia perguntar por que motivo eles sempre consultam a adega de vinhos em momentos de pesar". E voltamos ao relato do viajante inglês, que conclui, um pouco estranhamente, dizendo que "alegria" em face da morte é preferível. "É uma vantagem que os franceses possuem sobre nós."[46] Aqui, o londrino não sabe ao certo se esse comportamento do parisiense é ou não apropriado.

Os primeiros "subúrbios-jardim"

Em Londres, o deslocamento das áreas de sepultamentos para fora dos muros da cidade antecipou tendências que posteriormente seriam mais comuns. Parisienses e londrinos haviam viajado até belos povoados, como Auteuil e Twickenham, para construir retiros pequenos e elegantes, no início do século XVIII; em alguns casos, bem antes. Os arredores das capitais (subúrbios) também eram conhecidos por suas hortas comerciais e seus salteadores de estrada.

O subúrbio, como sinônimo de um estilo de vida da classe média, com um sistema de viagens diárias de e para o trabalho, só veio a existir no final do século XIX. Comercializado como uma forma de fugir da cidade grande, o subúrbio era, no entanto, parte dela, mas mudou radicalmente a forma como as pessoas viviam em Londres e Paris. Cemitérios fora dos muros da cidade desempenharam um papel importante nesse processo, proporcionando modelos para as habitações dos vivos.

Quando os cemitérios Père Lachaise, Kensal Green e as suas imitações apareceram, eles eram parcialmente cercados por campos. Porém, em três ou quatro décadas, a cidade invadiu essas áreas. No entanto, até mesmo nos tempos atuais, elas ainda representam uma grande oportunidade para encontrar uma cidade ideal, uma cidade que os habitantes urbanos do século XIX conseguiram criar apenas para os mortos. Nessas necrópoles, caminhos tortuosos serpenteiam entre árvores, demarcando, sutilmente, áreas destinadas a diferentes classes sociais. Cada família tem sua merecida parte, ao mesmo tempo íntima e vistosa, localizada tão perto dos "desejáveis" caminhos centrais quanto a família pode pagar. Monumentos nos estilos gótico, egípcio, celta e grego convivem lado a lado, em alegre ecletismo. Enquanto isso, os pobres estão quase completamente invisíveis – relegados a túmulos bastante simples, sem qualquer distinção – na periferia dos cemitérios.

Esses complexos enormes demandaram grandes terrenos não ocupados, que só poderiam ser encontrados a alguma distância da cidade. Os administradores do Kensal Green contrataram um serviço de ônibus e cogitaram um serviço funerário passando pelo canal. Mas o desenvolvimento acelerado da rede ferroviária na década de 1840 proporcionou uma solução mais promissora para o problema do transporte. As companhias ferroviárias demoraram a perceber o potencial oferecido pelos habitantes que moravam fora da cidade e trabalhavam dentro dela; sendo assim, nos anos iniciais, os trens não passavam pela periferia.

Foi só com o Cheap Trains Act, de 1883, que o Estado forçou as companhias a atenderem as classes mais baixas. Portanto, as "cidades-dormitório" para os mortos, criadas de acordo com o transporte ferroviário, vieram antes das destinadas aos vivos, nos moldes da necrópole de Londres, Brookwood (1854), e, 20 anos mais tarde, do plano de Haussmann para Méry-sur-Oise.

Brookwood foi estabelecido depois que a London Necropolis and National Mausoleum Company comprou, do lorde Onslow, dois mil acres do Woking Common. A intenção era criar um cemitério tão grande que atenderia, para sempre, as necessidades de Londres. Ainda que apenas 500 acres tenham sido cobertos com jardins, Brookwood era o maior cemitério do mundo, quando foi aberto em 1854, e é, ainda, um complexo impressionante.

A linha da empresa ferroviária London and South Western Railway atravessava o local, garantindo acesso fácil e barato a Londres. Uma ramificação dessa linha levava a duas estações, uma na metade anglicana, consagrada, do cemitério e a outra na metade não consagrada, que servia todas as outras pessoas. Além disso, um terminal funerário especial foi construído na York (hoje Leake) Street, perto da estação Waterloo. Trens funerários especiais levavam e traziam caixões e pessoas enlutadas uma vez por dia. Esse serviço existiu até a Segunda Guerra Mundial.[47]

Muitas paróquias de Londres usaram Brookwood para abrigar restos mortais que precisavam ser deslocados para que ruas fossem alargadas, novas pontes fossem construídas e túneis do metrô fossem abertos. Lotes especiais, quadrados e amplos, possibilitavam a essas paróquias manter sua identidade própria, mesmo que fosse a alguma distância da cidade. Hoje, a disposição dos 234 mil corpos enterrados nesse cemitério reflete, em contraponto, a história da expansão da capital, a erosão gradual dos laços paroquiais e o desenvolvimento da infraestrutura do transporte.

Enquanto algumas partes do Brookwood são organizadas por paróquias, outras são divididas de acordo com profissões. Os padeiros e os atores de Londres possuem suas próprias áreas. Dentro de cada subseção, os lotes são nitidamente classificados de acordo com os caminhos, os cruzamentos principais e algumas outras características do local. Ao contrário de cemitérios de Londres mais conhecidos, o Brookwood oferecia lugar para os pobres também, na parte sul, menos favorecida e desprovida de jardins.

Em Paris, Haussmann reconheceu claramente a importância de encontrar lugar para os mortos na cidade bem-planejada e seguiu o exemplo de Brookwood. Apesar de haverem sido feitos, no início do século XIX, alguns prolongamentos nos terrenos dos três cemitérios – Père Lachaise (no leste), Montmartre (no norte) e Montparnasse (no sul) – discutidos anteriormente neste capítulo, um terço da área total ficou sem uso, devido à venda de direitos permanentes, segundo os quais certa parte do terreno pertencia a uma só família.

Havia sido possível satisfazer a necessidade de espaço para sepultamento em Paris através da prática de jogar os pobres em valas comuns. Isso continuou a acontecer até mesmo depois de Napoleão III insistir, em 1850, em que essa prática fosse abolida e que os indigentes também deveriam ter seu próprio túmulo, pelo menos por cinco anos. Se essa política tivesse sido adotada ao pé da letra, Haussmann calculou, todo o espaço disponível teria sido usado completamente dentro de cinco anos.

Em 1860, municípios ao redor da capital francesa foram incorporados por ela, aumentando a sua população de 1,1 milhão para 1,6 milhão, da noite para o dia. Porém, nenhuma das municipalidades anexadas possuía mais do que um ou dois acres de espaço disponível para sepultamento. Havendo calculado que Paris necessitava de uma área de 850 hectares para garantir a cada parisiense o direito a um túmulo por 35 anos, em 1864 Haussmann nomeou uma comissão para encontrar locais adequados para dois cemitérios excepcionalmente grandes, um ao norte e o outro ao sul.

O único local encontrado, cuja capacidade e cujo solo foram considerados apropriados, foi em Méry-sur-Oise, quase 13 quilômetros distante do noroeste de Paris. Em 1867, seus engenheiros já haviam calculado a rota e os custos da construção de uma ferrovia especial, que também ligaria o novo cemitério a estações funerárias criadas perto dos cemitérios já existentes – Père Lachaise, Montmartre e Montparnasse. Os parisienses ficariam menos chateados pela novidade, Haussmann pensou, se a viagem final dos entes amados seguisse, inicialmente, um percurso familiar rumo a um desses cemitérios. Aqueles que desejassem poderiam se despedir na estação, e apenas os parentes e amigos mais próximos acompanhariam o corpo nos subsequentes 25 minutos do trajeto até Méry.

Preocupado com o fato de que os preços das terras naquela área iriam subir muito, quando o plano começasse a ficar conhecido, Haussmann negociou discretamente com o prefeito de Méry para adquirir as partes do terreno. Todo o projeto, ele calculou, custaria 15 milhões de francos, incluídas a ferrovia e as estações. O plano de Haussmann foi criticado no Senado, com queixas de que o terreno era muito remoto, o que impediria os pobres de visitarem as sepulturas dos seus entes queridos no Dia de Todos os Santos, como era tradicional. A compra antecipada das terras em Méry também agravou a impaciência crescente com os esquemas de melhoria dispendiosos de Haussmann. Em 1870, Haussmann foi demitido por Napoleão III, cujo próprio poder chegou ao fim logo depois, com a calamidade da Guerra Franco-Prussiana.

O projeto só foi reconsiderado em 1874, quando ficou decidido que não era certo um município administrar uma ferrovia, mesmo sendo pequena, como a planejada para o serviço funerário de Méry. Foi proposto, então, que a companhia Chemin de Fer du Nord fosse contratada para construir e gerenciar uma ramificação da sua linha que passasse ao longo da outra margem do Oise, saindo de Méry. Porém, a companhia não concordou. Enquanto isso, a ampliação dos cemitérios em Ivry-Gentilly e Saint-Ouen permitiu que as medidas para conter a crise se tornassem menos urgentes. Apesar de uma versão modificada ter sido adotada formalmente em 1881, o projeto nunca foi implementado.[48]

Atualmente, a propriedade arborizada de La Garenne de Maubuisson, sem dúvida o maior terreno adquirido para o futuro cemitério, pertence ao município de Méry. Esse espaço verde público é tudo o que resta dos planos de Haussmann para a necrópole que teria atendido as necessidades dos mortos de Paris para sempre.

E o subúrbio para os vivos? O desenvolvimento da propriedade chamada Eyre Estate, em St John's Wood, entre 1804 e 1856, parece ser o primeiro exemplo de um proprietário de terra que adotou e implementou um planejamento para condomínios de luxo no subúrbio. Tal exemplo foi logo seguido por John Nash, que idealizou um condomínio para uma elite suburbana nas imediações do Regent's Park. Embora não existam mais, as Alpha Cottages [casas de campo Alpha], construídas entre 1804 e 1811, ao longo da Alpha Road, representaram o início dos planos de Walpole Eyre II para um bairro residencial do qual eram excluídos todos os locais públicos de entretenimento, a maior parte dos estabelecimentos comerciais e todos os lugares de culto dos dissidentes (os católicos romanos eram aceitos).

No entanto, o declínio das fortunas e a construção de uma estação ferroviária em Marylebone, no final do século, impediram a concretização total dos planos de Eyre. No início do século XX, o Estado encorajou a construção de apartamentos de luxo que, decididamente, não eram "suburbanos".

Considerar St John's Wood como o primeiro "subúrbio-jardim" é ir além do alcance da imaginação.[49] Os cemitérios-jardim enfrentaram os mesmos desafios, aproximadamente ao mesmo tempo, inclusive os relativos a religião e transporte. Como poderia o mesmo espaço servir de "lar" para anglicanos e dissidentes? Como poderia ser acessível sem perder aquele propósito de área à parte, a certa distância da confusão da cidade? Os cemitérios-jardim foram mais bem-sucedidos ao lidar com esses desafios, e trabalhos de Dickens e outros escritores são testemunhas disso. Em John Claudius Loudon, os cemitérios e os condomínios suburbanos encontraram o mesmo e único arquiteto, um arquiteto cujos manuais de condomínios e cemitérios foram amplamente copiados, inclusive nos Estados Unidos, onde surgiram as primeiras "cidades-jardim" (assim denominadas).[50]

O cemitério-jardim antecipou a cidade-jardim, tanto na concepção quanto na composição social. No início, os defensores dos cemitérios-jardim, assim como os dos subúrbios-jardim, prometeram ser socialmente inclusivos, acomodando, tanto a classe média como o trabalhador. Realmente, várias das companhias de moradias-modelo, descritas no Capítulo 1, fizeram experiências com habitações para a classe trabalhadora em propriedades na zona rural, em vez de blocos de apartamentos no centro da cidade.[51] Shaftesbury Park, em Battersea (1872), é um exemplo, tendo antecipado em 30 anos as "casas de campo" da LCC, em White Hart Lane, em Tottenham, e seu equivalente, em Paris, por ainda mais tempo. Entretanto, as propriedades da MDC acabaram sendo controladas pela classe média baixa, a mesma camada social que estava ocupando as infindáveis casas geminadas ("condomínios de luxo" só no nome) de West Ham, Leyton e Walthamstow, com seus pequeninos jardins frontais.[52]

Em 1909, quando os arquitetos Raymond Unwin e Barry Parker escreveram *Town Planning and Modern Architecture* [Planejamento das cidades e arquitetura moderna], celebrando o subúrbio-jardim em Hampstead, ficou claro que a ideia da inclusão não foi levada em consideração e que esse novo território era uma fuga da cidade, e não um modelo de cidade. Na verdade, era uma crítica à classe média baixa. Em uma mistura de esnobismo e olhar ruskiniano para a "arte", o livro contava com um "poder alienígena", destruindo todas os "condomínios" da classe média baixa. Desde o começo, a obra supunha "uma família típica, com um ou dois criados", mas essa família estava muito longe de ser "típica".[53] Pelo menos, a propriedade resultante manteve uma identidade própria, embora tenha sido cercada por empreendimentos habitacionais para uma classe baixa.

Ainda que os cemitérios-jardim tivessem sido capazes de acomodar um número maior de pessoas, em todos os outros aspectos a sátira de 1825 de Blackmantle é assustadoramente presciente em sua visão de uma paisagem de "alcovas e caramanchões, e lagos de peixes e arbustos,/ seletivo, como na vida, sem a intrusão de mato". Como cemitério-jardim para os vivos, o subúrbio-jardim de Hampstead é tanto "seletivo" como livre de "mato".[54]

A provisão de moradias por parte do governo, do tipo encontrado nas propriedades da LCC, era desconhecida no século XIX, com exceção dos asilos de pobres. No entanto, os debates sobre cemitérios previram as discussões do século XX a respeito das políticas do Estado sobre bem-estar e da livre iniciativa. Mesmo aqueles que reconheciam a necessidade de medidas contra a superlotação de áreas de sepultamento dentro das cidades temiam que novos cemitérios interferissem no equilíbrio entre a intervenção do Estado e a iniciativa privada, resultando em uma ênfase mais "continental" no planejamento central e no uso do pagamento compulsório para a obtenção de "melhorias".

Na década de 1840, havia um temor de que especialistas em saúde, como Chadwick, associassem questões de saneamento com outras mais familiares, relativas à suposta inferioridade das construções de Londres, com o intuito de obter as evidências necessárias para a estatização dos empreendimentos funerários e cemiteriais. De fato, coube ao secretário de Estado James Graham, do Partido Conservador, implementar as recomendações de Chadwick. Os fundos alocados para isso eram limitados, e apenas uma companhia cemiterial foi estatizada. Os empreendimentos funerários e cemiteriais não se transformaram em um monopólio estatal semelhante às *pompes funèbres* francesas.[55]

Ainda que o tipo de funeral que Dickens abominou como uma espécie de tolice divertida tenha permanecido por mais tempo entre os pobres do East End – e estava bastante presente no funeral do gângster "Reggie" Kray, em outubro de 2000 –, na década de 1880 ele estava em declínio entre a classe média. Naquela altura, a maior parte das paróquias de Londres havia estabelecido seus próprios cemitérios (bem longe dos limites da paróquia), financiados pelos impostos. Embora as autoridades da cidade estejam hoje diante de uma crise que elas se recusam a discutir, a Londres vitoriana enfrentou e solucionou sua crise funerária.[56]

Vista das alturas do Nunhead de Londres, ou do Père Lachaise de Paris, a Great Wen (apelido depreciativo de Londres) está domada: uma cidade de gravura a água-tinta, uma bela recordação em uma moldura de folhagem. Mesmo havendo crescido em excesso e sofrido muitos atos de vandalismo, os cemitérios nos permitem um olhar sobre a cidade ideal do século XIX, na qual necessidades conflitantes – comemoração, saneamento, transporte, negócios, moda e desigualdade social – são mantidas em equilíbrio. Os cemitérios deram forma a uma "natureza" artificial, pitoresca, com muito pouco a ver com a verdadeira zona rural. Seu "inglesismo" elegante e sua "naturalidade" explicam esse apelo paisagístico a uma elite francesa do final do século XVIII. Em contraste, a espiritualidade não teve um papel muito importante.

A pausa do revolucionário culto à razão e a estatização do sepultamento realizada por Napoleão garantiram que Londres poderia reimportar o modelo do cemitério-jardim, sem ter de se preocupar muito com associações com o ateísmo jacobita ou a superstição católica romana. A Igreja da Inglaterra desempenhou um papel surpreendentemente pequeno na reforma dos hábitos funerários, havendo adotado uma atitude bastante passiva e pouco organizada em relação aos cemitérios novos e, no final do século, a respeito do aumento do número de cremações.

Atualmente, as 32 subdivisões administrativas de Londres possuem mais de 130 cemitérios, sendo que mais da metade deles foi criada até 1890. Embora sejam amplamente ignorados, eles cobrem uma porcentagem considerável dos mais de 970 quilômetros quadrados de Londres. Eles acomodam a vasta maioria dos londrinos, uma comunidade para a qual se prevê um aumento de 50 mil por ano até 2030.[57] Em 1860, Charles Dickens escreveu sobre os cemitérios da cidade, visitados em suas "andanças noturnas":

> Foi uma constatação solene do enorme contingente de mortos que pertencem a uma cidade grande e antiga, e de como, caso se levantassem enquanto os vivos dormiam, não haveria espaço para uma cabeça de alfinete nas ruas, seria impossível os vivos saírem de casa. Não só isso, mas os vastos exércitos de mortos inundariam as colinas e os vales fora da cidade, e seguiriam adiante, ao redor dela, Deus sabe a que distância: aparentemente, até os confins da Terra.[58]

Como Lewis Mumford observou em seu valioso trabalho *The City in History* [A cidade na história], "a vida urbana abrange o espaço histórico entre a primeira área de sepultamento e o cemitério final, a Necrópole, onde uma civilização depois de outra encontrou o seu fim".[59] Portanto, a nossa viagem à "outra Paris" de Mercier, que teve início na escuridão e nos solavancos da diligência, deve terminar aqui, nas alturas do Nunhead Cemetery, com o olhar sobre a cidade lá embaixo.

Notas

Introdução: Travessias difíceis

1. Informações sobre rota, paradas, horários, etc. estão em um manuscrito anônimo de 1786, *Petites notes d'un voyage à Londres en partant de Paris*, encontrado dentro de uma cópia de *The New and Universal Guide through the Cities of London and Westminster* (London: C. Dilly, 1785), de Jean Mazzinghy, Lewis Walpole Library (doravante LWL), 64675 M45.
2. LE BABILLARD. Edited by James Rutlidge, 4 v. (Jan. 1778-Apr. 1779), 95 n.; v. 1, p. 1-4, 29-30. Há trechos disponíveis em uma edição moderna: MONNIER, Raymonde. *Paris et Londres en miroir: extraits du Babillard de Jean Jacques Rutlidge*. Saint-Étienne: Université de Saint-Etienne, 2010. Ver também NAPLOW, Ralph A. *The Addisoniam Tradition in France: Passion and Objectivity in Social Observation*. Rutherford, NJ: Farleigh Dickinson University Press, 1990.
3. LE BABILLARD. Edited by James Rutlidge, v. 1, n. 16, 20 Mar. 1778, p. 258.
4. LE BABILLARD. Edited by James Rutlidge, v. 2, n. 25, 5 May 1778, p. 9.
5. LE BABILLARD. Edited by James Rutlidge, v. 2, n. 28, 20 May 1778, p. 51-57.
6. Sou grato a Simon Macdonald por essa informação. Ver MACDONALD, Simon. *British Communities in Late Eigthteenth-Century Paris*. 2011. Thesis (PhD) – University of Cambridge, 2011. Cap. 5. Não publicado.
7. John Wilkes para William Fitzherbert, 10 Sept. 1764. Matlock, Derbyshire County Record Office (Fitzherbert Papers), F8244.
8. DE BOISSY. *Le François à Londres, comèdie*. The Hague: Jean Neaulme, 1747.
9. *Heart of Oak*, ou "Coração do Carvalho" (a parte central e a mais sólida da árvore), é o nome da marcha oficial da Marinha Real da Grã-Bretanha. O carvalho, no título, é a madeira com a qual os navios de guerra eram feitos. (N.T.)
10. FOOTE, Samuel. *The Englishman in Paris, a Comedy in Two Acts*. London: [s.n.], 1753. p. 24.
11. BERG, Maxine. *Luxury and Pleasure in Eighteenth-century Britain*. Oxford: Oxford University Press, 2005.
12. FOOTE, Samuel. Prologue. In: *The Englishman Return'd from Paris: a Farce in Two Acts*. London: [s.n.], 1756.
13. MENNELL, Stephen. *All Manners of Food: Eating and Taste in England and France from the Midlle Ages to the Present*. 2nd ed. Chicago: University of Illinois Press, 1996. p. 129.
14. BÉCLARD, León. *Sebastien Mercier, sa vie, son oeuvre, son temps*. Zurich; New York: Georg Olms Verlag, 1982. p. 4. Originalmente publicado em 1903.

15 MERCIER, Louis-Sébastien. Tableau de Paris. Amsterdam, 1782-1788. 12 v. Infelizmente, o Tableau está disponível em inglês apenas de forma resumida: SIMPSON, Helen (Ed.). *The Waiting City: Paris, 1782-88, Being an Abridgement of Louis-Sébastien Mercier's "Le tableau de Paris"*. Philadelphia: J. B. Lippincott, 1993; POPKIN, Jeremy D. (Ed.). *Panorama of Paris, Selections from "Tableau de Paris"*. Philadelphia: Pennsylvania State University Press, 1999. Trechos do *Tableau* foram traduzidos e publicados por Joseph Parkyn Macmahon, tais como *Paris in Miniature: Taken from the French Picture at Full Length, entitled Tableau de Paris: Interspersed with Remarks and anecdotes: together with a Preface and a Postface by the English Limner*. London: Printed for G. Kearsly, 1782).

16 BRUNETEAU, Claude; COTTRET, Bernard (Ed.). *Louis-Sébastien Mercier: Parallèle de Paris et de Londres*. Paris: Didier Erudition, 1982 (doravante citado como MERCIER. *Parallèle*). p. 53.

17 GROSLEY, P. *Londres*. Lausanne: [s.n.], 1770. p. 83.

18 DECREMPS, Henri. *Un parisien à Londres*. Amsterdam: [s.n.], 1789, 2 v. v. 1, p. 115.

19 MERCIER. *Parallèle*, p. 61.

20 Novamente, essa informação prática está nas *Petites notes* anônimas, de 1786, na LWL. Ver nota 1.

21 Como tal, estava intimamente relacionada à utopia que Mercier apresentou em seu *L'An deux mille quatre cent quarante* (1771). Porém, o *Parallèle* não é levado em consideração na ampla discussão que Antony Vidler faz sobre Mercier como urbanista (VIDLER, Antony. Mercier as Urbanist: the Utopia of the Real. In: *The Scenes of the Street and Other Essays*. New York: Monacelli, 2011. p. 170-182).

22 MERCIER. *Parallèle*, p.182-183.

23 Para uma discussão sobre o conceito, ver NAPOLI, Paolo. *Naissance de la police moderne: pouvoir, norms, societé*. Paris: Éditions de la Découverte, 2003. Cap. 1.

24 THE WORLD, n. 189, 12 Aug. 1756, p. 1133.

25 Em 1766, Adam Smith observou que *police* [polícia] era uma palavra "que significava, adequadamente, a *policey* [sic] do governo civil, mas agora quer dizer apenas uma regulamentação de assuntos inferioures [sic] do governo; em outras palavras, limpeza, segurança, e preços baixos ou abundância" (SMITH, Adam. *Lectures on Jurisprudence*. Edited by R. L. Meek, D. D. Raphael and P. G. Stein. Oxford: Oxford University Press, 1978. p. 486).

26 TURCOT, Laurent. L'Émergence d'un espace plurifonctionnel: les boulevards parisiens au XVIIIe siècle. *Histoire Urbaine*, 12 avr. 2005, p. 89-115.

27 SENNETT, Richard. *The Conscience of the Eye: The Design and Social Life of Cities*. New York: Random House, 1990.

28 BL Maps Crace XVII/3. WHITFIELD, Peter. *London: A Life in Maps*. London: British Library, 2006. p. 66; MORRISON, Kathryn A. *English Shops and Shopping: An Architectural History*. New Haven: Yale University Press, 2003. p. 16-18.

29 MERCIER. *Parallèle*, p. 116.

30 Para uma discussão a esse respeito, ver Jonathan Conlin, "Wilkes, the Chevalier d'Eon and the 'dregs of liberty': an Anglo-French perspective on ministerial despotism", *English Historical Review*, 120 (November 2005), pp. 1-38.

31 MERCIER, *Parallèle*, p. 166.

[32] MERCIER. *Parallèle*, p. 127-128. Para uma discussão a respeito de instituições de caridade em Londres, ver ANDREW, Donna T. *Philantropy and Police: London Charity in the Eighteenth Century*. Princeton, NJ: Princeton University Press, 1990.

[33] MERCIER. *Parallèle*, p. 138, 166.

[34] MERCIER. *Parallèle*, p. 117.

[35] MERCIER. *Parallèle*, cap. 36.

[36] MERCIER. *Parallèle*, cap. 27.

[37] MERCIER. *Parallèle*, p. 79.

[38] SCHWARZ, Leonard. London, 1700-1840. In: CLARK, Peter (Ed.). *The Cambridge Urban History of Britain*. Cambridge: Cambridge University Press, 2000. 3 v. v. 2, p. 652.

[39] A expressão *Gay Paree*, que será tratada posteriormente, vem do significado original da palavra *gay* (alegre) e da pronúncia em francês da palavra Paris (paree). (N.T.)

[40] Aqui, busquei informações em DONALD, James. *Imagining the Modern City*. London: Athlone, 1999. Cap. 2.

[41] Para um excelente estudo sobre essa literatura, ver HANCOCK, Claire. *Paris et Londres au XIXe siècle: representations dans les guides et récits de voyage*. Paris: Éditions du CNRS, 2003.

[42] COLLEY, Linda. *Britons: Forging the Nation, 1707-1837*. New Haven: Yale, 1992; BLACK, Jeremy. *Natural and Necessary Enemies: Anglo-French Relations in the Eighteenth Century*. London: Duckworth, 1986.

[43] A respeito do século XVII, ver NEWMAN, Karen. *Cultural Capitals: Early Modern London and Paris*. Princeton University Press, 2007; e sobre o século XIX, consultar OLSEN, Donald J. *The City as a Work of Art: London, Paris, Vienna*. New Haven: Yale University Press, 1986.

[44] Como observam Werner and Zimmermann, na *histoire croisée*, "entidades e objetos de pesquisa não são apenas considerados um em relação ao outro, mas, também, um *através* do outro, em termos de relacionamentos, interações, e circulação" (WERNER, Michael; ZIMMERMANN, Bénédicte. Beyond Comparison: *Histoire Croisée* and the Challenge of Reflexivity. *History and Theory*, v. 45, n. 1, p. 30-50 (38), 2006.

[45] "Intelligence of Marybone Gardens", recorte de jornal, 1776. Westminster Archive (WA), Ashbridge Collection (AC), 710/779.

[46] "Intelligence of Marybone Gardens", recorte de jornal, 1776. Westminster Archive (WA), Ashbridge Collection (AC), 710/779.

[47] MERCIER. Parallèle, p. 73.

[48] MERCIER. Parallèle, p. 70.

Capítulo 1: A casa agitada

[1] DECREMPS. *Un parisien à Londres*, v. 2, p. 131-132.

[2] CABESTAN, Jean-François. *La Conquête du plain-pied: l'immeuble à Paris au XVIIIe siècle*. Paris: Picard, 2004. p. 42-43.

[3] CABESTAN. *La Conquête du plain-pied: l'immeuble à Paris au XVIIIe siècle*, p. 280-281.

[4] CABESTAN. *La Conquête du plain-pied: l'immeuble à Paris au XVIIIe siècle*, p. 256.

[5] CABESTAN. *La Conquête du plain-pied: l'immeuble à Paris au XVIIIe siècle*, p. 215.

⁶ LAUGIER, Marc-Antoine. *Essai sur l'architecture*. Paris: Duchesne, 1755. p. 228.

⁷ PINON, Pierre. La Formation du IXe arrondissement: de la Chaussée-d'Antin au faubourg Poissonière. In: LUCAN, Jacques (Ed.). *Paris des Faubourgs: formation, transformation*. Paris: Picard, 1996. p. 21-33 (23).

⁸ LE BABILLARD. Edited by James Rutlidge, v. 1, n. 178, 20 Feb. 1778, p. 11.

⁹ CRUICKSHANK, Dan; BURTON, Neil. *Life in the Georgian City*. London: Viking, 1990. p. 99, 101.

¹⁰ CRUICKSHANK; BURTON. *Life in the Georgian City*, p. 125.

¹¹ MERCIER. *Parallèle*, p. 141; SAUSSURE, Cesar de apud CRUICKSHANK; BURTON. *Life in the Georgian City*, p. 52.

¹² CRUICKSHANK; BURTON. *Life in the Georgian City*, p. 60.

¹³ MORRIS, Susannah. Market Solutions for Social Problems: Working-Class Housing in Nineteenth-Century London. *Economic History Review*, v. 54, n. 3, p. 525-545 (536), Aug. 2001. New series. Ver também WOHL, Anthony S. *The Eternal Slum: Housing and Social Policy in Victorian London*. London: Transaction, 2002, cap. 6.

¹⁴ MORRIS. Market Solutions for Social Problems: Working-Class Housing in Nineteenth-Century London, p. 530. A habilidade da Peabody de baixar os preços das MDCs gerou acusações de que seus integrantes eram "comerciantes desleais" (WOHL. *The Eternal Slum: Housing and Social Policy in Victorian London*, p. 158).

¹⁵ FALLING Houses and Model Dwellings. *The Builder*, 40, 3 Dec. 1853, p. 721. Rendimentos de 7, 8 ou até 10 por cento foram trazidos à discussão. (WOHL. *The Eternal Slum: Housing and Social Policy in Victorian London*, p. 142).

¹⁶ De fato, foi sugerido que o clamor das MDCs por áreas maiores havia influenciado o Artisans' and Labourers' Dwellings Improvement Act, enquanto o MBW havia obtido pouco subsídio (YELLING, J. A. *Slums and Slum Clearence in Victorian London*. London: Allen and Unwin, 1986. p. 16-17, 24).

¹⁷ NEW Buildings, Farringdon Road. *The Builder*, 32, 5 Dec. 1874, p. 1003.

¹⁸ Francis Butler para o editor, *The Builder*, 32, 19 Dec. 1874, p. 1056.

¹⁹ SHAPIRO, Ann-Louise. *Housing the Poor of Paris, 1850-1902*. Madison: University of Wisconsin Press, 1985. p. 32.

²⁰ EDGELL, Revd Wyatt apud GATLIFF, Charles. On Improved Dwellings and Their Beneficial Effect on Health and Morals. *Journal of the Statistical Society of London*, London, v. 38, n. 1, p. 33-63 (57), Mar. 1875. Sobre o argumento de que as MDCs só atendiam aqueles que possuíam condições de morar em outro lugar, ver WOHL. *The Eternal Slum: Housing and Social Policy in Victorian London*, p. 147, 150, 163-164, 170.

²¹ Ver NEWSHOLME, Arthur. The Vital Statistics of Peabody Buildings and Other Artisans' and Labourers' Block Dwellings. *Journal of the Statistical Society of London*, v. 51, n. 4, p. 70-111, Mar. 1891.

²² GATLIFF. On Improved Dwellings and Their Beneficial Effect on Health and Morals, p. 43.

²³ *Through the Dark Continent*, de Stanley, foi publicado em 1878. Para outro exemplo dessa analogia no contexto de *The People of the Abyss* [*O povo do anismo*] (1903), de Jack London, ver PHILIPS, Lawrence. Jack London and the East End: Socialism, Imperialism and the Bourgeois Ethnographer. In: PHILIPS, Lawrence (Ed.). *A Mighty Mass of Brick and*

Smoke: Victorian and Edwardian Representations of London. Amsterdam: Rodopi, 2008). p. 213-234.

[24] "A LADY Resident". Sketch of Life in Buildings. In: ROSS, Ellen (Ed.). *Slum Travelers: Ladies and London Poverty, 1860-1920*. London: University of California Press, 2007. p. 41-44 (44).

[25] James Hole em INTERNATIONAL HEALTH EXHIBITION, 1884. p. 51.

[26] O LCC e outros arquitetos tomaram emprestados projetos das MDCs como modelos para os seus próprios planos (WOHL. *The Eternal Slum: Housing and Social Policy in Victorian London*, p. 175; YELLING. *Slums and Slum Clearence in Victorian London* p. 42).

[27] SHAPIRO. *Housing the Poor of Paris, 1850-1902*, p. 51; LAVEDAN, Pierre. *Histoire de l'urbanisme à Paris*. Paris: Hachette, 1975. p. 341.

[28] Observar, em particular, a diminuição da cena em que a cozinheira Adèle dá à luz e o relato altamente editado sobre o estupro que Octave Mouret comete em Marie Pichon (ZOLA, Émile. *Piping Hot! (Pot-Bouille): a Realistic Novel*. London: Vizetelly, 1885. p. 368, 82.

[29] CUMMINS, Anthony. Émile Zola's Cheap English Dress: the Vizetelly Translations, Late- Victorian Print Culture, and the Crisis of Literary Value. *Review of English Studies*, n. 60, p. 108-132 (112), 2009. Henry contou com a ajuda de seu filho, Ernest Alfred, que revisou as provas das suas traduções de Zola. Sobre as lembranças do jovem Vizetelly a respeito do julgamento de seu pai, ver sua obra *Émile Zola, Novelist and Reformer: An Account of His Life and Work*. London: John Lane, 1904. p. 252-281.

[30] LYCETT, Andrew. *Conan Doyle: the Man Who Created Sherlock Holmes*. London: Weidenfeld and Nicolson, 2007. p. 174.

[31] Entretanto, a tradução de Pinkerton sobreviveu, tendo sido reimpressa três vezes na década de 1950 e, também, em 1986 (ZOLA, Émile. *Restless House*. Translated by Percy Pinkerton. London: Grafton, 1986.

[32] CHEVALIER, Louis. *Labouring Classes and Dangerous Classes in Paris during the First Half of the Nineteenth Century*. Translated by Frank Jellinek. London: Routledge; Kegan Paul, 1973. p. 198-199; SHAPIRO. *Housing the Poor of Paris, 1850-1902*, p. 36, 43, 45.

[33] ZOLA, Émile. *Pot Luck*. Translated by Brian Nelson. Oxford: Oxford University Press, 1999. p. 286.

[34] ZOLA, *Pot Luck*, p. 105.

[35] ZOLA, *Pot Luck*, p. 243.

[36] FRENCH Flats. *Building News*, v. 3, 20 Feb. 1857, p. 181.

[37] LIVING on Flats. *Saturday Review*, 23 Oct. 1875, p. 516.

[38] HOUSES in Flats for London. *The Builder*, 34, 8 Jan. 1876, p. 25.

[39] W.H. White para o Editor, *The Builder*, 34, 25 Mar. 1876, p. 291.

[40] MY CONCIERGE. In: JERROLD, Blanchard. *At Home in Paris: at Peace and at War*. London: Willian Allen, 1871. 2 v. v. 1, p. 41-62; ST JOHN, Bayle. *Purple Tints of Paris: Character and Manners in the New Empire*. London: Chapman and Hall, 1854. 2 v. v. 1, p. 43-47 (42).

[41] HANCOCK. *Paris et Londres au XIXe siècle: representations dans les guides et récits de voyage*, p. 131.

[42] FLATS for the Midlle Classes. *Building News*, v. 15, 15 May 1868, p. 323.

[43] FALLING Houses and Model Dwellings. p. 721-722.

[44] FLATS for the Midlle Classes , p. 323.

[45] "BUILDINGS," – "Mansions," – "Flats," – "Residences," – "Dwellings". *The Builder*, 36, Jan. 1878, p. 31.

[46] TRANSACTIONS of the Institute of British Architects, 1877. p. 63. White respondeu a isso, em "Midlle-class Houses in Paris and Central London". *The Builder*, 36, 12 Jan. 1878, p. 42.

[47] TARN, J. N. French Flats for the English in Nineteenth-Century London. In: SUTCLIFFE, Antony (Ed.). *Multi-Storey Living: The British Working-Class Experience*. London: Croom Helm, 1974. p. 19-40 (35).

[48] "BUILDINGS," – "Mansions," – "Flats," – "Residences," – "Dwellings", p. 32.

[49] HOUSES in Flats for London, p. 27.

[50] "BUILDINGS," – "Mansions," – "Flats," – "Residences," – "Dwellings", p. 32; HOUSES in Flats for London, p. 26; EALES, Frederick. Dwellings in Flats. *Building News*, v. 46, 7 Mar. 1884, p. 362.

[51] HOUSES in Flats for London, p. 25.

[52] LIVING on Flats, p. 516.

[53] HOUSES in Flats for London, p. 26.

[54] Extraído de *The Builder*, 34, 22 Jan. 1876, p. 82.

[55] EALES. Dwellings in Flats, p. 363.

[56] JERROLD. *At Home in Paris: at Peace and at War*, p. 60, 48.

[57] JERROLD. *At Home in Paris: at Peace and at War*, p. 59.

[58] EALES. Dwellings in Flats, p. 363.

[59] ARCHITECTURAL Association. *The Builder*, 46, 15 Mar. 1884, p. 386.

[60] "BUILDINGS," – "Mansions," – "Flats," – "Residences," – "Dwellings", p. 31.

[61] PALATINATE Buildings, New Kent Road. *The Builder*, 34, 1 Jan. 1876, p. 8. p. 8.

Capítulo 2: A rua

[1] Symons para James Dykes Campbell, 6 Oct. 1889. BECKSON, Karl; MUNRO, John M. (Ed.). *Arthur Symons: Selected Letters, 1880-1935*. Basingstoke: Macmillan, 1989. p. 53.

[2] "Anos noventa imorais" – a década de 1890, vista como uma época de liberalismo e permissividade, especialmente na Grã-Bretanha e na França. (N.T.)

[3] BAUDELAIRE, Charles. The Painter of Modern Life [originalmente publicado em *Le Figaro*, 26-28 nov., 3 dez. 1863]. In: *The Painter of Modern Life and Other Essays*. Translated by Jonathan Mayne. London: Phaidon, 1964. p. 1-40 (9). [No Brasil, publicado como *O pintor da vida moderna*, Autêntica, 2010.]

[4] BAUDELAIRE. The Painter of Modern Life, p. 12. Ver também "The Salon of 1846", em BAUDELAIRE, Charles. *Arts in Paris, 1845-1862*. Translated by Jonathan Mayne. Oxford: Phaidon, 1965. p. 117.

[5] BAUDELAIRE, Charles. Les foules. *Le Spleen de Paris* [1869] In: *Œuvres complètes*. Paris: Gallimard, 1975-1976. 2 v. v. 1, p. 291.

6. Para um exemplo, extraído de Rétif de la Bretonne, ver TURCOT, Laurent. *Le Promeneur à Paris*. Paris: Gallimard, 2007. p. 407.
7. CLARK, T. J. *The Painter of Modern Life*. New York: Thames and Hudson, 1985. Para Guys em Londres, onde ele trabalhou como tutor de francês e desenho para os filhos de Thomas Calvert Girton, ver ROSE, Margaret. *Flaneurs and Idlers*. Bielefeld: Aisthesis, 2007. p. 24.
8. BENJAMIN, Walter. *Das Passagen-Werk*. Edited by Rolf Tiedem. Frankfurt: Suhrkamp, 1983. 2 v. v. 1, p. 525. Ver HAZAN, Eric. Les Flâneurs. In: *L'Invention de Paris: il n'y a pas des pas perdus*. Paris: Seuil, 2002. p. 393-423. Há indícios em *Passagen-Werk* de que Benjamin reconheceu que Londres pode ter, na verdade, exercido uma influência. Ele suspeitava, por exemplo, de que as imagens que Poe e Baudelaire apresentaram de Paris como uma cidade influenciada pelas ansiedades da industrialização podem, de fato, haver refletido a realidade de Londres, mais do que a da capital francesa. Ver BENJAMIN. *Das Passagen-Werk*, v. 1, p. 566 [No Brasil, publicado em 2006, pela Editora da UFMG, com o título *Passagens*].
9. Newman argumentou que existiam *flâneurs* em Londres e Paris no século XVII, mas os indivíduos que ela cita (por exemplo, John Donne) não descreveram caminhadas solitárias e, portanto, não podem ser considerados *flâneurs* (NEWMAN. *Cultural Capitals: Early Modern London and Paris*, cap. 3).
10. DECREMPS. *Un parisien à Londres*, v. 1, p. 89.
11. MERCIER. *Parallèle*, p. 95.
12. CRUICKSHANK; BURTON. *Life in the Georgian City*, p. 13-18; OLSEN, Donald. *Town Planning in London: The Eighteenth and Nineteenth Centuries*. New Haven: Yale University Press, 1964. p. 39-42.
13. MERCIER. *Parallèle*, p. 60.
14. Sou grato a Laurent Turcot por essa informação.
15. EL GHOUL, Fayçal. *La Police Parisienne dans la seconde moitié du XVIIIe siècle (1760-1785)*. Tunis: Université de Tunis I, 1995. 2 v. v. 1, p. 190-206; CHEVALIER. *Labouring Classes and Dangerous Classes in Paris during the First Half of the Nineteenth Century*, p. 464-465, nota 5.
16. TURCOT. *Le Promeneur à Paris*, p. 34.
17. [RÉTIF DE LA BRETONNE]. *Les Nuits de Paris, ou le Spectateur Nocturne*. London: [s.n.], 1788-1789. 14 v. v. 10, p. 2365. Ver também [CARACCIOLI]. *Dictionnaire critique, pittoresque et sentencieux, propre à faire connoître les usages du siècle, ainsi que ses bizarreries*. Lyon: Benoît Duplain, 1768. 2 v. v. 1, p. 33.
18. TURCOT. *Le Promeneur à Paris*, p. 72.
19. TURCOT. *Le Promeneur à Paris*, p. 185.
20. BRANT, Clare; WHYMAN, Susan E. (Ed.). *Walking the Streets of Eighteenth-Century London: John Gay's* Trivia. Oxford: Oxford University Press, 2009.
21. DECREMPS. *Un parisien à Londres*, v. 1, p. 92-93.
22. DECREMPS. *Un parisien à Londres*, v. 1, p. 99.
23. DECREMPS. *Un parisien à Londres*, v. 1, p. 103.
24. DECREMPS. *Un parisien à Londres*, v. 1, p. 114.
25. DECREMPS. *Un parisien à Londres*, v. 1, p. 118-120.

[26] BONNO, Gabriel. *La Constitution britanique devant l'opinion françáis de Montesquieu à Bonaparte*. Paris: H. Champion, 1931.

[27] DZIEMBOWSKI, Edmond. *Un nouveau patriotisme français, 1750-70*. Oxford: Voltaire Foundation, 1998; DZIEMBOWSKI, Edmond. The English Political Model in Eighteenth century France. *Historical Research*, n. 74, p. 151-171, 2001.

[28] *Choiseul para Chatelet*, 23 May 1768. Archives de Ministère des Affaires Etrangères, Paris. Correspondance Politique Angleterre 478, f.328.

[29] LETTRE sur l'émeute arrivée à Londres le 2 Juin 1780, et sur les anglais. [s.l.]: [s.n.], 1780. p. 4.

[29] Figuras importantes aqui foram o diplomata francês e travesti Chevalier d'Eon e o dramaturgo Caron de Beaumarchais. Ver CONLIN, Jonathan. "Faire le Wilkes": the Chevalier d'Eon and the Wilkites. In: BURROWS, Simon *et al*. *The Chevalier d'Eon and his Worlds: Gender, Politics and Espionage in the Eighteenth Century*. London: Continuum, 2010.

[31] MERCIER. *Parallèle*, p. 89.

[32] MERCIER. *Parallèle*, p. 109.

[33] MERCIER. *Parallèle*, p. 108.

[34] Para uma visão diferente dessas tão discutidas áreas, ver VAILLANCOURT, Daniel. *Les Urbanités Parisiennes au XVIIe siècle: le livre du trottoir*. Quebec: Presses de l'Université Laval, 2009.

[35] LA RÉFLEXION faite un peu tard, ou le voyageur Babillard. London: [s.n.], 1788. p. 8.

[36] JONES, Colin. *Paris: Biography of a City*. London: Penguin, 1994. p. 327.

[37] Ver CONLIN, Jonathan. Vauxhall on the Boulevard: Pleasure Gardens in Paris and London, 1759-89. *Urban History*, v. 35, n. 1, p. 24-47, May 2008.

[38] BAILEY, Colin *et al*. *Gabriel de Saint-Aubin, 1725-1780*. Paris: Louvre, 2008. cats 51, 52a, 52b. Há uma ilustração similar, mostrando um chapeleiro, à p. 214, Fig. 1.

[39] *Apud* MORRISON. *English Shops and Shopping: An Architectural History*, p. 33.

[40] *Apud* MORRISON. *English Shops and Shopping: An Architectural History*, p. 35.

[41] *Apud* MORRISON. *English Shops and Shopping: An Architectural History*, p. 43, 50.

[42] PLANTA, Edward. *A New Picture of Paris*. 16th Ed. (1831) *apud* HANCOCK. *Paris et Londres au XIXe siècle: representations dans les guides et récits de voyage*, p. 193.

[43] Limitando o número de ruas de acesso à sua borda leste, ela também serviu como "uma fronteira e uma separação total entre as ruas e áreas ocupadas pela nobreza e pelas classes sociais mais altas, e as ruas estreitas e casas mais pobres ocupadas pelos trabalhadores manuais e pelos comerciantes da comunidade" (SELECT Committee on the Office of Works, 1828. p. 74).

[44] CONLIN, Jonathan. Le Musée de Marchandises: the origins of the Musée Cognacq-Jay. *Journal of the History of Collections*, v. 12, n. 2, 2000.

[45] Em seu estudo sobre guias de cidades e relatos de viagem, Hancock percebeu um contraste entre a obsessão acadêmica pelas passages (uma resposta a *Passagens*, de Benjamin) e os pontos de vista de contemporâneos, que não achavam que eles eram tão significantes (HANCOCK. *Paris et Londres au XIXe siècle: representations dans les guides et récits de voyage*, p. 195-196).

⁴⁶ Como Richard Sennett observa, com o fim da pechincha, os habitantes da cidade não precisavam mais aprender a fingir que estavam chocados ou que iriam embora dali. Essa era apenas uma das maneiras, ele argumenta, pelas quais a burguesia de Londres e Paris, no século XIX, desperdiçou algo que havia herdado de precioso na esfera pública (SENNETT, Richard. *The Fall of Public Man*. London: Penguin, 2002. p. 142). Albert Smith comentou que o "ocioso" simplesmente não tinha meios para comprar nada, embora passasse a maior parte do seu dia olhando lojas (SMITH, Albert. *Natural History of the Idler upon Town*. London: D. Bogue, 1848. p. 29).

⁴⁷ MORRISON. *English Shops and Shopping: An Architectural History*, p. 39.

⁴⁸ MERCIER. *Parallèle*, p. 144.

⁴⁹ STERNE, Laurence. The Pulse. Paris; The Husband. Paris. In: *A Sentimental Journey Through France and Italy*. Oxford: Oxford University Press, 1968. p. 69-73 [No Brasil foi publicado em 2002 pela editora Nova Fronteira e em 2008 pela Hedra, ambos com o título *Uma passagem sentimental*].

⁵⁰ As arcadas do New Exchange (1667), do Middle Exchange (1672) e do Exeter Change (1676) exibiam "bancas" em um ou mais andares, com funcionárias atraentes que vendiam luvas, meias, sedas e a si mesmas (segundo alguns observadores) (MORRISON. *English Shops and Shopping: An Architectural History*, p. 34). Ver também [DUNTON, John]. *The Night-Walker: or, Evening Rambles in Search after Lewd Women*. London: James Orme, 1697. 2 v. v. 1, p. 11-12.

⁵¹ Essa é uma das razões pelas quais a procura acadêmica por uma *flâneuse* parece ligeiramente irrelevante. Janet Wolff oferece uma pausa refrescante nessa busca séria, em "Gender and the Haunting of Cities (or, the Retirement of the Flâneur)". In: D'SOUZA, Aruna; McDONOUGH, Tom (Ed.). *The Invisible Flâneuse? Gender, Public Space, and Visual Culture in Nineteenth-Century Paris*. Manchester: Manchester University Press, 2006. p. 18-31 (24).

⁵² Quando estudiosos mencionaram o *flâneur* em um contexto do século XVIII ou do início do século XIX, evitaram relacioná-lo diretamente com o promeneur em Paris ou o "caminhante", ainda que as descrições dessas últimas figuras se assemelhassem intimamente à definição clássica do *flâneur* de Baudelaire. Eric Hazan observa que "Os precursores desse fenômeno que início à modernidade [...] podem ser encontrados em todo o final do século XVIII", mas não explora isso com muita profundidade (HAZAN. *L'Invention de Paris: il n'y a pas des pas perdus*, p. 395). Turcot descreve seu "*promeneur parisiense*" como "alguém que, ao enxergar a cidade por um certo ângulo, determina a forma como o sujeito urbano é individualizado. Seu movimento pela cidade é único e pessoal" (TURCOT. *Le Promeneur à Paris*, p. 13). Karen Newman sugere que havia *flâneurs* em Paris e Londres no século XVII. No entanto, isso é um anacronismo, já que os relatos que ela cita são de caminhadas sociais (e não de *flânerie* solitária). A cultura impressa de Londres e Paris ainda não estava desenvolvida o suficiente para possibilitar o tipo de jornalismo praticado por Addison and Steele (NEWMAN. *Cultural Capitals: Early Modern London and Paris*, p. 62-63).

⁵³ LE FLÂNEUR au Salon. Paris: Aubry, 1809. p. 7.

⁵⁴ LE FLÂNEUR au Salon, p. 11.

⁵⁵ HENRY; JULES. *Le Flâneur, comédie-vaudeville en un acte*. Paris: Lacourière, 1825; DUMERSAN; BRAZIER; GABRIEL. *La Journée d'un flâneur, comédie en quatre actes*. Paris: J.-N. Barba, 1827.

[56] HENRY; JULES. *Le Flâneur, comédie-vaudeville en un acte*, p. 3.

[57] HENRY; JULES. *Le Flâneur, comédie-vaudeville en un acte*, p. 22.

[58] *Apud* ROSE. *Flaneurs and Idlers*, p. 2.

[59] O exemplo mais antigo encontrado é um guia de campo de 1819 para cafés, de formato reduzido (aparentemente escrito por Étienne-François Bazot), em que constam nada menos que 60 estabelecimentos ("UN FLÂNEUR patenté". *Les Cafés de Paris, ou revue politique, critique et littéraire des moeurs du siècle*. Paris: Lécrivain, 1819).

[60] Isso é comprovado pela permanência de placas mesmo após a mudança dos estabelecimentos, algo que foi parcialmente responsável por algumas das estranhas combinações entre o tipo de comércio e a placa que surgiram ao longo do tempo. A placa era, acima de tudo, um ponto de referência, e essa função superava qualquer outra.

[61] HERLAUT, August Philippe. L'Éclairage des rues de Paris à la fin du XVIIe siècle et au XVIIIe siècle. *Mémoires de la Société de L'Histoire de Paris*, n. 43, p. 130-240 (177); WILLESME, Jean-Paul. *Histoires des Enseignes du Musée Carnavalet*. Paris: Paris-Musées, 1996, p. 14; FOURNIER, Edouard. *Histoires des Enseignes de Paris*. Paris: E. Dentu, 1884. p. 21-25; MERCIER. *Tableau de Paris*, v. 2, p. 204.

[62] CONLIN, Jonathan. "At the Expense of the Public": the 1762 Signpainters' Exhibition and the Public Sphere. *Eighteenth-Century Studies*, v. 36, n. 1, 2002.

[63] MOLIÈRE. *Les Fàcheux*. Paris: Librairie des Bibliophiles, 1874. p. 66 (III, ii). Ver também TATLER. v. 18, 21 May 1709. In: BOND, Donald Frederic (Ed.). *The Tatler*. Oxford: Claredon, 1987. 3 v. v. 1, p. 144-147.

[64] THE SPECTATOR, v. 28, 2 Apr. 1711.

[65] ROCHE. *Le Peuple de Paris*, p. 229-232; PLAX, Julie Ann. *Watteau and the Cultural Politics of Eighteenth-Century France*. Cambridge: Cambridge University Press, 2000. p. 163. Ver também WRIGLEY, Richard. Between the Street and the Salon: Parisian Shop Signs and the Spaces of Professionalization in the Eighteenth and Early Nineteenth Centuries. *Oxford Art Journal*, v. 21, n. 1, p. 43-67, 1998.

[66] MERCIER. L'Orthographe publique. In: *Tableau de Paris*, v. 1, p. 107-110 (107-108).

[67] MERCIER. Enseignes. In: *Tableau de Paris*, v. 1, p. 215-216.

[68] MERCIER. *Tableau de Paris*, p. 108.

[69] UGLOW, Jenifer. *Hogarth: A Life and a World*. London: Faber, 1997. p. 518.

[70] MERCIER. *Tableau de Paris*, v. 5, p. 123-126 (123).

[71] MERCIER. *Tableau de Paris*, v. 5, p. 123-126 (125).

[72] Parece que do jogo de cartas constava um tabuleiro, e as cartas determinavam se o jogador movia uma peça certo número de quadrados para a frente ou para trás (FOURNIER. *Histoires des Enseignes de Paris*, p. 313-316). Por muito tempo, acreditou-se que o *Petite dictionnaire critique et anecdotique des Enseignes de Paris* era da autoria de Honoré de Balzac; atualmente, ele é atribuído a G.-L. Brismontier; Balzac aparece apenas como editor. Ver também WATTIER, Édouard *Musée en plein air, ou choix des enseignes les plus remarquable de Paris*. Paris: G. Engelmann, 1824.

[73] WILLESME. *Histoires des Enseignes du Musée Carnavalet*, p. 9.

[74] DODD, George. *The Food of London*. London: Longmans, Brown, Green, 1856. p. 474-475. Dez anos depois surgiu o primeiro estudo histórico das placas de Londres, por Jacob Larwood e John Camden Hotten.

[75] SPECTATOR, n. 4, 5 March 1711.

[76] SPECTATOR, n. 1, 1 March 1711.

[77] KLEIN, Lawrence E. The Polite Town: Shifting Possibilities of Urbanness, 1660-1715. In: HITCHCOCK, Tim; SHORE, Heather (Ed.). *The Streets of London: From the Great Fire to the Great Stink*. London: Rivers Oram, 2003. p. 27-39.

[78] PLAX. *Watteau and the Cultural Politics of Eighteenth-Century France*, cap. 3. Para uma interpretação diferente, ver TURCOT. *Le Promeneur à Paris*, p. 32-34.

[79] POE, Edgar Allan. Man of the Crowd. In: *Tales of Mystery and Imagination*. Oxford: Avenel, 1985. p. 339-348 [No Brasil, foi publicado pela Autêntica Editora em 2010 como "O homem da multidão", em BAUDELAIRE, C. *O Pintor da vida moderna*]; O periódico *Old Humphrey's Clock* (com curta duração – 1840-1841), de Dickens, descreveu as andanças do caminhante noturno solitário Old Humphrey, em uma série de contos; e o personagem também apareceu no romance *The Old Curiosity Shop*, publicado, originalmente, em série no *Old Humphrey's Clock*.

[80] HUART, Louis. *Physiologie du flâneur*. Paris: Lavigne, 1841. p. 1.

[81] ROSE. *Flaneurs and Idlers*, p. 17.

[82] Albert Smith publicou cinco "Zoologias sociais", todas acessíveis por um xelim. Em seu *Idler upon Town*, Smith foi menos discriminador que Huart, tendo incluído "*flâneurs* sem nenhuma pressa", bem como "o mero 'pisador de calçada' da Regent Street; o solteiro apático de pouca independência [...] aquele que circula nos coulisses dos teatros [...] os 'lunáticos' que perambulam tranquilos pelas ruas [...] o turista simples que mora no campo" e até mesmo "o garoto de rua" (SMITH. *Natural History of the Idler upon Town* p. 6-7, 110).

[82] HUART. *Physiologie du flâneur*, p. 10.

[84] HUART. *Physiologie du flâneur*, p. 16.

[85] Tomar a *Trivia* de Gay como prova de que a "*flanerie* não é sequer apresentada como uma opção", como faz Alison O'Byrne, em um ensaio recente, é correr o risco de perder a árida sátira "augustana" pela qual esse autor é, com justiça, conhecido (O'BYRNE, Alison. The Art of Walking in London: Representing Urban Pedestrianism in the Early Nineteenth Century. *Romanticism*, v. 14, n. 2, p. 94-107 (97), 2007)).

[86] GATRELL, Vic. *City of Laughter: Sex and Satire in Eighteenth-Century London*. London: Atlantic, 2006. p. 45. Para um ponto de vista diferente, ver O'BYRNE. The Art of Walking in London: Representing Urban Pedestrianism in the Early Nineteenth Century, p. 101. Como observado adiante, encontros acidentais semelhantes aparecem na *Physiologie du flâneur*, de Huart.

[87] HUART. *Physiologie du flâneur*, p. 12.

[88] Ver "L'Homme Afiche", no Musée Carnavalet, Cabinet des Arts Graphiques, dossier I (Moeurs-Enseignes). Esse impresso foi datado como sendo de 1823, por mãos desconhecidas, que também escreveram que se tratava de uma "*nouvelle invention de cette époque*" [nova invenção daquela época].

[89] George Scharf, BM 1862.0614.1171 (coluna e templo egípcios), BM 1862.0614.1136 (moinho de café).

[90] BM 1862.0614.1090.

[91] Musée Carnavalet, Cabinet des Arts Graphiques, dossier I (Moeurs-Enseignes). Sobre Chéret, ver MAUCLAIR, Camille. *Jules Chéret*. Paris: Maurice Le Gatrec, 1930.

[92] HUART. *Physiologie du flâneur*, p. 16. Ver também BENJAMIN. *Das Passagen-Werk*, v. 1, p. 565.

[93] Para um raro reconhecimento de que aqueles que escreveram sobre ele estavam "também fazendo uso dele como uma fonte de humor, talvez até mais do que como um símbolo da 'alienação' urbana", ver ROSE. *Flaneurs and Idlers*, p. 42.

[94] Sou grato a Brian Cowan por haver chamado a minha atenção para isso. Ver, da sua autoria, "The Curious Mr. Spectator: Virtuoso Culture and the Man of Taste in the Works of Addison and Steele". *Media History*, v. 14, n. 3, p. 275-292, 2008.

[95] Michel de Certeau, no topo do World Trade Center, em Nova York, olhando a cidade lá embaixo, descreve seu caminhante urbano como "um Ícaro", cuja "elevação o transfigura em um *voyeur*". "A exaltação de uma vontade gnóstica: a ficção do conhecimento está relacionada a seu desejo de ser um ponto de vista e nada mais." O *flâneur*, portanto, combina conhecimento e discrição: o ponto de fuga do panorama urbano (CERTEAU, Michel de. Walking in the City. In: *The Practice of Everyday Life*. Translated by Steven Rendall. Berkeley: University of California Press, 1984. p. 91-110 (92)).

[96] Como Richard Dennis observa, o *flâneur* é "uma identidade em crise"' (DENNIS, Richard. *Cities in Modernity: Representations and Productions of Metropolitan Space, 1840-1930*. Cambridge: Cambridge University Press, 2008. p. 151). Citando Wolff novamente, não haverá grande perda "se o *Flâneur* concordar em abrir mão da sua posição no centro do palco e assumir um lugar na margem, simplesmente, como qualquer habitante da cidade" (WOLFF. Gender and the Haunting of Cities (or, the Retirement of the Flâneur), p. 24). Estou consciente da ironia contida nessa conclusão, depois de um longo capítulo exatamente sobre esse assunto. MERCIER. *Tableau de Paris*, v. 5, p. 251.

Capítulo 3: O restaurante

[1] HUYSMANS, Joris-Karl. *Against Nature*. Translated by Margaret Mauldon. Oxford: Oxford University Press, 1998. p. 171. Título original: *À rebours*.

[2] MERCIER. *Nouveau tableau de Paris apud* SPANG, Rebecca. Aux origins du restaurant parisien. In: CAPATTI, Alberto *et al*. *À table au XIXe siècle*. Paris: Flammarion, 2001. p. 172-181 (172).

[3] HOBSBAWM, Eric. *The Age of Revolution, 1789-1848*. New York: Vintage, 1996. p. 184. Ver também ARON, Jean-Paul. *The Art of Eating in France: Manners and Menus in the Nineteenth Century*. London: Peter Owen, 1975. p. 18. Para exemplos mais recentes do mito da inundação de chefs desempregados no período pós-1789, ver BORG, Alan. *A History of the Worshipful Company of Cooks of London*. London: Privately Printed, 2011. p. 114, 141; EHRMAN, Edwina *et al*. *London Eats Out: 500 Years of Capital Dining*. London: Museum of London, 1999. p. 76.

[4] HUYSMANS. *Against Nature*, p. 144.

[5] SPANG, Rebecca. *The Invention of the Restaurant: Paris and Modern Gastronomic Culture*. Cambridge, Mass.: Harvard University Press, 2000. p. 35. A Rue de Poulies não existe mais, mas seu trajeto ficava entre a Rue Saint-Honoré e o que é hoje a Rue de Rivoli, exatamente a leste da atual Rue du Louvre.

[6] MERCIER. *Parallèle*, p. 74.

[7] LOUIS, Chevalier de Jaucourt. In: D'ALEMBERT, Jean Le Rond; DIDEROT, Denis (Ed.). *Encyclopédie ou dictionnaire raisonnée des sciences...* Paris: Briasson, 1751-1765. 17 v. v. 4, p. 537-538 (art. "Cuisine").

[8] Para uma discussão excelente a esse respeito, ver SPANG. *The Invention of the Restaurant: Paris and Modern Gastronomic Culture*; METZNER, Paul. *Crescendo of the Virtuoso: Spectacle, Skill, and Self-Promotion in Paris during the Age of Revolution*. Berkeley: University of California Press, 1998. p. 55-57.

[9] ROUSSEAU, Jean-Jacques. *Émile, or on Education*. Translated by Allan Bloom and Christopher Kelly. Lebanon, NH: Dartmouth College Press, 2010. p. 295.

[10] Ver a descrição que Blagdon fez, em 1801, do Beauvilliers, que ele apresenta como característico, na sua configuração (BLAGDON, Francis. *Paris as It Was and as It Is*. London: C. and R. Baldwin, 1803. 2 v. v. 1, p. 441).

[11] CHANTOISEAU, Mathurin Roze de. *L'Ami de tout le monde, ou Précis d'un plan de banque générale de crédit public* (Bibliothèque de l'Arsenal, 12357, ff. 204-9). Sobre o debate a respeito do fisco francês, ver RILEY, Jonathan. *The Seven Years War and the Old Regime in France: The Economic and Financial Toll*. Princeton: Princeton University Press, 1986.

[12] SPANG. *The Invention of the Restaurant: Paris and Modern Gastronomic Culture*, p. 20-24. Sobre o esquema de Fielding, ver OGBORN, Miles. *Spaces of Modernity: London's Geographies, 1680-1780*. London: Guilford Press, 1998. Cap. 6. Vários serviços desse tipo foram oferecidos em Paris nos séculos XVII e XVIII (GARRIOCH, David. *The Making of Revolutionary Paris*. Berkeley: University of California Press, 2002. p. 241).

[13] [CHANTOISEAU, Mathurin Roze de]. *Essai sur l'Almanach général d'indication d'adresse personnelle et domicile fixe, des Six Corps, Arts et Métiers*. Paris: Duchesne, 1769. [s.p.].

[14] No século XVIII, a palavra não tinha o mesmo significado que possui atualmente; em vez de descrever a violenta derrubada de um regime inteiro, digna de marcar uma época, o termo era comumente usado para se referir a mudanças periódicas no destino, cuja causa principal era misteriosa.

[15] MERCIER. *Tableau de Paris*, cap. 97, v. 2, p. 173-177 (174).

[16] [SAINT PAUL, François-Marie Mayeur de]. *Tableau du nouveau Palais Royal*. London: Maradan, 1788. 2 v. v. 1, p. 65-66.

[17] SPANG. *The Invention of the Restaurant: Paris and Modern Gastronomic Culture*, p. 65.

[18] WHEATON, Barbara K. Le Menu dans le Paris du XIXe siècle. In: CAPATTI et al. *À table au XIXe siècle*, p. 99. Para uma transcrição completa do cardápio do Beauvilliers no Palais Royal em 1801, ver BLAGDON. *Paris as It Was and as It Is*, p. 444-452. Para um cardápio posterior (1814), incluindo preços também, ver ARON. *The Art of Eating in France: Manners and Menus in the Nineteenth Century*, p. 35-36.

[19] [RÉTIF DE LA BRETONNE]. La Belle restauratrice. In: *Les Contemporaines, ou Avantures des plus jolies Femmes de l'âge présent*. Leipzig: Büschel, 1780. 22 v. v. 20, p. 467-503 (467-468).

[20] [SAINT PAUL]. *Tableau du nouveau Palais Royal*, v. 1, p. 64.

[21] BLAGDON. *Paris as It Was and as It Is*, v. 1. p. 444. Ver também WHEATON. Le Menu dans le Paris du XIXe siècle, p. 90-101.

[22] [RÉTIF DE LA BRETONNE]. *Les Contemporaines, ou Avantures des plus jolies Femmes de l'âge présent*, v. 20, p. 467.

[23] BRENNAN, Thomas. *Public Drinking and Popular Culture in Eighteenth-Century Paris.* Princeton: Princeton University Press, 1988. p. 122-123. Em 1768, Caraccioli afirma que pessoas de todas as classes sociais, inclusive as "elegantes", comiam a preços módicos em gargotes, que ele define como uma "espécie de pequeno cabaré que pode ser encontrado em qualquer esquina de Paris, e onde se pode comer a preços mais justos". Entretanto, o termo "gargote" era geralmente usado para se referir a "espeluncas", e aqui, mais uma vez, o historiador é confrontado com uma falta de provas ([CARACCIOLI]. *Dictionnaire critique, pittoresque et sentencieux, propre à faire connoître les usages du siècle, ainsi que ses bizarreriesv.* 1, p. 242).

[24] BRENNAN. *Public Drinking and Popular Culture in Eighteenth-Century Paris*, p. 115.

[25] DION, Roger. *Histoire de la vigne et du vin en France des origines au XIXe siècle.* Paris: Privately Printed, 1959. p. 515. THE GATES of Paris, or Brandy-Rumps Detected (1786). LWL, 786.05.31.02.

[26] [CAILLEAU, André Charles]. *Le Waux-hall populaire, ou, les fêtes de la guinguette.* Paris: [s.n.], [1769].

[27] Daniel Roche discute essa abordagem em relação a Mercier e Rétif, em *Le Peuple de Paris*, p. 47.

[28] MERCIER. *Parallèle*, p. 125. Ver também [CAILLEAU]. *Le Waux-hall populaire; ou, les fêtes de la guinguette.*

[29] BRENNAN. *Public Drinking and Popular Culture in Eighteenth-Century Paris*, p. 145, 155, 158, 176n. Ver também MONBRON, Louis Charles Fougeret de. *Le Cosmopolite, ou le citoyen du monde* [1750-1759]. Paris: Ducros, 1970. p. 160-165. Sobre o aparecimento de refúgios distintos para a elite os plebeus, ver GARRIOCH. *The Making of Revolutionary Paris*, p. 263; ISHERWOOD, Robert M. *Farce and Fantasy: Popular Entertainment in Eighteenth-Century Paris.* Oxford: Oxford University Press, 1986. Cap. 6.

[30] YOUNG, Arthur. *Travels in France during the Years 1787, 1788, and 1789.* Edited by Constantia Maxwell. Cambridge: Cambridge University Press, 1929. p. 45, 98. O estabelecimento mostrado em ROWLANDSON, Thomas. *A Table d'hote, or French ordinary.* [s.l.: s.n.], 1810, BM 1872.1012.4956 parece bem mais grandioso.

[31] Prato inglês tradicional que consiste em enguias picadas fervidas em um caldo temperado que quando esfria forma uma gelatina. (N.T.)

[32] Diário de Samuel Pepys, entrada de 12 de maio 1667.

[33] EHRMAN. *London Eats Out: 500 Years of Capital Dining*, p. 39.

[34] [RYLANCE, Ralph]. *The Epicure's Almanack* [1815]. Edited by Janet Ing Freeman. London: British Library, 2012. p. 104.

[35] A Sun Tavern ficava na Fish Hill Street (Diário de Pepys, entrada de 1 de agosto de 1660).

[36] De acordo com as *Petites notes* anônimas, f. 113. Ver nota 1 da Introdução.

[37] EHRMAN. *London Eats Out: 500 Years of Capital Dining*, p. 40; MENNELL. *All Manners of Food: Eating and Taste in England and France from the Midlle Ages to the Present*, p. 136. Para uma gravura de uma *cookshop* na Pottage Island, ver, de I. Smith, *Fable V: The Beau and the Beggar* (1747).

[38] *The London Spy*, 10, 1699 *apud* THE LONDON Spy. Edited by Paul Hyland. East Lansing, MI: Colleagues Press, 1993. p. 188.

³⁹ Ver SMOLLETT, Tobias. *The Life and Adventures of Roderick Random* [1748]. Edited by O. M. Brack. Athens, GA: University of Georgia Press, 2012. p. 70.

⁴⁰ LOW-LIFE, or One Half of the World Knows Not How the Other Half Lives. London: [s.n.], 1746. p. 56.

⁴¹ [RYLANCE]. *The Epicure's Almanack*, p. 7, 76, 123.

⁴² É possível também que o nome tenha sua origem na insistência para o pagamento em espécie, isto é, na ausência de crédito. Contudo, poucos lugares para comer em Londres ofereciam crédito; portanto, essa não é uma explicação convincente. Ver STEPHENS, F. G.; GEORGE, M. Doroty. *Catalogue of Political and Personal Satires Preserved in the Department of Prints and Drawings in the British Museum*. London: British Museum, 1870-1954. 12 v. v. 9, cat. 12655.

⁴³ Para uma imagem de Johnson e Boswell fazendo uma refeição em um estabelecimento desses, ver BUNBURY, Henry William. *A Chop-House*. 1781. BM Satires 5922.

⁴⁴ BRENNAN. *Public Drinking and Popular Culture in Eighteenth-Century Paris*, p. 129.

⁴⁵ PETITS notes, f. 114.

⁴⁶ [RYLANCE]. *The Epicure's Almanack*, p. 16.

⁴⁷ Para uma discussão a esse respeito, ver a Introdução de Janet Ing Freeman em [RYLANCE]. *The Epicure's Almanack*, p. xliv.

⁴⁸ Para uma fotografia de 1910, do seu exterior, ver BORG. *A History of the Worshipful Company of Cooks of London*, p. 140. Na época, era conhecida como Birch and Birch, e na fachada está escrito "Birch's Soup Rooms". Ver também [RYLANCE]. *The Epicure's Almanack*, p. 17.

⁴⁹ Em 1815, um "monsieur Barron" já havia assumido o controle desse estabelecimento (o Nassau Coffee House). Essas informações estão no *Almanack* de Rylance, de 1815. O empreendimento de Barron é o único, entre os 650 pesquisados, descrito como sendo administrado por um *restaurateur* ([RYLANCE]. *The Epicure's Almanack*, p. 132).

⁵⁰ AFFICHES, Announces, Avis Divers, 82, 19 Oct. 1769, p. 918-19.

⁵¹ D'AUSSY, Pierre Jean-Baptiste Le Grand. *Histoire de la vie privée des Français*. 2nd Ed. Paris: Laurent-Beaupré, 1815. 3 v. v. 2, p. 256. Sobre a mania de Wauxhall, ver CONLIN. *Vauxhall on the Boulevard: Pleasure Gardens in Paris and London, 1759-89*.

⁵² Por algum tempo, o estabelecimento de Beauvilliers foi considerado o primeiro restaurante (BRILLAT-SAVARIN, Jean-Anthelme. *The Philosopher in the Kitchen*. Translated by Anne Drayton. Harmondsworth: Penguin, 1970. p. 273. Título original: *La Physiologie du Goût*).

⁵³ AFFICHES, Announces, Avis Divers, 82, 19 Oct. 1769, p. 918-919.

⁵⁴ MENNELL. *All Manners of Food: Eating and Taste in England and France from the Midlle Ages to the Present*, p. 138. Para um argumento semelhante, apresentado por um especialista vitoriano, ver HAYWARD, Abraham. *The Art of Dining*. London: John Murray, 1853. p. 23.

⁵⁵ BORG. *A History of the Worshipful Company of Cooks of London*, p. 86.

⁵⁶ "An Injured Freeman" ao Mestre, documento reproduzido em BORG. *A History of the Worshipful Company of Cooks of London*, ap. 10.

⁵⁷ Rebecca Spang questionou esse relato, ressaltando que, apesar de citado com frequência, ele é infundado; e argumentou, também, que a descrição das guildas do Antigo

Regime como reacionárias e inflexíveis é simplista. Porém, é necessário considerar que pesquisar sobre a história dos restaurantes frequentemente implica resignar-se à aceitação de evidências menos conclusivas do que se poderia desejar. Ver SPANG. *The Invention of the Restaurant: Paris and Modern Gastronomic Culture*, p. 9-10, 250-251. Comparar a MENNELL. *All Manners of Food: Eating and Taste in England and France from the Midlle Ages to the Present*, p. 138; METZNER. *Crescendo of the Virtuoso: Spectacle, Skill, and Self-Promotion in Paris during the Age of Revolution*, p. 65.

[58] SPANG. *The Invention of the Restaurant: Paris and Modern Gastronomic Culture*, p. 24.

[59] SPANG. *The Invention of the Restaurant: Paris and Modern Gastronomic Culture*, p. 74-75.

[60] MERCIER. *Le Nouveau Paris*. Paris: Fuchs, 1798. 6 v. v. 3, p. 174.

[61] Para uma discussão sobre o Festival of Federation (14 de julho de 1790), ver SPANG. *The Invention of the Restaurant: Paris and Modern Gastronomic Culture*, cap. 4.

[62] Ver comentários sobre "The Chevaliers and the Abbés" em BRILLAT-SAVARIN. *The Philosopher in the Kitchen*, p. 151-152, 352-353.

[63] VERMOND, Paul. Les Restaurants de Paris. *Revue de Paris*, n. 17, 1835, p. 109-121 (110).

[64] LA REYNIÈRE, Grimod de. *Almanack des Gourmands*, n. 2, 1805, p. 69-71.

[65] VERMOND. Les Restaurants de Paris, p. 111.

[66] Gerrit Houckgeest pintou o rei Charles I, a rainha Henrietta Maria e Charles, príncipe de Wales, comendo em público, em 1635 (BORG. *A History of the Worshipful Company of Cooks of London*, p. 83, Fig. 33).

[67] [RYLANCE]. *The Epicure's Almanack*.

[68] LA REYNIÈRE. *L'Almanack des Gourmands*, n. 2, 1805, p. 233.

[69] Ver "J'ay bien de la peine à gouverner mon Empire", uma sátira em que Luís XV prepara sua própria comida, nos palácios de La Muette e Choisy, juntamente com o príncipe de Dombes (SAINT AUBIN, Charles-Germain de et al. *Livre des caricatures tant bonnes que mauvaises*. Waddesdon Manor, 675.1-388 (165)).

[70] BRILLAT-SAVARIN. *The Philosopher in the Kitchen*, p. 295, Ver também MENNELL. *All Manners of Food: Eating and Taste in England and France from the Midlle Ages to the Present*, p. 115.

[71] GRANT, James. *Paris and its People*. London: Saunders and Ottley, 1844. 2 v. v. 1, p. 180.

[72] MATTHEWS, Henry. *Diary of an Invalid*. 2nd Ed. London: John Murray, 1820. p. 480.

[73] DUVERT, Félix-Auguste; XAVIER, Boniface. *Les Cabinets particuliers; folie-vaudeville en un acte* (1840); LABICHE, Eugène. *Un Garçon de chez Véry; comédie en un acte* (1850) e *La Cagnotte; comédie-vaudeville en cinq actes* (com Alfred Delacour, 1864).

[74] Paul Gavarni [Sulpice Guillaume Chevalier], *Un cabinet particulier*, litografia, 1837.

[75] Jean Louis Forain, *Scène de Cabinet particulier*, c. 1880s/1890s. BM 1949,0411.3235.

[76] AFFICHES, Annonces, Avis Divers, 82, 19 Oct. 1769, p. 919.

[77] VÉRON, Louis. *Mémoires d'un bourgeois de Paris*. Paris: G. de Gonet, 1853-1855. 6 v. v. 2, p. 2.

[78] GIRVEAU, Bruno. Le Restaurant pour tous. In: CAPATTI et al. *À table au XIXe siècle*, p. 82-196 (183-185); RICH, Rachel. *Bourgeois Consumption: Food, Space and Identity in*

London and Paris, 1850-1914. Manchester: Manchester University Press, 2011. p. 154-155; ARON. *The Art of Eating in France: Manners and Menus in the Nineteenth Century*, p. 71, 185.

[79] VERMOND. Les Restaurants de Paris, p. 120. Sobre o Catcomb, um estabelecimento na Rue Neuve-des-Petits-Champs, admirado por sua carne assada (*prix fixe* de 21 *sous*) e por seu grupo de funcionários ingleses (notoriamente rudes), ver ARON. *The Art of Eating in France: Manners and Menus in the Nineteenth Century*, p. 54-55, 185.

[80] TOWNSHEND, John. *Universal Cooke* (1773). Ver também FARLEY, John. *London Art of Cookery* (1783); BRIGGS, Richard. *English Art of Cookery* (1788); COLLINGWOOD, Francis; WOOLLAMS, John. *Universal Cook and City and Country Housekeeper* (1792). Farley trabalhou na London Tavern, Bishopsgate Street; Briggs, na White-Hart, Holborn; e Collingwood e Woollams, na Crown & Anchor, Strand.

[81] SOYER, Alexis. *The Gastronomic Regenerator*. London: Simpkin and Marshall, 1846. p. 294-295.

[82] METZNER. *Crescendo of the Virtuoso: Spectacle, Skill, and Self-Promotion in Paris during the Age of Revolution*, p. 70-72.

[83] SALA, George Augustus; SOYER, Alexis. *The Book of the Symposium, or, Soyer at Gore House*. London: J. K. Chapman, 1851 apud COWEN, Ruth. *Relish: The Extraordinary Life of Alexis Soyer*. London: Phoenix, 2007. p. 154.

[84] Lambeth Borough Archives, Miner Library. Vauxhall Scrapbooks v. 13, ff. 133, 135, 170. 173.

[85] COWEN. *Relish: The Extraordinary Life of Alexis Soyer*, p. 227.

[86] Como Hayward observou, "era mais provável que Soyer ganhasse imortalidade pela cozinha em que preparava sua sopa do que pela sopa em si" (HAYWARD. *The Art of Dining*, p. 77).

[87] Sala observou que alguns desses estabelecimentos de "assados e cozidos" na Cheapside experimentaram usar o nome *restaurant* na década de 1850, sem grande sucesso. George Augustus Sala, *Twice Round the Clock; or the hours of the day and night in London* (London: Houlston and Wright, 1859), p.142. Ver também LONDON at Dinner: or, Where to Dine. London: Robert Hardwick, 1858. p. 9-10.

[88] JERROLD, Blanchard. *The Epicure's Year Book and Table Companion*. London: Bradbury and Evans, 1868. p. 110, 113.

[89] Como Rich comentou, não havia em francês nenhum termo que equivalesse claramente a *dinner party* (esse jantar inglês oferecido em casa para convidados), exceto *diner prier* ou o "desajeitado" *diner avec cérémonie*. Em Londres, ela argumenta, havia maior interesse em acertar na escolha da companhia que na da comida. Em Paris, era comum convidar amigos para chegarem após o jantar e se juntarem a outros convidados que haviam chegado mais cedo e jantado, uma prática inconcebível em Londres (RICH. *Bourgeois Consumption: Food, Space and Identity in London and Paris, 1850-1914*, p. 99).

[90] Concertos, com ingressos a preço reduzido, em que grande parte da audiência permanece de pé. (N.T.)

[91] KINROSS, Felicity. *Coffee and Ices: The Story of Carlo Gatti in London*. [s.l.]: Privately Printed, 1991.

[92] BOWDEN, Gregory Houston. *British Gastronomy: The Rise of Great Restaurants*. London: Chatto & Windus, 1975. p. 31.

[93] ARON. *The Art of Eating in France: Manners and Menus in the Nineteenth Century*, p. 31-33, 44-46, 56, 58, 80; JERROLD. *The Epicure's Year Book and Table Companion*, p. 114-117 (116), 212; D'ORSAY apud HAYWARD. *The Art of Dining*, p. 37-39.

[94] FRANCATELLI, Charles Elmé. *The Modern Cook* [1845]. Edited by C. Herman Senn. London: Macmillan, 1911. A receita de torta de cotovia, que pede uma dúzia delas, está na p. 214.

[95] JERROLD. *The Epicure's Year Book and Table Companion*, p. 80.

[96] SOYER. *The Gastronomic Regenerator*, p. 561-562 (e ilustração antes de índice). Embora não esteja claro se foi ele quem criou, Soyer também dá uma receita para *Bombe demi glacé á la Mogador*, caracterizada por uma bola de sorvete de baunilha em um "lago" de conhaque, no qual se punha fogo pouco antes de servir (SOYER. *The Gastronomic Regenerator* p. 560).

[97] TAYLOR, Derek. *Fortune, Fame and Folly: British Hotels and Catering from 1878 to 1978*. London: IPC Business Press, 1977. p. 4.

[98] BASSETT, Donald. Victorian Cakes and Architecture. *British Art Journal*, v. 11, n. 2, p. 76-79, 2010.

[99] ESCOFFIER, Auguste. *Souvenirs Inédits*. Marseille: Jeanne Laffitte, 1985. p. 107.

[100] Brennan cita um exemplo em que uma mulher foi considerada uma prostituta, mesmo estando em um grupo de pessoas que incluía seu marido (BRENNAN. *Public Drinking and Popular Culture in Eighteenth-Century Paris*, p. 147-148).

[101] LONDON at Dinner: or, Where to Dine, p. 11.

[102] RICH. *Bourgeois Consumption: Food, Space and Identity in London and Paris, 1850-1914*, p. 161.

[103] THE LADY, 27 Sept. 1888 apud RICH. *Bourgeois Consumption: Food, Space and Identity in London and Paris, 1850-1914*, p. 143 (ver também p. 157).

[104] RICH. *Bourgeois Consumption: Food, Space and Identity in London and Paris, 1850-1914*, p. 138.

[105] RAPPAPORT, Erika. *Shopping for Pleasure: Women in the Making of London's West End*. Princeton: Princeton University Press, 2000. p. 102-103.

[106] RAPPAPORT. *Shopping for Pleasure: Women in the Making of London's West End*, p. 34-36.

[107] BRILLAT-SAVARIN. *The Philosopher in the Kitchen*, p. 13.

[108] Para uma discussão investigativa sobre a relação entre a culinária britânica e a francesa, ver MENNELL. *All Manners of Food: Eating and Taste in England and France from the Middle Ages to the Present*, cap. 5.

[109] EHRMAN. *London Eats Out: 500 Years of Capital Dining*, p. 26.

[110] THE ENGLISH Alderman in Paris, Taking Measure for a Suite à la Mode!. 1772. BM 2010.7081.353. O exemplo famoso é, obviamente, a *Gravura I*, em *The Invasion*, de Hogarth (1756), na qual supostos invasores franceses assam rãs do lado de fora de uma hospedaria chamada Soup Meagre [sic] à la Sabot Royal [Sopa Rala à Moda do Tamanco Real]. Uma gravura anônima feita por volta de 1815 mostra oficiais ingleses fazendo uma refeição em um restaurante parisiense; o mais gordo deles acaba de peidar e não dá ouvidos à advertência do colega de que o grupo de franceses em uma mesa não muito distante poderia pensar o pior sobre os ingleses por causa daquele ato. (*Les Français ils vont dire que vou être pas poli, My lord! Pah! les Français? vous s'havez bien qu'ils n'entendent*

pas le anglais. BM 1989, 1104.62). Ver também a série de imagens satíricas publicada por Plancher em Paris chamada *Suprême bon ton* (1815) – por exemplo, BM 1861,1012.392 e BM 1861,1012.399.

[111] Finkelstein argumentou que comer fora representa uma "simulação de prazer"; uma sequência de comportamentos praticados ingenuamente, mas que permanecem simulados e artificiais. "A incivilidade do ato de comer fora ocorre onde a sociabilidade se dá sem envolvimento pessoal, isto é, quando o indivíduo não considera o propósito das suas ações, mas age por hábito ou de acordo com convenções sociais anônimas" (FINKELSTEIN, Joanne. *Dining Out: A Sociology of Modern Manners*. New York: NYU Press, 1989. p. 12).

[112] MENNELL. *All Manners of Food: Eating and Taste in England and France from the Midlle Ages to the Present*, p. 135.

[113] BRILLAT-SAVARIN. *The Philosopher in the Kitchen*, p. 379. "Privations".

[114] HUYSMANS. *Against Nature*, p. 114.

Capítulo 4: A dança

[1] [HUART, Louis]. *Mémoires de Rigolboche*. 2nd Ed. Paris: [s.n.], 1860. p. 6.

[2] [HUART]. *Mémoires de Rigolboche*, p. 186.

[3] [HUART]. *Mémoires de Rigolboche*, p. 8-9.

[4] [HUART]. *Mémoires de Rigolboche*, p. 69.

[5] [HUART]. *Mémoires de Rigolboche*, p. 73-74.

[6] Symons para James Dykes Campbell, em 6 de outubro de 1889. BECKSON; MUNRO (Ed.). *Arthur Symons: Selected Letters, 1880-1935*, p. 53.

[7] *Skirt dance* – uma forma de dança, na qual as dançarinas manipulam, com os braços, saias compridas sobrepostas, criando efeitos visuais. (N.T.)

[8] VIDOCQ, Eugène François. *Mémoires de Vidocq, chef de la police de sûreté, jusqu'en 1827*. Paris: Tenon, 1829. 4 v. v. 3, p. 77-85.

[9] BORG, Alan; COKE, David. *Vauxhall Gardens*. New Haven: Yale University Press, 2012. p. 340.

[10] Esse nome aparece às vezes grafado como "Tinkson" e outras vezes como "Tickson" (LANGLOIS, Gilles-Antoine. *Folies, Tivolis et Attractions: les premiers parcs de loisirs parisiens*. Paris: Action Artistique de la Ville de Paris, 1991. p. 166-167).

[11] MERCIER. *Parallèle*, p. 125. Ver também [CAILLEAU]. *Le Waux-hall populaire; ou, les fêtes de la guinguette*.

[12] Sobre os *opéra bals*, ver MARTIN-FUGIER, Anne. *La vie élégante ou la formation du Tout-Paris, 1815-48*. Paris: Fayard, 1990. p. 130-134.

[13] Essa é uma estimativa de Gasnault do número de estabelecimentos que estariam funcionando a qualquer altura desse período, e parece que ele não está fazendo distinção entre salões e *guinguettes* (GASNAULT, François. *Guinguettes et Lorettes: bals publics et danse social à Paris entre 1830 et 1870*. Paris: Aubier, 1986. p. 34).

[14] "Ela não aceita que qualquer um apareça e não gosta de anonimato", Gasnault observa. "Ali são respeitadas as solidariedades de grupo, ali se reforça uma origem comum". (GASNAULT. *Guinguettes et Lorettes: bals publics et danse social à Paris entre 1830 et 1870*, p. 41).

15 No entanto, em 1848, em *Hardeur et decadence des grisettes,* Alfred Delvau já estava anunciando o fim da *grisette* (SEIGEL, Jerrold. *Bohemian Paris: Culture, Politics, and the Boundaries of Bourgeois Life, 1830-1930.* Baltimore: Johns Hopkins University Press, 1986. p. 42).

16 *Apud* BRUNET, François. *Théophile Gautier et la danse.* Paris: Honoré Champion, 2010. p. 26.

17 GASNAULT. *Guinguettes et Lorettes: bals publics et danse social à Paris entre 1830 et 1870,* p. 155.

18 "Folies d'Asnières", da série *Paris et ses environs. Fêtes des environs de Paris.* Cabinet des Art Graphiques, Musée Carnavalet. Dossier 78/1 (Moeurs – Bals Publics).

19 GASNAULT. *Guinguettes et Lorettes: bals publics et danse social à Paris entre 1830 et 1870,* p. 25-7, 47-54 (49).

20 VÉRON, Pierre. *Paris s'amuse.* Paris: E. Dentu, 1861. p. 63.

21 Bibliothèque Nationale de France, Arts du Spectacle, Receuil Bal Mabille, Ro. 12953.

22 LANGLOIS. *Folies, Tivolis et Attractions: les premiers parcs de loisirs parisiens,* p. 52-53.

23 GASNAULT. *Guinguettes et Lorettes: bals publics et danse social à Paris entre 1830 et 1870,* p. 232.

24 [MAHALIN, Paul]. *Mémoires du Bal Mabille.* Paris: [s.n.], 1864. p. 99-100.

25 Contudo, o casamento de Mogador durou pouco, e a família do marido se recusou a lhe dar apoio ou sustento depois que ele faleceu, negando-lhe, assim, o final feliz dos contos de fadas.

26 [MAHALIN]. *Mémoires du Bal Mabille,* p. 35.

27 "FINETTE". *Mémoires de Finette.* Paris: E. Pache, 1867. p. 36.

28 *Apud* BENNETT, Anthony. Music in the Halls. In: BRATTON, J. S. (Ed.). *Music Hall: Performance and Style.* Milton Keynes: Open University, 1986. p. 11.

29 *La-di-da, or the City Toff.* BL, H.2522.b.1(1).

30 "From coffee and from supper rooms from Poplar to Pall Mall, /The girls on seeing me exclaim, "Oh! What a champagne swell!" / The notion is of everyone, if it were not my name, / And causing so much to be drunk, they'd never make champagne. The way I gained my title's by a hobby which I've got / Of never letting others pay, however long the shot. / Whoever drinks at my expense are treated all the same. / From dukes and lords to cabmen down, I make them drink champagne." (N T.)

31 "Champagne Charlie", British Library, H1650e (9).

32 Entretanto, os atuais produtores de champanhe não procuram mais esse tipo de propaganda e em alguns casos (como no da Kristal) até acusaram artistas de trazerem má reputação para seu produto ao se referirem a ele em suas canções. Seus antepassados do século XIX não eram tão tolos.

33 Exchequer se refere ao departamento do governo britânico que era responsável pelo recolhimento e pela gestão da receita federal. (N.T.)

34 HARRISON, Brian. *Drink and the Victorians: The Temperance Question in England, 1815-1872.* London: Faber & Faber, 1971. p. 248-251.

35 SIMON, André L. *A History of the Champagne Trade in England.* London: Wyman and Sons, 1905. p. 107-144.

36 Programa no Victoria and Albert Museum, Theatre Collection, arquivo "Alhambra 1868".

[37] THE CENSOR, 20 June 1868, p. 43.
[38] Anúncio em THE ERA, 2 Oct. 1870.
[39] THE ERA, 16 Oct. 1870.
[40] THE ERA, 23 Oct. 1870.
[41] Finette insistiu em que ele não havia sido inspirado em *La Muette de Portici* (1828), de Daniel Auber, uma ópera popular situada entre pescadores napolitanos ("FINETTE". *Mémoires de Finette*, p. 34).
[42] Apud MACQUEEN-POPE, W. *Gaiety Theatre of Entertainment*. London: W. H. Allen, 1949. p. 23.
[43] Essa saia havia sido encurtada na década de 1840, aparentemente para aumentar o interesse do público masculino pelo balé (PARFITT, Clare. *Capturing the Cancan: Body Politics from Enlightenment to Postmodernity*. 2008. Dissertation (PhD) – University of Surrey, 2008. p. 68).
[44] ST JOHN. *Purple Tints of Paris: Character and Manners in the New Empire*, v. 2, p. 275.
[45] DO the Clodoches Dance?. *The Era*, 28 Apr. 1872.
[46] SCOTT, Derek B. *Sounds of the Metropolis: The Nineteenth-Century Popular Music Revolution in London, New York, Paris and Vienna*. Oxford: Oxford University Press, 2008. Cap. 6.
[47] MACQUEEN-POPE. *Gaiety Theatre of Entertainment*, p. 177-181, 237, 254.
[48] CHRISTIANSEN, Rupert. *The Visitors: Culture Shock In Nineteenth-Century Britain*. London: Chatto and Windus, 2000. p. 216. Sobre *skirt dancing*, ver FLITCH, J. E. Crawford. *Modern Dancing and Dancers*. London: Grant Richards, 1912. Cap. 5.
[49] Musée Carnavalet, Cabinet des Photographies, CARPH002740, CARPH002741, CARPH002742. Comparar essas imagens do período entre 1880 e 1890 à *carte de visite* – feita anteriormente (1780?) – de Rigolboche – sentada, a cabeça descansando sobre a palma da mão –, uma das muitas imagens não digitalizadas em seu dossiê, no Carnavalet.
[50] BNF Arts du Spectable, Recueil Eldorado, Ro15714. Ver, também, LUEZ, Philippe. *Yvette Guilbert: sa vie ses chansons*. Paris: Fortin, 1994.
[51] Em 1892, Oller criou outro *music hall* de ferro, o Olympia, no Boulevard des Capucines. Sobre "dança exótica" no Moulin Rouge, ver DÉCORET-AHIHA, Anne. *Les danses exotiques en France, 1880-1940*. Pantin: Centre National de la Danse, 2004. p. 124.
[52] "O Folies Bergère é uma tentativa fracassada de imitar o *music hall* inglês", Symons escreveu, "e uma tentativa bem-sucedida de atrair o público inglês" (SYMONS, Arthur. *Colour Studies in Paris*. London: Chapman and Hall, 1918. p. 34).
[53] HUYSMANS, J.-K. *Parisian Sketches*. Translated by Brendan King. Sawtry: Dedalus, 2004. p. 42-43.
[54] Em 1888, M. R. Mythe publicou um "balé de fadas" com influência escocesa chamado *Le Chateau de Marc-Arrott* (Paris: Tresse et Stock, 1888), que também incluía membros do clã usando *kilts* e dançando felizes.
[55] "RODRIGUES" [Eugène Rodrigues-Henriques]. Les excentricités de la danse. *Gil Blas*, 10 May 1891. Supplement. Reproduzido em BRÉCOURT-VILLARS, Claudine; MOREL, Jean-Paul (Ed.). *Jean Avril: mes mémoires*. Paris: Phébus, 2005. p. 146-147.
[56] "Intermède par Grille d'Egout", reimpresso em BRÉCOURT-VILLARS; MOREL (Ed.). *Jean Avril: mes mémoires*, p. 153-155.
[57] Gay Paree, British Library, H3980.2 (56).

[58] "We All Had One", British Library, H3627 (65).

[59] Gay Paree, British Library, H3980.2 (56).

[60] "Through Gay Par-ee! Gay Par-ee! / Four silly Britishers out upon the spree! / Promenading – Boulevarding, / Simply on the spree! / Dainty damsels, tasty ma'amsells, / May I Kiss you? – *Oui!* / I and Tom, and Dick, and Harry, / Out in Par-ee, good old Par-ee! Gay Par-ee!" (N.T.)

[61] "Four Englishmen in Paree", British Library, H3980.2 (80). Ver também "I've Been to Gay Paree", H3627 (32).

[62] Programa do Alhambra para a semana de 5 de novembro de 1890. Westminster Archives, III/7J/2, Portfolio 17.

[63] MUSIC Hall Matters. *St Paul's*, 15 Feb. 1896, p. 330.

[64] SYMONS. *Colour Studies in Paris*, p. 95.

[65] Sobre essa forma de arte relativamente pouco pesquisada, ver FAULK, Barry J. *Music Hall and Modernity: The Late-Victorian Discovery of Popular Culture*. Athens: Ohio University Press, 2004. Cap. 5.

[66] Sobre os *caf'concs*, ver THÉRÉSA. *Mémoires de Thérésa, écrites par elle-même*. Paris: Dentu, 1865. p. 230 f.; CARADEC, François; WEILL, Alain. *Le Café Concert, 1848-1914*. Paris: Arhème Fayard, 2007.

[67] LE CALINO, 13 Feb. 1869.

[68] Ver GENDRON, Bernard. *Between Montmartre and the Mudd Club: Popular Music and the Avant-Garde*. Chicago: University of Chicago Press, 2002. p. 62. Como Scott observa, isso também poderia se tornar isca para turistas (SCOTT. *Sounds of the Metropolis: The Nineteenth-Century Popular Music Revolution in London, New York, Paris and Vienna*, p. 215).

[69] SCOTT. *Sounds of the Metropolis: The Nineteenth-Century Popular Music Revolution in London, New York, Paris and Vienna*, p. 43-50.

[70] Para uma discussão a esse respeito, ver PARFITT. *Capturing the Cancan: Body Politics from Enlightenment to Postmodernity*, cap. 3; GORDON, Rae Beth. *Why the French Love Jerry Lewis: From Cabaret to Early Cinema*. Stanford: Stanford University Press, 2001.

[71] THE TRAINING of Dancing Troupes: a Talk with Mr. John Tiller. *The Sketch*, 19 Sept. 1895, p. 435-436.

[72] Bowles estava se manifestando em mais um julgamento da indecência do cancã no Court of Common Pleas (THE ERA, 13 Dec. 1874).

[73] Sobre "Montmartre Antiga", ver SEIGEL. *Bohemian Paris: Culture, Politics, and the Boundaries of Bourgeois Life, 1830-1930*, cap. 12.

Capítulo 5: O submundo

[1] ADVERTISEMENT. In: BELOT, Adolphe. *The Drama of the Rue de la Paix*. London: Vizetelly, 1880, p. i.

[2] BELOT. *The Drama of the Rue de la Paix*, p. 34.

[3] BELOT. *The Drama of the Rue de la Paix*, p. 37.

[4] BELOT. *The Drama of the Rue de la Paix*, p. 38.

⁵ Vizetelly cita isso na folha de guarda de GABORIAU, Émile. *The Litlle Old Man of Batignolles and Other Stories*. London: Vizetelly, 1886.

⁶ KAYMAN, Martin A. *From Bow Street to Baker Street: Mystery, Detection and Narrative*. New York: St Martin's Press, 1992. p. 131. É interessante ressaltar que, embora o nome de Gabouriau seja mencionado nesse contexto, no resto da obra o autor o ignora. Para uma discussão mais completa a respeito de Gaboriau, ver STEWART, R. F. *...And Always a Detective: Chapters on the History of Detective Fiction*. London: David & Charles, 1980. Cap. 12.

⁷ Segundo Michael Saler, Holmes foi o primeiro personagem fictício a se beneficiar dessa "dualidade" (SALER, Michael. "Clap if You Believe in Sherlock Holmes": Mass Culture and the Reenchantment of Modernity, c. 1890-c. 1940. *Historical Journal*, v. 46, n. 3, p. 599-622, Sept. 2003).

⁸ DOYLE, Arthur Conan. A Scandal in Bohemia. In: *Sherlock Holmes: The Complete Novels and Stories*. New York: Bantam Dell, 1986. 2 v. v. 1, p. 239-263 (239).

⁹ EMSLEY, Clive. From Ex-Con to Expert: the Police Detective in Nineteenth-Century France. In: EMSLEY, Clive; SHPAYER-MAKOV, Haia. *Police Detectives in History, 1750-1950*. Aldershot: Ashgate, 2006. p. 61-77 (61).

¹⁰ Portanto, ele tem sido ignorado por autores da história do gênero. *Zadig* (1747), de Voltaire, e vários outros textos anteriores a 1788 foram descritos como romances policiais. O menosprezo de Binyon em relação a eles é convincente. Embora seu argumento de que Poe marca o nascimento do gênero pudesse ser contestado, de modo geral seu relato está de acordo com o apresentado aqui, quando enfatiza a importância de Gaboriau (BINYON, T. J. *Murder Will Out: The Detective in Fiction*. Oxford: Oxford University Press, 1989. p. 2-5).

¹¹ RÉTIF DE LA BRETONNE. *La Semaine Nocturne: sept nuits de Paris*. Paris: Guillot, 1790. 2 v.

¹² Ver o exemplo L'ESPRIT d'Addisson [sic] ou les beautés du Spectateur, du Babillard et du Gardien. Yverdon: Soc. Littéraire et Typographique, 1777. NAPLOW. *The Addissonian Tradition in France: Passion and Objectivity in Social Observation*.

¹³ O local de publicação indicado na página de título é Londres, mas é importante lembrar que, nesse período, trabalhos publicados na França eram frequentemente disfarçados de publicações londrinas, para esconder o fato de que a obra em questão não havia sido submetida à censura habitual ([LA BRETONNE]. *Les Nuits de Paris, ou Le Spectateur Nocturne*).

¹⁴ Holmes sente grande prazer ao ter esses rótulos atirados sobre ele por um Dr. Grimesby Roylott furioso, em "Speckled Band"; DOYLE. *Sherlock Holmes: The Complete Novels and Stories*, v. 2, p. 109. Ver também LE BABILLARD. Edited by James Rutlidge. v. 4, n. 1, 15 Jan. 1778, p. 69.

¹⁵ Citado em: STIERLE, Karlheinz. *Der Mythos von Paris: Zeichen und Bewusßtsein der Stadt*. Munich: DTV, 1998. p. 110.

¹⁶ [RÉTIF DE LA BRETONNE]. *Les Nuits de Paris, ou le Spectateur Nocturne*, v. 6, p. 1266-1267.

¹⁷ [RÉTIF DE LA BRETONNE]. *Les Nuits de Paris, ou le Spectateur Nocturne*, v. 14, p. 3357-3358.

[18] MERCIER. *Parallèle*, p. 80. MERCIER, Louis-Sébastien. Spies. In: *Panorama of Paris: Selections from "Tableau de Paris"*. Translated by Jeremy D. Popkin. Philadelphia: Pennsylvania State University Press, 1999. p. 36.

[19] Sobre o ardiloso e imprevisível Meusnier, ver MUCHEMBLED, Robert. *Les Ripoux des Lumières: corruption policière et Révolution*. Paris: Seuil, 2011.

[20] BURROWS, Simon. Despotism without Bounds: the French Secret Police and the Silencing of Dissent in London, 1760-1790. *History*, n. 89, p. 525-548, 2004; CONLIN, Jonathan. Wilkes, the Chevalier D'Eon and the Dregs of Liberty: an Anglo-French Perspective on Ministerial Despotism, 1762-1771. *English Historical Review*, n. 120, 2005.

[21] BURROWS, Simon. The Innocence of Jacques-Pierre Brissot. *Historical Journal*, v. 46, n. 4, p. 843-871 (864), 2003.

[22] "Plan". In: [RÉTIF DE LA BRETONNE]. *Les Nuits de Paris, ou le Spectateur Nocturne*, v. 1, p. 3-4. Contrastar com os *réverbères* na cidade utópica de Mercier, que são descritos como estando presos à parede e não criando absolutamente nenhuma sombra: MERCIER, Louis-Sébastien. *L'An deux mille quatre cent quarante*. Paris: Ducros, 1971. p. 233.

[23] CABANTOUS, Alain. *Histoire de la nuit: XVIIe-XVIIIe siècle*. Paris: Fayard, 2009. p. 262-268; LYNN, Michael R. Sparks for Sale: the Culture and Commerce of Fireworks in Early Modern France. *Eighteenth-Century Life*, v. 30, n. 2, p.74-97, Spring 2006.

[24] Esse incêndio e suas consequências foram registrados por Hubert Robert, Gabriel de Saint-Aubin, Jean-Baptiste Raguenet e outros. BAILEY et al. *Gabriel de Saint-Aubin, 1725-1780*, p. 60-63, cat. 29; CABANTOUS. *Histoire de la nuit: XVIIe-XVIIIe siècle*, p. 50-52.

[25] Aqui e no que se segue, busco informações em um trabalho pioneiro – KOSLOFSKY, Craig. *Evening's Empire: A History of the Night in Early Modern Europe*. Cambridge: Cambridge University Press, 2011 –, bem como em CABANTOUS. *Histoire de la nuit: XVIIe-XVIIIe siècle*.

[26] Bando de desordeiros fora da lei e violentos, geralmente aristocratas libertinos, que frequentavam as ruas de Londres no início do século dezoito. (N.T.)

[27] Jonathan Swift queixou-se da despesa adicional com o uso de liteiras por medo de ser atacado, caso arriscasse ir a pé sozinho para casa (CORRESPONDENCE of Jonathan Swift. Edited by Harold Williams. Oxford: Clarendon, 1963-1965. 5 v. v. 2, p. 524-525). Sobre o abismo crescente entre o ritmo natural e o elegante, ver STEELE, Richard. *The Tatler*, v. 263, 14 Dec. 1710; BOND (Ed.). *The Tatler*, v. 3, p. 330-34 (331).

[28] SPECTATOR, v. 454, 11 Aug. 1712.

[29] A ideia de Hogarth foi logo copiada pelo pintor Nicolas Lancret e, também, por Jean Mondon II, que produziu uma série de pinturas batizadas de *Os quatro períodos do dia* (National Gallery) e uma série de quatro gravuras de Antoine Aveline, denominadas *Les Heures*. Entretanto, nenhuma mostrava as ruas da cidade, apenas os interiores e jardins das casas. Ver SHESGREEN, Sean. *Hogarth and the Times-of-the-Day Tradition*. Ithaca: Cornell University Press, 1982.

[30] HERLAUT. *L'Éclairage des rues de Paris à la fin du XVIIe siècle et au XVIIIe siècle*, p. 130-240 (131).

[31] Dentro da City of London, o toque de recolher às 21 horas foi ratificado por uma proclamação da prefeitura em 1383, e o dever de pendurar as lanternas foi confirmado por decretos do Common Council em 1599 e 1646. Um decreto de 1662 determinou uma

multa de um xelim por inobservância dessas leis, mas não está claro se isso se concretizou. BEER, E. S. de. The Early History of London Street-Lighting. History, n. 25, p. 311-324 (313-315), 1941; BEATTIE, John. *Policing and Punishment in London, 1660-1750: Urban Crime and the Limits of Terror*. Oxford: Oxford University Press, 2001. p. 208. A frequência com que londrinos e parisienses eram lembrados da sua obrigação de pendurar as luzes sugere que ela não era universalmente cumprida.

[32] KOSLOFSKY. *Evening's Empire: A History of the Night in Early Modern Europe*, p. 159.

[33] MELBIN, Murray. *Night as Frontier: Colonizing the World after Dark*. London: Collier Macmillan, 1987. p. 38-40.

[34] HERLAUT. L'Éclairage des rues de Paris à la fin du XVIIe siècle et au XVIIIe siècle, p. 133; CABANTOUS. *Histoire de la nuit: XVIIe-XVIIIe siècle*, p. 364-365 (n. 61); GRIFFITHS, Paul. Meanings of Nightwalking in Early Modern England. *The Seventeenth Century*, v. 13, n. 2, p. 212-238. Ver também GOWING, Laura. "The Freedom of the Streets": Women and Social Space, 1560-1640. In: GRIFFITHS, Paul; JENNER, Mark S. R. (Ed.). *Londinopolis: Essays in the Cultural and Social History of Early Modern London*. Manchester: Manchester University Press, 2000. p. 130-151.

[35] Depois de sua fusão, em 1771, com a garde, ela desapareceu em 1783. EL GHOUL. *La Police Parisienne dans la seconde moitié du XVIIIe siècle (1760-1785)*, v. 1, p. 126-129; CHAGNIOT, Jean. Le Guet et la Garde de Paris à la fin de l'Antigo Regime. *Revue d'Histoire Moderne et Contemporaine*, n. 20, p. 58-71, 1973.

[36] No segundo quarto do século estas já haviam sido substituídas por bastões de madeira (BEATTIE. *Policing and Punishment in London, 1660-1750: Urban Crime and the Limits of Terror*, p. 181).

[37] De acordo com John Beattie, "[o] toque de recolher – fechamento da cidade às 21 horas – foi mais descumprido que propriamente abolido" (BEATTIE. *Policing and Punishment in London, 1660-1750: Urban Crime and the Limits of Terror*, p. 172).

[38] CABANTOUS. *Histoire de la nuit: XVIIe-XVIIIe siècle*, p. 235-236.

[39] Os vigilantes noturnos de Londres tinham o dever de patrulhar das 21 horas às 7 horas da manhã, no inverno, e das 22 às 5 horas, no verão. As patrulhas de Paris tinham início mais cedo, às 17h30 (*guet*) e às 19 horas (*garde*), e terminavam mais cedo, às 23 horas, o que sugere que não havia grande coisa para fazer após essa hora. Porém, esse horário mudou no final do século: 21 horas a 1h30, em 1760, e 22 horas a 3 ou 4 horas da manhã, em 1770 (CABANTOUS. *Histoire de la nuit: XVIIe-XVIIIe siècle*, p. 239; BEATTIE. *Policing and Punishment in London, 1660-1750: Urban Crime and the Limits of Terror*, p. 173-190 (190)).

[40] BEATTIE. *Policing and Punishment in London, 1660-1750: Urban Crime and the Limits of Terror*, p. 180.

[41] EL GHOUL. *La Police Parisienne dans la seconde moitié du XVIIIe siècle (1760-1785)*, v. 1, p. 270-271; KOSLOFSKY. *Evening's Empire: A History of the Night in Early Modern Europe*, p. 136.

[42] EL GHOUL. *La Police Parisienne dans la seconde moitié du XVIIIe siècle (1760-1785)*, v. 1, p. 275. Os bulevares eram iluminados desde Porte Saint Antoine até Porte du Temple, utilizando os recursos provenientes das taxas de licenciamento pagas pelos empreendedores que alugavam cadeiras para os parisienses elegantes que passeavam lá (CABANTOUS. *Histoire de la nuit: XVIIe-XVIIIe siècle*, p. 253, 258-259).

⁴³ Esse decreto (9 Geo. II, c. 20) ratificou as exigências impostas pelo Common Council em 1735, isto é, de que as lâmpadas ficassem a uma distância de 25 jardas (pouco menos de 23 metros) umas das outras nas ruas principais, e que ficassem acesas desde o pôr do sol até o amanhecer, entre 10 de agosto e 10 de abril, dando fim às "noites escuras" (havia isenções quando a lua estava cheia) (BEATTIE. *Policing and Punishment in London, 1660-1750: Urban Crime and the Limits of Terror*, p. 216-222).

⁴⁴ Isso não é mencionado em JONES. Paris: *Biography of a City*, tampouco em HAROUEL, Jean-Louis. *L'Embellissement des Villes: l'urbanisme français au XVIIIe siècle*. Paris: Picard, 1993.

⁴⁵ Havia reclamações de que as lâmpadas a óleo cegavam os cocheiros e de que seus reservatórios de óleo não eram suficientemente abastecidos e, por isso, elas se apagavam por volta das 21 ou 22 horas. MERCIER, Louis-Sébastien. Réverbères. In: *Tableau de Paris*. Amsterdam: 1782, 65, t. I, p. 212-214; PATTE, Pierre. *De la manière la plus avantageuse d'éclairer les rues d'une ville, pendant la nuit*. Amsterdam: [s.n.], 1766. p. 16; SCHIVELBUSCH, Wolfgang. *Disenchanted Night: The Industrialization of Light in the Nineteenth Century*. Berkeley: University of California Press, 1988. p. 95. Os que ficavam em cruzamentos de vias possuíam quatro, havia três nos que eram situados em intercessões em T; nas outras ruas, eram dois. A sujeira deixada pelo óleo demandava uma limpeza regular das lâmpadas. Em 1788, passou-se a usar óleo de colza (EL GHOUL. *La Police Parisienne dans la seconde moitié du XVIIIe siècle (1760-1785)*, v. 1, p. 271-273, 275-276, 353 (n. 66)).

⁴⁶ DELATTRE, Simone. *Les Douze heures noires: la nuit à Paris au XIXe siècle*. Paris: Albin Michel, 2000. p. 583 (n. 21).

⁴⁷ Em 1662, o *abbé* italiano Laudati de Caraffa obteve um contrato para operar uma rede de estações onde haveria *falots*, todos numerados. *Link-boys* em Londres eram *freelance*. Contudo, ambos eram suspeitos de manter ligações com criminosos. FOURNIER. *Histoires des Enseignes de Paris*, p. 24; HERLAUT. L'Éclairage des rues de Paris à la fin du XVIIe siècle et au XVIIIe siècle, p. 133-134; DELATTRE. *Les Douze heures noires: la nuit à Paris au XIXe siècle*, p. 82-3, 85-6; FALKUS, Malcolm. Lighting in the Dark Ages of English Economic History: Town Streets before the Industrial Revolution. In: COLEMAN, D. C.; JOHN, A. H. (Ed.). *Trade, Government and Economy in Pre-Industrial England: Essays Presented to F. J. Fisher*. London: Weidenfeld & Nicholson, 1976. p. 248-273 (267); SCHIVELBUSCH. *Disenchanted Night: The Industrialization of Light in the Nineteenth Century*, p. 96 (n. 34). Para representações de *link-boys*, ver William Hogarth, *Times of Day: Night* (1743), BM 1880,1113.2803; Carington Bowles, *An Evenings Invitation; With a Wink from the Bagnio* (1773), BM 1935, 0522.1.186; Thomas Rowlandson, *The Inn Door*, Yale Center for British Art, 1975B.3.112. EL GHOUL. *La Police Parisienne dans la seconde moitié du XVIIIe siècle (1760-1785)*, v. 1, p. 278, 356 (n. 102).

⁴⁸ Cruikshank, *A Peep at the Gas Lights in Pall Mall*. LWL, 809.12.23.01.1.

⁴⁹ CHIVELBUSCH. *Disenchanted Night: The Industrialization of Light in the Nineteenth Century*, p. 7-26 (26); DELATTRE. *Les Douze heures noires: la nuit à Paris au XIXe siècle*, p. 86-88; FALKUS, Malcom. The Early Development of the British Gas Industry, 1790-1815. *Economic History Review*, n. 35, 1982. 2nd series.

⁵⁰ NERVAL, Gérard de. Les Nuits d'Octobre. In: *La Bohème galante*. Paris: Michel Lévy, 1861. p. 191-231 (188).

[51] Não há uma biografia erudita de Vidocq, embora exista uma discussão proveitosa no Capítulo 3 de METZNER. *Crescendo of the Virtuoso: Spectacle, Skill, and Self-Promotion in Paris during the Age of Revolution*. SAVANT, Jean. *Le Vrai Vidocq* (Paris: Hachette, 2001) e MORTON, James. *The First Detective: The Life and Revolutionary Times of Eugène-François Vidocq, Criminal, Spy and Private Eye* (London: Ebury, 2004) trazem uma lista de arquivos consultados, mas Morton fornece poucas referências, e Savant não apresenta nenhuma. Portanto, a afirmação de ambos – de que as memórias de Vidocq, embora não tenham sido escritas por ele, são bastante corretas – não pode ser comprovada. Esses trabalhos, assim como o de Marie-Hélène Parinaud, *Vidocq: Le Napoléon de la Police* (Paris: Tallandier, 2001), oferecem pouco mais que um *rechauffé* das *Mémoires*. Um trabalho mais recente está disponível em tradução para o inglês moderno: VIDOCQ, François-Eugène. *Memoirs of Vidocq: Master of Crime*. Edinburgh: AK Press, 2003.

[52] Charles-Maurice Descombres também foi apresentado como o autor dos primeiros volumes. Ver MESSAC, Régis. *"Le Detective Novel" et l'influence de la pensée scientifique*. Paris: Bibliothèque de la Révue de Littérature Comparé, 1929. p. 277-279.

[53] SMOLLETT. *The Life and Adventures of Roderick Random*. Ver STROEV, Alexandre. *Les Avanturiers des Lumières*. Paris: PUF, 1997.

[54] Com o sucesso das memórias, ele tentou lucrar ainda mais com o (um pouco menos lisonjeiro) *Supplément às Mémoires* ([L'HÉRITIER]. *Supplément aux Mémoires de Vidocq, ou dernières révélations sans réticense*. 2nd Ed. Paris: Chez les Marchands de Nouveautés, 1831. 2 v.).

[55] Ver EMSLEY, Clive. Policing the Streets of Early Nineteenth-Century Paris. *French History*, n. 1, p. 257-282, 1987; BROWN, Howard G. Tops, Traps and Tropes: Catching Thieves in Post-Revolutionary Paris. In: EMSLEY; SHPAYER-MAKOV. *Police Detectives in History, 1750-1950*, p. 33-60.

[56] VIDOCQ, Eugène-François. *Mémoires de Vidocq, chef de la police de sûreté, jusqu'en 1827*. Paris: Tenon, 1829. 4 v. v. 2, p. 331-332.

[57] VIDOCQ, Eugène-François. *Les Voleurs, physiologie de leurs moeurs et de leur langage*. Paris: [s.n.], 1837. Ver também NOUVEAU dictionnaire d'argot par um ex-chef de brigade sous M. Vidocq. Paris: Chez les Marchands des Nouveautés, 1829.

[58] VIDOCQ. *Mémoires de Vidocq, chef de la police de sûreté, jusqu'en 1827*, v. 3, p. 137-138.

[59] GABORIAU. *The Litlle Old Man of Batignolles and Other Stories*, p. 23. Até mesmo Poe faz referência ao "preconceito, sempre presente em Paris, contra a polícia", em POE, Edgar Allan. The Mystery of Marie Rogêt. In: *Tales of Mystery and Imagination*, p. 127.

[60] VIDOCQ. *Mémoires de Vidocq, chef de la police de sûreté, jusqu'en 1827*, v. 3, p. 332-333.

[61] VIDOCQ. *Mémoires de Vidocq, chef de la police de sûreté, jusqu'en 1827*, v. 3, p. 165-166.

[62] VIDOCQ. *Mémoires de Vidocq, chef de la police de sûreté, jusqu'en 1827*, v. 4, p. 27-28. Vários dossiês desse Bureau estão preservados na Bibliothèque Historique de la Ville de Paris, MS2429, mostrando casos que variam desde a perseguição a contas não pagas e o rastreamento de bens perdidos até a investigação de esposas suspeitas de infidelidade. Ver também KALIFA, Dominique. *Naissance de la Police Privé: detective et agencies de recherches en France 1832-1942*. Paris: Plon, 2000. p. 21-55.

[63] Em 1830, Maginn fundou a muito bem-sucedida *Fraser's Magazine*, como uma resposta inglesa à célebre *Blackwood's Magazine*, para a qual havia trabalhado anteriormente, em Edinburgo.

⁶⁴ Durante o julgamento, o sonho foi apresentado como prova (FLANDERS, Judith. *The Invention of Murder*. London: Harper, 2011. p. 45-52).

⁶⁵ "Escoteiros da Rua Bow" – a primeira força policial profissional de Londres. (N.T.)

⁶⁶ BEATTIE, J. M. Early Detection: the Bow Street Runners in Late Eighteenth-Century London. In: EMSLEY, Clive; SHPAYER-MAKOV, Haia. *Police Detectives in History, 1750-1950*, p. 15-32 (23); STYLES, John. Sir John Fielding and the Problem of Criminal Investigation in Eighteenth-Century England. In: *Transactions of the Royal Historical Society*, 5th series, 33, 1983, p. 127-149; COX, David J. *A Certain Share of Low Cunning: A History of the Bow Street Runners, 1792-1839*. Cullumpton: Willan, 2010. p. 30.

⁶⁷ MORRIS, R. M. "Crime Does Not Pay": Thinking Again about Detectives in the First Century of the Metropolitan Police e SHPAYER-MAKOV, Haia. Explaining the Rise and Success of Detective Memoirs in Britain, ambos em EMSLEY; SHPAYER-MAKOV. *Police Detectives in History, 1750-1950*, p. 79-102 (81) e 103-33 (109).

⁶⁸ [JERROLD, Douglas Williams]. *Vidocq! The French Police Spy! A Melodrama, in Two Acts*. London: J. Duncombe, [s.d.]. Ver também DICKENS, Charles. Vidocq, French Detective. *All the Year Round*, 14 and 21 July 1860, p. 331-336, 355-360.

⁶⁹ DICKENS. Vidocq, French Detective, 21 July 1860, p. 359. METZNER. *Crescendo of the Virtuoso: Spectacle, Skill, and Self-Promotion in Paris during the Age of Revolution*, p. 107.

⁷⁰ NERVAL. Les Nuits d'Octobre, p. 181.

⁷¹ CUVIER, Georges. *Discours sur les révolutions de la surface du globe*. 3rd Ed. Paris: G. Dufour and Ed. Ocagne, 1825. p. 95-96.

⁷² Para uma crítica sobre as coleções de história natural do BM, ver *Report of the Select Committee on the British Museum* (Parliamentary Papers, 1836, 10); DESMOND, Adrian. *The Politics of Evolution: Morphology, Medicine and Reform in Radical London*. Chicago: University of Chicago Press, 1989. Cap. 6.

⁷³ VIDOCQ. *Mémoires de Vidocq, chef de la police de sûreté, jusqu'en 1827*, v. 4, p. 10-11.

⁷⁴ O próprio Gaboriau faz um paralelo entre o método de Lecoq e "um daqueles naturalistas que, examinando dois ou três ossos, são capazes de reconstituir a criatura à qual eles pertenciam", em *Monsieur Lecoq*. Apud MESSAC. *"Le Detective Novel" et l'influence de la pensée scientifique*, p. 505.

⁷⁵ DOYLE, Arthur Conan. The Five Orange Pips. In: *Sherlock Holmes: The Complete Novels and Stories*, v. 1, p. 331-350 (343).

⁷⁶ "Tenho a teoria de que o indivíduo representa em seu desenvolvimento todo o processo de sucessão dos seus antepassados, e que uma mudança súbita para o bem ou para o mal representa alguma influência forte que entrou na linhagem da sua árvore genealógica. A pessoa se torna, por assim dizer, a síntese da história de sua própria família" (DOYLE, Arthur Conan. The Adventure of the Empty House. In: *Sherlock Holmes: The Complete Novels and Stories*, v. 1, p. 759-780 (778)).

⁷⁷ CUVIER, Georges. *Recherches sur les ossemens fossiles*. 4th Ed. Paris: [s.n.], 1843-1846. 10 v. v. 1, p. 184-185.

⁷⁸ Para as conexões científicas entre Londres e Paris, ver DESMOND. *The Politics of Evolution: Morphology, Medicine and Reform in Radical London*, cap. 2. Para a ciência da elucidação de crimes, ver MESSAC. *"Le Detective Novel" et l'influence de la pensée scientifique*. Estudiosos anglófonos não prestam atenção nessas conexões, e Kayman ignora completamente a paleontologia em *From Bow Street and Baker Street*.

[79] POE. *Tales of Mystery and Imagination*, p. 88.

[80] POE. *Tales of Mystery and Imagination*, p. 100.

[81] FÉVAL, Paul. *Les Mystères de Londres*. Paris: Phébus, 1998. A respeito da influência de Fenimore Cooper na ficção policial francesa na década de 1840, ver MESSAC. *"Le Detective Novel" et l'influence de la pensée scientifique*, p. 238-244.

[82] Ver MAXWELL, Richard. *The Mysteries of Paris and London*. Charlottesville: University of Virginia Press, 1992. Cap. 8.

[83] Ver uma excelente discussão a esse respeito em STIERLE. *Der Mythos von Paris: Zeichen und Bewußtsein der Stadt*, p. 545-60.

[84] Tanto Dickens quanto Wilkie Collins criaram detetives, tais como o Inspetor Bucket – em *Bleak House* [A casa soturna], 1852-1853 – e o Sergeant Cuff – em *The Moonstone* [A pedra da Lua], 1868 –, que parecem mais interessantes, equilibrados e bem-desenvolvidos que muitos dos outros personagens. Entretanto, nenhum dos dois recebe mais do que um pequeno papel à margem das investigações que estão acontecendo em ambos os romances. Embora Dickens tenha escrito muitos textos jornalísticos breves sobre a polícia, na década de 1850, não se pode dizer que ele tenha tido um papel importante na origem do gênero romance policial. Para interpretações diferentes a respeito da sua influência, ver a introdução em HAINING, Peter (Ed.). *Hunted Down: The Detective Stories of Charles Dickens*. London: Peter Owen, 1996 e KAYMAN. *From Bow Street to Baker Street: Mystery, Detection and Narrative*, p. 105-106.

[85] BONNIOT, Roger. *Émile Gaboriau ou la Naissance du Roman policier*. Paris: J. Vrin, 1985. p. 148-150. Para outros exemplos de *"scies"*, ver GENOUILLAC, H. Gourdan de. *Les Refrains de la Rue de 1830 à 1870*. Paris: Dentu, 1879. p. 52, 57, 70.

[86] *Les Habits Noirs* (1863), de Paul Féval, apresentava um personagem chamado Lecoq que possuía um escritório no estilo do Bureau des Renseignements de Vidocq. Gaboriau pode ter se inspirado nele para o nome, mas seu detetive policial é bastante diferente. Ver MESSAC. *"Le Detective Novel" et l'influence de la pensée scientifique*, p. 500-501.

[87] BONNIOT. *Émile Gaboriau ou la Naissance du Roman policier*.

[88] GABORIAU, Émile. *Monsieur Lecoq*. London: Downey and Co., 1901. p. 38.

[89] GABORIAU. *Monsieur Lecoq*, p. 190.

[90] GABORIAU, Émile. *The Mystery of Orcival*. New York: Scribner and Sons, 1901. p. 53.

[91] GABORIAU, Émile. *The Slaves of Paris*. London: Vizetelly, 1884. p. 204.

[92] GABORIAU, Émile. *The Gilded Clique*. London: Vizetelly, 1886. p. 17.

[93] DOYLE, Arthur Conan. *A Study in Scarlet*. In: *Sherlock Holmes: The Complete Novels and Stories*, v. 1, p. 4. [No Brasil é publicado como *Um estudo em vermelho*; as edições mais recentes são de 2013, da Companhia Editora Nacional e da Zahar.]

[94] BONNIOT. *Émile Gaboriau ou la Naissance du Roman policier*, p. 274.

[95] GABORIAU. *The Litlle Old Man of Batignolles and Other Stories*, p. 21.

[96] DOYLE, Arthur Conan. *Sir Arthur Conan Doyle: Memories and Adventures*. Ware: Wordsworth, 2007. p. 62-63. Embora não esteja claro se Doyle leu Gaboriau no original ou na tradução de Vizetelly, é certo que ele podia ler em francês. Ver MESSAC. *"Le Detective Novel" et l'influence de la pensée scientifique*, p. 588.

[97] A filha de Friswell defendeu o pai da acusação de haver simplesmente plagiado Gaboriau (a quem ela se referiu como "Gobineau", confundindo-o com o teórico do racismo,

Arthur de Gobineau) (FRISWELL, Laura Hain. *James Hain Friswell: A Memoir*. London: G. Redway, 1898. p. 248-249.)

[98] GABORIAU. *Monsieur Lecoq*, p. 38. Comparar a DOYLE. *A Study in Scarlet*, p. 29.

[99] GABORIAU. *Monsieur Lecoq*, p. 18-19; DOYLE, Arthur Conan. The Adventure of Charles Augustus Milverton. In: *Sherlock Holmes: The Complete Novels and Stories*, v. 1, p. 906-923 (914).

[100] GABORIAU. *Monsieur Lecoq*, p. 345. Para um comentário semelhante de Holmes, ver DOYLE. *A Study in Scarlet*, p. 19.

[101] Para a relação entre a ficção de Gaboriau e a de Doyle, ver MESSAC. *"Le Detective Novel" et l'influence de la pensée scientifique*, p. 588-596; STEWART. ...*And Always a Detective: Chapters on the History of Detective Fiction*, p. 256 ff. Minha avaliação sobre a extensão do empréstimo que Doyle tomou de Gaboriau é similar à de Messac, embora eu ponha mais ênfase em *Le Petit vieux des Batignolles*.

[102] A parte norte-americana de *A Study in Scarlet* não foi inspirada em Gaboriau, mas sim em Robert Louis Stevenson, cujo romance *The Dynamiters* exerceu, nitidamente, uma forte influência (LYCETT. *Conan Doyle: the Man Who Created Sherlock Holmes*, p. 118).

[103] POE. *Tales of Mystery and Imagination*, p. 89-91. Elementos de "The Purloined Letter", de Poe, estão reproduzidos em "A Scandal in Bohemia", "The Illustrious Client" e "The Priory School", de Doyle. Para o reconhecimento de Doyle sobre seu débito com Gaboriau, ver suas autobiográficas *Memories and Adventures* (Boston: Little, Brown, 1924, p. 74).

[104] DOYLE. *A Study in Scarlet*, p. 19.

[105] DOYLE. *A Study in Scarlet*, p. 62. Para outro exemplo, ver DOYLE, Arthur Conan. The Adventure of the Six Napoleons. In: *Sherlock Holmes: The Complete Novels and Stories*, v. 1, p. 924-45 (943).

[106] DOYLE, Arthur Conan. *The Sign of Four*. In: *Sherlock Holmes: The Complete Novels and Stories*, v. 1, p. 129.

[107] DOYLE. *A Study in Scarlet*, p. 33.

[108] POE. *Tales of Mystery and Imagination*, p. 100.

[109] GABORIAU. *The Little Old Man of Batignolles and Other Stories*, p. 14.

[110] GABORIAU. *The Litlle Old Man of Batignolles and Other Stories*, p. 35.

[111] O autor anônimo começa o ensaio citando o *Tableau de Paris*, de Mercier (THOUGHTS upon Thoroughfares. *Blackwood's Magazine*, v. 19, n. 97, p. 155-166 (159), Feb. 1825).

[112] DOYLE. *A Study in Scarlet*, p. 37.

[11] DOYLE, Arthur Conan. "A Case of Identity". In: *Sherlock Holmes: The Complete Novels and Stories*, v. 1, p. 287-306 (297). Para a conexão entre flâneur e detetive, ver BENJAMIN. *Das Passagen-Werk*, v. 1, p. 551 e 554.

[114] DOYLE, Arthur Conan. The Red-Headed League. In: *Sherlock Holmes: The Complete Novels and Stories*, v. 1, p. 263-287 (287).

Capítulo 6: Mortos e enterrados

[1] DICKENS, Charles. Cemetery, Kensal Green. *All the Year Round*, n. 93, 19 Sept. 1863.

[2] COLE, Charles. *Imperial Paris Guide*. London: J. C. Hotten, 1867. p. 17.

³ DESCAVES, Lucien; ACADÉMIE GONCOURT. *The Colour of Paris: Historic, Personal and Local*. London: Chatto and Windus, 1914. p. 50 ss.

⁴ PUGIN, A. C.; HEATH, Charles. *Paris and Its Environs*. London: Jennings and Chaplin, 1830. 2 v. v. 2, p. 130 v.

⁵ Estruturas utilizadas para a exibição de painéis com inscrições e memoriais dedicados às pessoas sepultadas nas catacumbas abaixo da capela anglicana. (N.T.)

⁶ DICKENS. Cemetery, Kensal Green.

⁷ DICKENS, Charles. Trading in Death [*Household Words*, 27 Nov. 1852]. In: *Complete Works Centennial Edition*. London: Heron, 1970. 36 v. v. 21, "Miscellaneous Papers 1", p. 374-384 (375).

⁸ DICKENS, Charles. From the Raven in the Happy Family II [*Household Words*, 8 June 1850]. In: *Complete Works Centennial Edition*, v. 21, p. 207-211 (209).

⁹ BERGER, Robert W.; HEDIN, Thomas F. *Diplomatic Tours in the Gardens of Versailles under Louis XIV.* Philadelphia: University of Pennsylvania Press, 2008.

¹⁰ CURL, James Stevens. Young's *Night Thoughts* and the Origins of the Garden Cemetery. *Journal of Garden History*, v. 14, n. 2, p. 92-118, Summer 1994; CURL, James Stevens. *Death and Architecture*. Stroud: Sutton, 2002.

¹¹ ÉLÉGEE écrite sur un Cimetière de Campagne. *Gazette Littéraire de l'Europe*, v. 10, n. 5, 28 Apr. 1765, p. 217-224; 2ND NIGHT. *Gazette Littéraire de l'Europe*, v. 21, n. 2, 4 July 1764, p. 101-115.

¹² GRAY, Thomas. *Elegy Written in a Country Church-Yard*, line 79.

¹³ HORNE, M. de. *Mémoire sur quelques objets qui intéressent plus particulièrement la salubrité de la ville de Paris*. Paris: J. Ch. Desaint, 1788. p. 4-5. Para uma discussão detalhada, ver EL GHOUL. *La Police Parisienne dans la seconde moitié du XVIIIe siècle (1760-1785)*, v. 1, p. 226-235.

¹⁴ MERCIER. *Parallèle*, p. 100.

¹⁵ SAINT PIERRE, Jacques-Henri Bernardin de. *Études de la nature*. Paris: Monsieur, 1784. 3 v. "D'Un Elysée", v. 3, p. 357-393 (388).

¹⁶ SAINT PIERRE. *Études de la nature*, v. 3, p. 390.

¹⁷ ETLIN, Richard A. *The Architecture of Death: The Transformation of the Cemetery in Eighteenth-Century Paris*. Cambridge, Mass.: MIT Press, 1984. p. 245. Ver também CLARKE, Joseph. *Commemorating the Dead in Revolutionary France: Revolution and Remembrance, 1789-1799*. Cambridge: Cambridge University Press, 2007. Cap. 3-4.

¹⁸ CLARKE. *Commemorating the Dead in Revolutionary France: Revolution and Remembrance, 1789-1799*, p. 288.

¹⁹ ETLIN. *The Architecture of Death: The Transformation of the Cemetery in Eighteenth-Century Paris*, p. 251.

²⁰ BOULLÉE, Étienne-Louis. *Architecture: Essai sur l'art*. Paris: Hermann, 1968. p. 132-137.

²¹ Sua primeira fonte de inspiração foi, provavelmente, o monumento ao mártir revolucionário Marat, um local popular de peregrinação, no jardim de outro antigo mosteiro, o dos Cordeliers (HASKELL, Francis. *History and its Images: Art and the Interpretation of the Past*. New Haven: Yale, 1993. Cap. 9).

²² BART, J. M. Une pensée sur les Catacombes de Paris. In: THURY, L. Héricart de. *Description des Catacombes de Paris*. Paris: Bossange et Masson, 1815. p. 322-324 (323).

[23] "Bernard Blackmantle" é identificado como Charles Molloy Westmacott no catálogo da British Library. Ver RENDELL, Jane. *The Pursuit of Pleasure: Gender, Space and Architecture in Regency London*. London: Athlone, 2002. p. 32 ff, p. 153, n. 12.

[24] "Temos um projeto que vai associar 'túmulo e alegria', / E morrer será quase um prazer, quando a hora chegar. / Antes, depois, nossa proposta é, com as dádivas da arte, / Como os amigos parisienses, fazer túmulos elegantes." (N.T.)

[25] "BERNARD BLACKMANTLE". The Life, Death, Burial, and Resurrection Company. In: *The English Spy*. London: Sherwood, Gilbert and Piper, 1826. 2 v. v. 2, p. 115-117.

[26] "Isto é, se as ações da nossa companhia subirem, / Se isso não for uma bolha, como outras, de mentiras." (N.T.)

[27] THE CEMETERY: A Brief Appeal to the Feelings of Society in Behalf of Extra-Mural Burial. London: William Pickering, 1848. p. 20.

[28] THE CEMETERY: A Brief Appeal to the Feelings of Society in Behalf of Extra-Mural Burial, p. 24-25.

[29] MORLEY, John. *Death, Heaven and the Victorians*. London: Studio Vista, 1971.

[30] WATERFIELD, Giles (Ed.). *Soane and Death*. London: Dulwich Picture Gallery, 1996.

[31] CURL, James Stevens (Ed.). *Kensal Green Cemetery: The Origins and Development of the General Cemetery of All Souls, Kensal Green, London, 1824-2001*. Chichester: Phillimore, 2001. p. 77.

[32] CURL (Ed.). *Kensal Green Cemetery: The Origins and Development of the General Cemetery of All Souls, Kensal Green, London, 1824-2001*, p. 70.

[33] JOYCE, Paul. *A Guide to Abney Park Cemetery*. Hackney: Save Abney Park, 1984.

[34] RICHARDSON, Ruth. *Death, Dissection and the Destitute*. London: Routledge and Kegan Paul, 1987. p. 54.

[35] RICHARDSON. *Death, Dissection and the Destitute*, p. 78 (Lambeth), p. 87 (Greenwich), p. 224-263.

[36] RICHARDSON. *Death, Dissection and the Destitute*, p. 62 (Naples), p. 132 ff (Burke and Hare), p. 191 ff (Bishop and Williams).

[37] CURL (Ed.). *Kensal Green Cemetery: The Origins and Development of the General Cemetery of All Souls, Kensal Green, London, 1824-2001*, p. 87.

[38] RICHARDSON. *Death, Dissection and the Destitute*, p. 202.

[39] CURL (Ed.). *Kensal Green Cemetery: The Origins and Development of the General Cemetery of All Souls, Kensal Green, London, 1824-2001*, p. 95.

[40] LOUDON, John Claudius. *On the Laying Out, Planting, and Managing of Cemeteries*. London: Longman, 1843.

[41] JUPP, Peter C. Enon Chapel: No Way for the Dead. In: JUPP, Peter C.; HOWARTH, Glennys (Ed.). *The Changing Face of Death: Historical Accounts of Death and Disposal*. Basingstoke: Macmillan, 1997.

[42] WALKER, George Alfred. *Pratical Suggestions for the Establishment of National Cemeteries*. London: Longman, 1849. p. 6.

[43] DICKENS. From the Raven in the Happy Family II, p. 207-2011; DICKENS. Trading in Death, p. 374-84 (374-375).

44 CHADWICK, Edwin. *A Supplementary Report on the results of a special enquiry into the practice of interment in towns.* London: HMSO, 1843.

45 Corn Laws: conjunto de leis protecionistas que regulamentavam a importação e exportação de cereais na Grã-Bretanha. (N.T.)

46 PUGIN; HEATH. *Paris and Its Environs*, v. 2, p. 130.

47 CLARKE, John M. *The Brookwood Necropolis Railway.* Oxford: Oakwood, 1983.

48 MÉMOIRES du Baron Haussmann. Paris: Victor-Hard, 1893. 3 v. v. 3, cap. 12-13; HUET, E. *Chemin de Fer et Cimetière Parisien de Méry-Sur-Oise. Rapport de l'Ingénieur en Chef.* Paris: A. Chaix, 1876. Ver BERTRAND, Frédéric. Cimetières, jardins et colonies. In: TEXIER, Simon (Ed.). *Les Parcs et Jardins dans l'urbanisme Parisien: XIXe-XXe siècles.* Paris: Action Artistique de la Ville de Paris, 2001. p. 125-130.

49 GALINOU, Mireille. *Cottage and Villas: The Birth of the Garden Suburb.* New Haven: Yale University Press, 2010.

50 A cidade-jardim de Alexander T. Stewart foi iniciada a aproximadamente 30 quilômetros Nova York, em 1869. Sobre esse e outros subúrbios americanos, ver STERN, Robert A. M. *The Anglo-American Suburb.* New York: Architectural Design, 1981.

51 WOHL. *The Eternal Slum: Housing and Social Policy in Victorian London*, p. 147.

52 GASKELL, S. Martin. Housing and the Lower Middle Class, 1870-1914. In: CROSSICK, Gregory (Ed.). *The Lower Middle Class in Britain, 1870-1914.* London: Croom Helm, 1977. p. 159-183 (172, 179).

53 UNWIN, Raymond et al. *Town Planning and Modern Architecture at the Hampstead Garden Suburb.* London: T. Fisher Unwin, 1909. p. 13-14.

54 Ver nota 24.

55 Um monopólio que durou até 1993, quando foi abolido, após queixas formais de Bruxelas.

56 RUGG, Julie; PLEACE, Nicolas. *An Audit of London Burial Provision.* London: Greater London Authority, 2011.

57 Números da ONS citados em RUGG; PLEACE. *An Audit of London Burial Provision*, Fig. 2.1.

58 DICKENS, Charles. The Uncommercial Traveller. *All the Year Round*, 21 July 1860, p. 348-352 (351).

59 MUNFORD, Lewis. *The City in History: Its Origins, its Transformations, and its Prospects.* London: Secker and Warburg, 1961. p. 7.

Bibliografia selecionada

Obras gerais

Histórias ou "biografias" de Paris e de Londres, individualmente, existem em grande quantidade, e seria bobagem fazer recomendações. Entretanto, os livros abaixo são dignos de nota, ou porque oferecem uma perspectiva comparativa ou porque oferecem modelos interessantes e envolventes de escrita sobre espaços urbanos e identidades.

CALVINO, Italo. *Invisible Cities*. New York: Harcourt, Brace, 1972.
DENNIS, Richard. *Cities in Modernity: Representations and Productions of Metropolitan Space, 1840-1930*. Cambridge: Cambridge University Press, 2008.
DONALD, James. *Imagining the Modern City*. London: Athlone, 1999.
HANCOCK, Claire. *Paris et Londres au XIXe siècle: répresentations dans les guides et récits de voyage*. Paris: Editions du CNRS, 2003.
LEES, Andrew; LEES, Lynn Hollen. *Cities and the Making of Modern Europe, 1750-1914*. Cambridge: Cambridge University Press, 2007.
OGBORN, Miles. *Spaces of Modernity: London's Geographies, 1680-1780*. London: Guilford Press, 1998.
OLSEN, Donald J. *The City as a Work of Art: London, Paris, Vienna*. New Haven: Yale University Press, 1986.
PERROT, Michelle (Ed.). *A History of Private Life: From the Fires of Revolution to the Great War*. Cambridge, Mass.: Belknap, 1990.
SENNETT, Richard. *The Fall of Public Man*. London: Penguin, 2002.
STIERLE, Karlheinz. *Der Mythos von Paris: Zeichen und Bewußtsein der Stadt*. Munich: DTV, 1998.
TOMBS, Robert; TOMBS, Isabelle. T*hat Sweet Enemy: The French and the British from the Sun King to the Present*. London: William Heinemann, 2006.

Introdução: Travessias difíceis

O *Tableau de Paris*, de Mercier, está disponível em uma edição em bom francês moderno, e trechos foram publicados em tradução para o inglês, com edição de Jeremy Popkin (como o *Panorama of Paris*, Penn State University Press, 1999). Este autor e Laurent Turcot estamos atualmente preparando uma tradução inglesa do *Parallèle de Paris et de Londres*, que já é acessível a leitores francófonos, na edição preparada por Claude Bruneteau e Bernard Cottret (Didier Erudition, 1982). Sobre o contexto político das relações anglo-francesas no período estudado, Tombs e Dziembowski são excelentes. O *Livre de caricatures tant bonnes que mauvaises*, de Saint-Aubin, está disponível on-line – graças ao Projeto Saint-Aubin, de Colin Jones –, através do site de Waddesdon Manor. O livro possibilita um raro olhar sobre a imaginação de uma família excepcionalmente criativa que era contemporânea próxima de Mercier.

BAILEY, Colin; BEAUMONT, Kim de *et al*. *Gabriel de Saint-Aubin, 1725-1780*. Paris: Louvre, 2008.

BURROWS, Simon (Ed.). *Cultural Transfers: France and Britain in the Long Eighteenth Century*. Oxford: SVEC, 2010.

DZIEMBOWSKI, Edmond. *Les Pitt. L'Angleterre face à la France, 1708-1806*. Paris: Perrin, 2006.

DZIEMBOWSKI, Edmond. The English political model in eighteenth-century France. *Historical Research*, n. 74, p. 151–71, 2001.

GARRIOCH, David. *The Making of Revolutionary Paris*. Berkeley: University of California Press, 2002.

HAROUEL, Jean-Louis. *L'Embellissement des Villes: l'urbanisme française au XVIIIe siècle*. Paris: Picard, 1993.

JARRETT, Derek. *The Begetters of Revolution: England's Involvement with France, 1759-1789*. Totowa, NJ: Rowman and Littlefield, 1973.

MONNIER, Raymonde. *Paris et Londres en miroir: extraits du Babillard de Jean-Jacques Rutlidge*. Saint-Étienne: Université de Saint-Étienne, 2010.

Capítulo 1: A casa agitada

Embora seja difícil encontrar *Piping Hot!*, de Percy Pinkerton, a tradução do *Pot-Bouille*, de Zola, feita por Brian Nelson (*Pot Luck*, Oxford World Classics, 1999) é uma substituição mais do que adequada. Para interessados em saber como os prédios de apartamentos eram financiados, projetados, construídos e usados em Paris e Londres, no século XVIII, Cabestan, e Burton e Cruickshank, respectivamente, oferecem pesquisas cuidadosas, fascinantes e ricamente ilustradas. Estudos semelhantes a respeito do século XIX são mais raros, ainda que o trabalho de Dennis seja um modelo de como combinar análises detalhadas de plantas baixas com a leitura de relatos fictícios, um modelo que me empenhei em seguir.

BURTON, Neil; CRUICKSHANK, Dan. *Life in the Georgian City*. London: Viking, 1990.
CABESTAN, Jean-François. *La Conquête du plain-pied: l'immeuble à Paris au XVIIIe siècle*. Paris: Picard, 2004.
DENNIS, Richard. Buildings, residences and mansions: George Gissing's "prejudice against flats". In: SPIERS, John (Ed.). *Gissing and the City*. London: Palgrave, 2006. p. 41-62.
DENNIS, Richard. *Cities in Modernity: Representations and Productions of Metropolitan Space, 1840-1930*. Cambridge: Cambridge University Press, 2008.
MARCUS, Sharon. *Apartment Stories: City and Home in Nineteenth-Century Paris and London*. Berkeley: University of California Press, 1999.
SHAPIRO, Ann-Louise. *Housing the Poor of Paris, 1850-1902*. Madison: University of Wisconsin Press, 1985.
SUTCLIFFE, Anthony (Ed.). *Multi-Storey Living: The British Working-Class Experience*. London: Croom Helm, 1974.
YELLING, J. A. *Slums and Slum Clearance in Victorian London*. London: Allen and Unwin, 1986.

Capítulo 2: A rua

Há várias edições modernas que oferecem trechos de *The Spectator* e do *Tatler* (por exemplo, St Martin's, 1998). Benjamin é o ponto de partida para qualquer discussão a respeito do *flâneur*, embora o texto completo ainda não esteja disponível em inglês. Rose apresenta uma edição com textos-chave em francês e em inglês sobre o *flâneur* do século XIX, juntamente com comentários proveitosos. Pesquisadores britânicos e norte-americanos têm demonstrado certa preocupação em encontrar algo equivalente a uma *flâneur* do sexo feminino. As outras obras listadas aqui, particularmente as de Roche e Hitchcock, trazem uma visão menos teórica da vida nas ruas e, possivelmente, mais atraente. Ménétra oferece memórias excepcionalmente raras do século XVIII, contadas por um artesão.

BENJAMIN, Walter. *Das Passagen-werk*. Editado por Rolf Tiedem. Frankfurt: Suhrkamp, 1983. 2 vols.
BRANT Clare; WHYMAN, Susan E. (Eds.). *Walking the Streets of Eighteenth-Century London: John Gay's Trivia*. Oxford: Oxford University Press, 2009.

CERTEAU, Michel. Walking in the city. In: CERTEAU, Michel de. *The Practice of Everyday Life*. Tradução de Steven Rendall. Berkeley: University of California Press, 1984. p. 91-110.

CONLIN, Jonathan. "At the Expense of the Public": The 1762 Sign Painters' Exhibition and the Public Sphere. *Eighteenth-Century Studies*, v. 36, n. 1, 2002.

D'SOUZA, Aruna; MCDONOUGH, Tom (Eds). *The Invisible Flâneuse? Gender, Public Space and Visual Culture in Nineteenth-Century Paris*. Manchester: Manchester University Press, 2006.

FARGE, Arlette. *Vivre dans la rue à Paris au XVIIIe siècle*. Paris: Gallimard, 1979.

GARRIOCH, David. House Names, Shop Signs and Social Organization in Western European Cities, 1500-1900. *Urban History*, v. 21, p. 20-48, 1994.

HAZAN, Eric. *L'Invention du Paris: il n'y a pas des pas perdus*. Paris: Seuil, 2002.

LANDAU, Bernard; MONOD, Claire; LOHR, Evelyne (Eds.). *Les Grand Boulevards: un parcours d'innovation et de modernité*. Paris: AAVP, [s.d.].

HITCHCOCK, Tim. *Down and Out in Eighteenth-Century London*. London: Continuum, 2007.

HITCHCOCK, Tim; SHORE, Heather (Eds.). *The Streets of London: From the Great Fire to the Great Stink*. London: Rivers Oram, 2003.

MÉNÉTRA, Jacques-Louis. *Journal of My Life*. New York: Columbia University Press, 1986.

MORRISON, Kathryn A. *English Shops and Shopping: An Architectural History*. New Haven: Yale University Press, 2003.

NEAD, Lynda. *Victorian Babylon: People, Streets and Images in Nineteenth-Century London*. New Haven: Yale University Press, 2000.

RENDELL Jane. *The Pursuit of Pleasure: Gender, Space and Architecture in Regency London*. London: Athlone, 2002.

ROCHE, Daniel. *The People of Paris: An Essay in Popular Culture in the Eighteenth Century*. Tradução de Marie Evans. New York: Berg, 1987.

ROSE, Margaret. *Flaneurs and Idlers*. Bielefeld: Aisthesis, 2007.

TURCOT, Laurent. *Le Promeneur à Paris*. Paris: Gallimard, 2007.

Capítulo 3: O restaurante

Existem várias biografias de Grimod e Brillat-Savarin, bem como de Alexis Soyer; além disso, edições/traduções de obras como *La physiologie du goût* são de fácil acesso. Estranhamente, talvez, existem poucos textos acadêmicos em francês sobre a história da gastronomia e do ato de comer fora de casa, embora os livros sobre alimentação, como o de Robert

Courtine, possam ser úteis. Mennell oferece uma excelente introdução comparativa, tanto abrangente quanto minuciosa. Spang e Metzner têm um foco mais limitado, mas são muito bons também.

ARON, Jean-Paul. *The Art of Eating in France: Manners and Menus in the Nineteenth Century*. London: Peter Owen, 1975).
BORG, Alan. *A History of the Worshipful Company of Cooks of London*. London: privately printed, 2011.
BRENNAN, Thomas. *Public Drinking and Popular Culture in Eighteenth-Century Paris*. Princeton: Princeton University Press, 1988.
CAPATTI, Alberto *et al*. À Table au XIXe siècle. Paris: Flammarion, 2001.
COURTINE, Robert. *La vie parisienne: Cafés et restaurants des boulevards (1814-1914)*. Paris: Perrin, 1984.
EHRMAN, Edwina *et al*. *London Eats Out: 500 Years of Capital Dining*. London: Museum of London, 1999.
MENNELL, Stephen. *All Manners of Food: Eating and Taste in England and France from the Middle Ages to the Present*. 2. ed. Chicago: University of Illinois Press, 1996.
METZNER, Paul. *Crescendo of the Virtuoso: Spectacle, Skill, and Self-Promotion in Paris during the Age of Revolution*. Berkeley: University of California Press, 1998.
RAPPAPORT, Erika. *Shopping for Pleasure: Women in the Making of London's West End*. Princeton: Princeton University Press, 2000.
RICH, Rachel. *Bourgeois Consumption: Food, Space and Identity in London and Paris, 1850-1914*. Manchester: Manchester University Press, 2011.
RYLANCE, Ralph. *The Epicure's Almanack: Eating and Drinking in Regency London. The Original 1815 Guidebook*. Editado por Janet Ing Freeman. London: British Library, 2012.
SPANG, Rebecca. *The Invention of the Restaurant: Paris and Modern Gastronomic Culture*. Cambridge, Mass.: Harvard University Press, 2000.

Capítulo 4: A dança

O V&A, os arquivos regionais de Westminster e de Lambeth, o Musée Carnavalet e o setor Arts Du Spectacle da Bibliothèque Nationale de France possuem uma grande riqueza de pôsteres, programas e fotografias de *music halls* e salões de dança, bem como de artistas individuais. Enquanto a história dos *music halls* de Londres é razoavelmente bem-pesquisada, bons livros sobre os *pleasure gardens* [jardins de lazer], os "Wauxhalls", as *guinguettes*, os salões de dança e os *music halls* parisienses são bastante raros. Muitos se deixam levar pela nostalgia a respeito desta ou daquela "era de ouro". Os listados a seguir são mais confiáveis; Gasnault, Langlois e Scott são excelentes.

BRATTON, J. S. (Ed.). *Music Hall: Performance and Style*. Milton Keynes: Open University, 1986.

GORDON, Rae Beth. *Why the French Love Jerry Lewis: From Cabaret to Early Cinema*. Stanford: Stanford University Press, 2001.

BRUNET, François. *Théophile Gautier et la danse*. Paris: Honoré Champion, 2010.

CARADEC, François; WEILL, Alain. *Le Café Concert, 1848-1914*. Paris: Arhème Fayard, 2007.

CASTAREDE, Jean. *Le Moulin Rouge*. Paris: France-Empire, 2001.

CHAUVEAU, Philippe; SALLÉ, André. *Music-hall et café-concert*. Paris: Bordas, 1985.

CHRISTIANSEN, Rupert. *The Visitors: Culture Shock in Nineteenth-Century Britain*. London: Chatto and Windus, 2000.

CONLIN, Jonathan. Vauxhall on the boulevard: pleasure gardens in Paris and London, 1759-89. *Urban History*, v. 35, n. 1, mai. 2008.

FAULK, Barry J. *Music Hall and Modernity: The Late-Victorian Discovery of Popular Culture*. Athens: Ohio University Press, 2004.

FESCOTTE, Jacques. *Histoire du Music-Hall*. Paris: PUF, 1965.

FLITCH, J. E. Crawford. *Modern Dancing and Dancers*. London: Grant Richards, 1912.

GASNAULT, François. *Guinguettes et Lorettes: bals publics et danse social à Paris entre 1830 et 1870*. Paris: Aubier, 1986.

KIFT, Dagmar. *The Victorian Music Hall: Culture, Class and Conflict*. Tradução de Roy Kift. Cambridge: Cambridge University Press, 1996.

LANGLOIS, Gilles-Antoine. *Folies, Tivolis et Attractions: les premiers parc de loisirs parisiens*. Paris: Action Artistique de la Ville de Paris, 1991.

MURIAND, Raoul. *Les Folies Bergères*. Sèvres: La Sirène, 1994.

PARFITT, Clare. *Capturing the cancan: body politics from the Enlightenment to postmodernity*. 2008. 403 f. Tese (Doutorado em Dança) – School of Arts, University of Surrey, Guildford, 2008.

PRICE, David. *Cancan!* London: Cygnus Arts, 1998.

SCOTT, Derek B. *Sounds of the Metropolis: The Nineteenth-Century Popular Music Revolution in London, New York, Paris and Vienna*. Oxford: Oxford University Press, 2008.

SEIGEL, Jerrold. *Bohemian Paris: Culture, Politics, and the Boundaries of Bourgeois Life, 1830-1930*. Baltimore: Johns Hopkins University Press, 1986.

WILD, Nicole. *Dictionnaire des théatres Parisiens au XIX siècles*. Paris: Amateurs de Livres, 1989.

Capítulo 5: O submundo

A história de como a noite urbana foi colonizada nos séculos XVIII e XIX ainda precisa ser contada e, portanto, relatos que privilegiam o século XIX (como o de Schivelbusch) não receberam críticas. Koslofsky e Cabantous oferecem descrições úteis. Beattie e Emsley são as maiores autoridades em história do crime e da polícia britânicos; alguns dos trabalhos deste último também fazem comparações entre Londres e Paris. Biografias de Vidocq oferecem pouco mais que comentários sobre suas memórias, que, felizmente, estão disponíveis em tradução para o inglês (Edinburg: AK Press). A história da ficção policial é uma produção ainda pouco significativa, e somente serão citados aqui os trabalhos mais confiáveis e sensatos.

BEATTIE, John. *Policing and Punishment in London, 1660-1750: Urban Crime and the Limits of Terror*. Oxford: Oxford University Press, 2001.

BINYON, T. J. *Murder Will Out: The Detective in Fiction*. Oxford: Oxford University Press, 1989.

BONNIOT, Roger. Émile *Gaboriau ou la Naissance du Roman policier*. Paris: J. Vrin, 1985.

CABANTOUS, Alain. *Histoire de la nuit: XVIIe-XVIIIe siècle*. Paris: Fayard, 2009.

DELATTRE, Simone. *Les douze heures noires: la nuit à Paris au XIXe siècle*. Paris: Albin Michel, 2000.

EMSLEY, Clive; SHPAYER-MAKOV, Haia. *Police Detectives in History, 1750-1950*. Aldershot: Ashgate, 2006.

FLANDERS, Judith. *The Invention of Murder*. London: Harper, 2011.

GHOUL, Fayçal El. *La Police Parisienne dans la second moitie du XVIIIe siècle (1760-1785)*. Tunis: Université de Tunis I, 1995. 2 v.

KOSLOFSKY, Craig. *Evening's Empire: A History of the Night in Early Modern Europe*. Cambridge: Cambridge University Press, 2011.

MAXWELL, Richard. *The Mysteries of Paris and London*. Charlottesville: University of Virginia Press, 1992.

MESSAC, Régis. *Le 'Detective Novel' et l'influence de la pensée scientifique*. Paris: Bibliothèque de la Révue de littérature comparé, 1929.

SALER, Michael. "Clap if you believe in Sherlock Holmes": mass culture and the re-enchantment of modernity, c. 1890-c. 1940. *Historical Journal*, v. 46, n. 3, p. 599-622, set. 2003.

SCHIVELBUSCH, Wolfgang. *Disenchanted Night: The Industrialization of Light in the Nineteenth Century*. Berkeley: University of California Press, 1988.
STEWART, R. F. *...And Always a Detective: Chapters on the History of Detective Fiction*. London: David & Charles, 1980.

Capítulo 6: Mortos e enterrados

O pesquisador de cemitérios preeminente é James Stevens Curl, que há muito tempo vem trabalhando sozinho nesse campo. Seu livro *The Victorian Celebration of Death* [A celebração vitoriana da morte] apresenta as influências francesas no século XVIII, bem como o surgimento dos grandes cemitérios londrinos. Estudos franceses sobre cemitérios são praticamente inexistentes; quando aparecem, os livros ou panfletos tendem a focar em um cemitério específico e podem parecer mais interessados em atrair celebridades do que em documentar a maneira como os cemitérios foram financiados, planejados, projetados e usados. Muito trabalho sobre como esses locais se relacionam com a cidade como um todo ainda está por ser feito.

ARIÈS, Philippe. *Western Attitudes towards Death, from the Middle Ages to the Present*. Baltimore: Johns Hopkins University Press, 1972.
BERTRAND, Frédéric. Cimetières, jardins et colonies. In: TEXIER, Simon (Ed.). *Les Parcs et Jardins dans l'urbanisme Parisien: XIXe-XXe siècles*. Paris: Action Artistique de la Ville de Paris, 2001. p. 125-30.
CURL, James Stevens. *Death and Architecture*. Stroud: Sutton, 2002.
CURL, James Stevens. *The Victorian Celebration of Death*. Stroud: Sutton, 2005.
CURL, James Stevens (Ed.). *Kensal Green Cemetery: The Origins and Development of the General Cemetery of All Souls, Kensal Green, London, 1824-2001*. Chichester: Phillimore, 2001.
ETLIN, Richard A. *The Architecture of Death: The Transformation of the Cemetery in Eighteenth-Century Paris*. Cambridge, Mass.: MIT, 1984.
JUPP, Peter C.; HOWARTH, Glennys (Eds.). *The Changing Face of Death: Historical Accounts of Death and Disposal*. Basingstoke: Macmillan, 1997.
MATTHEWS, Samantha. The London necropolis. In: PHILLIPS, Lawrence (Ed.). *A Mighty Mass of Brick and Smoke: Victorian and Edwardian Representations of London*. Amsterdam: Rodopi, 2008. p. 257-82.
RICHARDSON, Ruth. *Death, Dissection and the Destitute*. London: Routledge and Kegan Paul, 1987.

Agradecimentos

Em seu livro de 1632, *London and the Countrey Carbonadoed*, Donald Lupton falou de sua ansiedade ao se referir à cidade natal. "Ela ficou enorme, estou quase com medo de me intrometer; ela é certamente um grande mundo, com tantos pequenos mundos dentro." Sem dúvida, Lupton estava certo. Antes de agradecer a outras pessoas, é necessário repetir a conhecida advertência: a responsabilidade pelos erros que permanecem nesta exploração de alguns dos "pequenos mundos" de Lupton é totalmente minha.

Minhas primeiras incursões na história da França e meu primeiro gosto pelos arquivos parisienses resultaram de um interesse pelo relacionamento entre o libertino e agitador georgiano John Wilkes e seu *alter ego* francês, o espião travesti Chevalier d'Eon. Simon Burrows, Edmond Dziembowski, Julian Swann e Robert Tombs foram particularmente acolhedores quando dei os primeiros passos. Eles são parcialmente responsáveis pela minha motivação para continuar trabalhando no campo da história anglo-francesa. O mesmo se aplica a meu agente, Andrew Lownie, e a Ravi Mirchandani, da editora Atlantic, que me auxiliaram a desenvolver a ideia original, com um pouco de ajuda, também, de Louis-Sébastien Mercier.

A pesquisa demandou estadas demoradas em Paris e Londres. Marine Bernier, Nigel e Phoebe Blackburn, Bob e Sylvie Mayo, Bernard e Pamela Soyer e Alexandre Tessier me proporcionaram um teto e apoio moral diversas vezes nos últimos 10 anos, pelo que sou muito grato. A Bibliothèque Historique de La Ville de Paris e a London Library ofereceram locais calmos para pensar e escrever.

Em um estágio inicial da pesquisa, entrei em contato com Laurent Turcot, historiador especialista na Paris do século XVIII e em muitas outras coisas. Este livro se beneficiou enormemente de nossas conversas em Montreal e Paris, e, em particular, durante um estágio na Lewis Walpole Library, no verão de 2011, o que nos possibilitou preparar uma edição inglesa do *Parallèle de Paris et de Londres*, de Mercier. A conferência de 2010 em Quebec sobre a história de Paris, que ele organizou com Thierry Belleguic, representou a oportunidade ideal para encontrar colegas parisienses. Outros eventos também foram muito proveitosos, como os simpósios Paris/Londres (no Institute for Historical Research e no Institut National d'Histoire de l'Art), a conferência em Waddesdon Manor Saint Aubin, bem como os colóquios na Sorbonne Nouvelle e na Université de Bretagne Occidentale. Meus agradecimentos a Dana Arnold, Isabelle Bour, Jean-Louis Cohen, Annick Cossick, Norbert Col, Gillian Dow e Colin Jones por haverem viabilizado esses eventos. Sou igualmente grato a Lawrence Klein e Simon Kitson pelas oportunidades de fazer palestras sobre o *flâneur* em seminários em Cambridge e na University of London in Paris (ULIP).

Richard Arnold, Brenda Assael, Peter Borsay, Wolfgan Cilleßen, John Clarke, Brian Cowan, Rachel Cowgill, James Stevens Curl, Hannah Greig, Giles-Antoine Langlois, Simon Macdonald, Peter Mandler, Vanessa Schwartz, Derek Scott e Rebecca Spang também ajudaram, seja respondendo a perguntas, seja provocando-as. Entre meus colegas em Southampton, Gillian Dow, Mark Everist, Joachim Schloer, François Soyer e Joan Tumblety colaboraram de forma particularmente significativa. Devo, também, agradecer aos alunos veteranos do meu curso na graduação, "Cidades dos Mortos", pelo estímulo ao meu interesse por cemitérios. Tanto Jean-Baptiste Woloch, do Musée Carnavalet, quanto Kate Heard foram dignos de grande admiração na localização de material visual. Alun Howard, Colin Jones e Lucia Ruprecht leram versões preliminares e fizeram comentários úteis; Alun contribuiu com crítica incisiva e estimulante. Na editora Atlantic, Celia Levett, James Nightingale e Orlando Whitfield colaboraram enquanto eu preparava o manuscrito para a publicação.

Dedico este livro a meu amigo Win Weymans, com profunda gratidão por nossas muitas discussões sobre história e teoria francesas na Rue Mandar e na Rue da La Plaine.

Ilustrações

Figura 1 - Thomas Rowlandson, *The Paris Diligence* [A diligência de Paris], [s.d.]. Aquarela com caneta e tintas preta, cinza e marrom-avermelhada sobre grafite. (Yale Center for British Art, Paul Mellon Collection, B1975.3.129.)

Figura 2 - James Caldwell a partir de John Collet, *The Englishman in Paris* [O inglês em Paris], 1770. Gravura a água-forte e entalhe. (Cortesia da Lewis Walpole Library, Yale University, LWL 770.05.10.01+.)

Figura 3 - Charles White a partir de John Collet, *The Frenchman in London* [O francês em Londres], 1770. Gravura a água-forte e entalhe, cor inserida manualmente. (Cortesia da Lewis Walpole Library, Yale University, LWL 770.11.10.01+.)

Figura 4 - Artista desconhecido a partir de John Donowell, *A View of Marylebone Gardens* [Uma vista dos Jardins de Marylebone], 1761. Entalhe. (© Guildhall Library, City of London, Collage 19385.)

Figura 5 - Fotógrafo desconhecido, vista dos Katherine Buildings, na Cartwright Street, 1970. (© London Metropolitan Archives, City of London, Collage 118115.)

Figura 6 - Nicolas Toussaint Charlet, *Ces petites gens du second...* [Essa gentinha do segundo], 1826. Litografia. (© The Trustees of the British Museum, 1880,0508.267.)

Figura 7 - Artista desconhecido a partir de Robert Dighton, *A Pleasant Way to Lose an Eye* [Uma maneira agradável de perder um olho], 1820-1825. (© The Trustees of the British Museum, 1853,0112.315.)

Figura 8 - Detalhe de Nicholas Yeats a partir de Robert Thacker, *View of St Mary le Bow* [Vista de St Mary le Bow], c. 1680. Entalhe. (© Guildhall Library, City of London, Collage 21697.)

Figura 9 - Detalhe de artista desconhecido a partir de Antoine Hublot, *Abbildung des auf der Straße Quincampoix in Paris entstandenen so berühmten Actien-Handels*, [Ilustração da rua Quincampoix, em Paris, local de célebre comércio de ações], 1720. Entalhe. (© The Trustees of the British Museum, 1882,0812.461.)

Figura 10 - Pierre Aveline a partir de Jean Antoine Watteau, *L'Enseigne de Gersaint* [A loja de Gersaint], c. 1732. Entalhe. (© Bibliotheque Nationale, Paris, France/Giraudon/The Bridgeman Art Library.)

Figura 11 – Charles-Germain de Saint-Aubin, *Bâtir est beau, mais detruire est Sublime* [Construir é belo, mas destruir é sublime], 1761, no *Livre de caricatures tant bonnes que mauvaises*, c. 1740-1775. Aquarela, tinta e grafite sobre papel, 187 x 132 mm. (Waddesdon, The Rothschild Collection [The National Trust], acc. no. 675.358. Foto: Imaging Services Bodleian Library. © The National Trust, Waddesdon Manor.)

Figura 12 – William Hogarth, *Beer Street* [Rua da Cerveja], 1751. Entalhe. (Yale Center for British Art, B1994.4.514.)

Figura 13 – Artista desconhecido, *Flâneur Hit by Volet* [Flâneur atingido por um batente de janela], em Louis Houart, *La Physiologie du flâneur*, 1841.

Figura 14 – George Scharf, *Blacking Tin Men* [Homens-lata], 1834-1838. (© The Trustees of the British Museum 1862.0614.1090.)

Figura 15 – Gault de Saint Germain a partir de artista desconhecido, *Entrez messieurs et dames, cést le moment ou les animaux prennent leur Nourriture!* [Venham, senhoras e senhores, está bem na hora de ver os animais se alimentarem!], 1817. Gravura a água-forte colorida manualmente. (© The Trustees of the British Museum, 1992,0516.30.)

Figura 16 – Jean-Baptiste Lesueur, *Famille allant à la guinguette* [Família a caminho da *guinguette*], anos 1790. Guache. (© Musée Carnavalet/Roger Viollet/Topham Picturepoint, 27122-20.)

Figura 17 – William Hogarth, *Cookshop* [loja do século XVII que oferecia uma grande variedade de carnes assadas], 1746-1747. Desenho. (© The Trustees of the British Museum, 1896,0710.29.)

Figura 18 – James Gillray, *Hero's Recruiting at Kelsey's* [Recrutamento de herói em Kelsey's], 1797. Gravura a água-forte colorida manualmente. (© The Trustees of the British Museum, 1868,0808.6640.)

Figura 19 – Artista desconhecido, *Mister Horton's Soup Room* [Sala de sopas do senhor Horton], 1770. Entalhe. (© Guildhall Library, City of London, Collage 1825.)

Figura 20 – G. B. Moore a partir de William Radclyffe, *Reform Club. The Kitchen* [Reform Club. A Cozinha], anos 1840. Entalhe. (Cortesia do Reform Club.)

Figura 21 – Henri de Toulouse-Lautrec, *The Englishman at the Moulin Rouge* [O inglês no Moulin Rouge], 1892. Litografia colorida. (© Musée Toulouse-Lautrec, Albi/Giraudon/Bridgeman Art Library.)

Figura 22 – George Cruikshank, *Life' on Tip-toe, or Dick Wildfire Quadrilling it, in the Salon de Mars in the Champs Elysées* ["A vida" na ponta do pé, ou Dick Wildfire dançando quadrilha no Salon de Mars, na Champs Elysées], 1822. Gravura a água-forte e água-tinta colorida manualmente. (© The Trustees of the British Museum 1865,1111.2237.)

Figura 23 - Artista desconhecido, *National Education* [Educação Nacional], no *The Censor*, 20 de junho de 1868. Entalhe. (© Westminster Borough Archives, Alhambra/Royal Aquarium Box.)

Figura 24 - William Downey, Kate Vaughan como Lalla Rookh no Novelty Theatre, 1884. Fotografia. (© Victoria and Albert Museum, 2006AP4762-01.)

Figura 25 - Artista desconhecido, Nini Pattes-en-l'air, La Sauterelle, Grille d'Egout e La Goulue no Moulin Rouge, 1900. Fotolitografia. (© Roger Viollet/Topham Picturepoint, 1577-10.)

Figura 26 - Fotógrafo desconhecido, *Quai des Orfèvres/Rue de Jérusalem* [Cais dos Ourives / Rua de Jerusalém], *c.* 1900. (© Roger Viollet/Topham Picturepoint, 24641-8.)

Figura 27 - Artista anônimo, folha de rosto de Rétif de la Bretonne, *Les Nuits de Paris*, 1789. (© Roger Viollet/Topham Picturepoint, 768-4.)

Figura 28 - William Hogarth, Night [Noite], em *The Times of the Day* [Os quatro períodos do dia], 1738. Entalhe. (© Guildhall Library, City of London, Collage 25079.)

Figura 29 - Henri Joseph van Blarenberghe, *Descente de police la nuit* [Batida policial noturna], *c.* 1780. Grafite, caneta e guache. (© RMN Musée du Louvre, Département des Arts graphiques, RF3487.)

Figura 30 - Henri Joseph van Blarenberghe, *Scène de rue* [Cena de rua], c. 1780. Grafite, caneta e guache. (© RMN Musée du Louvre, Département des Arts graphiques, RF 3490.)

Figura 31 - Gillot, *Émile Gaboriau*, 1873. Entalhe. (© Roger Viollet/Topham Picturepoint, 8961-7.)

Figura 32 - Capa da edição de Vizitelly da obra de Émile Gaboriau, *In Peril of His Life* [Sua vida em risco], 1884. (Coleção particular.)

Figura 33 - Charles Heath a partir de A. C. Pugin, *General View of Paris* [Vista geral de Paris], folha de rosto do volume 2 de *Paris and Its Environs* [Paris e arredores] (London, Jennings and Chaplin, 1830).

Figura 34 - Lesueur a partir de Louis Carrogis [Carmontelle], *Bois des Tombeaux*, em *Jardin de Monceau, prés de Paris appartenant à son altesse sérénissime monseigneur le Duc de Chartres* [Bosques de Túmulos, em Jardim de Moceau, perto de Paris, pertencente a Sua Alteza Sereníssima Monsenhor duque de Chartres]. (Paris: Delafosse [et] Née & Masquelier, 1779). (© Dumbarton Oaks Research Library and Collection, Rare Book Collection, Washington, D.C.)

Figura 35 - A. W. N. Pugin, "New General Cemetery for All Denominations" [Novo cemitério geral para todas as denominações], *An Apology for the Revival of Christian Architecture* [Uma apologia ao renascimento da arquitetura cristã] (London: John Weale, 1843), gravura 4. (© RIBA Library Photograph Collections.)

Anexo

Nomes de decretos e instituições
em tradução livre

Anatomy Act (1832): Decreto de Anatomia

Artisans' and Labourers' Dwellings Improvement Act (1875): Decreto pela Melhoria das Habitações de Artesãos e Trabalhadores

Bank of England: Banco da Inglaterra

Baronial Hall: Salão Baronial

Encampment of All Nations: Acampamento de Todas as Nações

Building Acts: Decretos de Construção Civil

Bureau de La Diligence: Departamento de Diligências

Bureau de La Voirie: Departamento de Vias Públicas

Cheap Trains Act (1883): Decreto sobre Trens mais Acessíveis

Court of Common Pleas: Tribunal Judicial de Primeira Instância

East End Dwellings Company: Companhia Habitacional do Extremo Leste

Five Per Cent Philanthropy: Filantropia Cinco por Cento

General Board of Health: Conselho Geral de Saúde

General Burial Grounds Association: Associação Geral de Cemitérios

Grand Christmas Programme: Grande Programa de Natal

General Cemetery Company: Companhia Geral do Cemitério

Hall of Architectural Wonders: Salão de Maravilhas Arquitetônicas

Improved Industrial Dwellings Company: Companhia de Habitações Operárias Desenvolvidas

Institute of British Architects: Instituto de Arquitetos Britânicos

Lieutenance Générale de Police: Tenência Geral de Polícia

Lighting Act (1736): Decreto de Iluminação

London County Council: Conselho do Condado de Londres

London Lighting Act (1761): Decreto de Iluminação de Londres

London Necropolis and National Mausoleum Company: Companhia da Necrópole de Londres e do Mausoléu Nacional

London School of Economics: Escola de Economia de Londres

Magnificent Seven: Os Sete Magníficos

Metropolitan Association for Improving the Dwellings of the Industrious Classes: Associação Metropolitana de Desenvolvimento Habitacional das Classes Trabalhadoras

Metropolitan Board of Works: Conselho Metropolitano de Obras

Metropolitan Burial District: Distrito Cemiterial Metropolitano

Metropolitan Interments Act (1850): Decreto sobre Sepultamentos Metropolitanos

Model Dwelling Companies: Companhias de Moradias-Modelo

National Vigilance Association: Associação de Vigilância Nacional

New Statesman: Novo Estadista.

Panopticon of Science and Art: Panóptico da Ciência e da Arte

Paving Act (1762): Decreto de Pavimentação

Peabody Trust e a Artisan and Labourers' General Dwellings Company: Companhia de Habitação Geral de Artesãos e Trabalhadores

Protestant Association: Associação Protestante

Reform Act (1832): Decreto da Reforma

Ritz Development Company: Companhia Ritz de Desenvolvimento

Royal Courts of Justice: Tribunais Reais de Justiça

Royal Society of Arts: Sociedade Real das Artes

Society for the Encouragement of Arts, Manufactures and Commerce: Sociedade para o Fomento das Artes, da Manufatura e do Comércio

Sûreté Nationale: Serviço de Segurança Nacional

Washington Refreshment Room: Sala Washington de Refrescos

West of London and Westminster Cemetery: Cemitério do Oeste de Londres e Westminster

Westminster Paving Act (1761): Decreto de Pavimentação de Westminster

Worshipful Company of Cooks of London: Companhia Reverente dos Cozinheiros de Londres

Este livro foi composto com tipografia Bembo Std e impresso
em papel Avena 80 g/m² na Formato Artes Gráficas.